Mestizaje e Hibridez
Identidad Latina en Perspectiva Pneumatológica

Mestizaje e Hibridez
Identidad Latina en Perspectiva Pneumatológica

Daniel Orlando Álvarez

CPT Press
Cleveland, Tennessee

Mestizaje e Hibridez
Identidad Latina en Perspectiva Pneumatológica

Published by CPT Press
900 Walker ST NE
Cleveland, TN 37311
USA
email: cptpress@Pentecostaltheology.org
website: www.cptpress.com

ISBN-13: 978-1-935931-78-2

Copyright © 2018 CPT Press

All rights reserved. No part of this book may be reproduced or translated in any form, by print, photoprint, microfilm, microfiche, electronic database, internet database, or any other means without written permission from the publisher.

DEDICACIÓN
Para mi esposa, Raquel, una viajera valiente transcultural quien me ha dado amor, compasión, y comprensión.

Contenido

Reconocimientos vii
Glosario de Términos viii
1. Entendiedo la Presencia Latina en los Estados Unidos 1
2. Mestizaje: Orígenes y Trabajo Constructivo 21
3. Expandiendo al Mestizaje 39
4. Críticas al Mestizaje: Mescolanza y Mestizajes 51
5. Un Diálogo con la Viajera Mundial Llamada, Hibridez 73
6. Teología del Mestizaje, Hibridez y los Símbolos
   Religiosos 101
7. Posibilidades Pneumatológicas 123
8. Pentecostales en lo Cotidiano: Entrevistas Catrachas 137
9. Reflexiones Pneumatológicas a la Luz de la Hibridez 163
Bibliografía 193
Index of Biblical (and Other Ancient) References 204
Index of Authors 205

RECONOCIMIENTOS

Aquí deseo reconocer y agradecer a muchas personas y comunidades que fueron una pare valiosa de mi trayectoria. Dale Coulter, mi supervisor doctoral, demostró un sincero interés en mi proyecto durante una parte crítica de mis estudios en Regent University (Virginia Beach). Su interés, consejo y retroalimentación me animaron a escribir de este tema para mi disertación. También deseo reconocer a los otros miembros de mi comité de tesis, Néstor Medina y Arlene Sánchez Walsh.

La idea para este tema surgió en un curso con Stan Burgess. También deseo reconocer a Eric Newberg como una persona muy considerada con nuestra cohorte doctoral. Nos mantuvo unidos y fue como una luz que dirigía nuestros pasos durante nuestros arduos estudios.

De mi comunidad en Nueva York, deseo agradecer a los miembros de la Iglesia de Dios de Nueva York por su apoyo y su paciencia mientras terminaba este proyecto. También deseo reconocer el amor y apoyo de la Región Noreste Hispana de la Iglesia de Dios. Gente como Gloria Moreira, Luis Boria, Domingo Mora, Luis Arzola y muchos más que no puedo enumerar en este espacio fueron de constante apoyo en mi vida.

Deseo agradecer también a los inmigrantes indocumentados cuyo trabajo y esfuerzo se pasa desapercibido. Ellos me inspiraron a vlaorar a cada ser humano como hechos a la imagen de Dios. También me demostraron que debía anhelar un futuro mejor a través de la educación. Muchos de ellos son cristianos comprometidos en iglesias pentecostales.

Quiero reconocer a mi familia inmediata y extendida. Mis padres, Miguel y Mireya son personas humildes y ejemplares. Ellos me han ayudado a pulir esta traducción al español. Mis hermanos, Michelle, Enoc, Mickey y Belle siempre son una fuente de vida y esperanza. Nunca he olvidado de dónde vine. Quiero reconocer a mis cuatro hijos, Caleb, Sofía, Sara y Karisa. Son todo para mí.

Finalmente, agradezco a mi esposa, Raquel. Nunca podría completar esto sin ti. Te quiero mucho.

Glosario de Términos

Cosmovisión – Visión o concepción global del universo. Viene del alemán, *Weltanschauung*.

Estereotipo – Imagen o idea aceptada comúnmente por un grupo o sociedad con carácter inmutable.

Gestalt – un organismo entero que se percibe como más de la suma de sus partes.

Gueto – Barrio o suburbio en que viven personas marginadas por el resto de la sociedad, se usa para hablar de una situación o condición marginal en que vive un pueblo, una clase social o un grupo de personas.

Heterogeneidad – Mezcla de partes de diversa naturaleza en un todo.

Heteroglósico – la presencia de dos o más voces o puntos de vista expresados en un texto u obra artística.

Hibridez - producto de elementos de distinta naturaleza. En esta disertación se usa para referirse a una mezcla de culturas que da origen a una nueva.

Homogenización – Nivelar, armonizar o conferir homogeneidad o unidad a los elementos de un conjunto o de un ámbito. En el caso de culturas muchas veces se hace a la fuerza.

Identidad – Conciencia que una persona tiene de ser ella misma y distinta a las demás.

Intersticial – espacio, por lo común pequeño, que media entre dos cuerpos o entre dos partes de un mismo cuerpo. Aquí se usa para describir el espacio entre culturas y razas.

Ladino – persona mestiza que solo habla español.

Liminal – Perteneciente o relativo al umbral o a la entrada. Un lugar fronterizo entre dos realidades diferentes.

Locus Teologicus – el pundo de partida para hacer teología, e.g. la experiencia del mestizaje.

Mestizaje – Cruce de razas diferentes. También puede refirse a un conjunto personas que resultan de este cruce.

Miscegenacionales – idea de entremezcla de razas. En los EEUU existen leyes en contra de esto.

Mulatez – persona nacida de mezcla entre negro y blanca, o de blanco y negra.

Ortodoxia – manera correcta (*ortho*) de pensar en doctrina, dar gloria (*doxa*) o conocer a Dios

Ortopatía – esto se traduce del inglés *orthopathos*, significa una manera correcta (*ortho*) de sentir o de ser en el mundo (*pathos*). Se usa con ortodoxia (doctrina correcta) y ortopraxis

Ortopraxis – este término significa una manera correcta (*ortho*) de actuar o hacer (*praxis*) en el mundo

Otredad – la condición de ser otro, conocido también como alteridad.

Prejuicio – Opinión previa y tenaz, por lo general desfavorable, acerca de algo que se conoce mal.

Racial profiling – usar la raza o apariencia de alguien para sospechar de ellos, especialmente pensando que ya han cometido una ofensa.

Totalización – Doctrina y regímenes políticos, desarrollados durante el siglo XX, en los que el Estado concentra todos los poderes en un partido único y controla coactivamente las relaciones sociales bajo una sola ideología oficial.

Transcultural – Que afecta a varias culturas o a sus relaciones.

Umbral – Paso primero y principal o entrada de cualquier cosa.

Zambo – una persona nacida de negro e india, o de indio y negra.

1

Entendiedo la Presencia Latina en los Estados Unidos

Introducción

Nuestro mundo se está encogiendo rápidamente. La globalización ha creado contingencias inminentes y realidades limítrofes chocantes. Los intercambios culturales dejan remolinos y residuos intelectuales donde los individuos y sus comunidades negocian un sentido de significado en lo que tiene que ver su identidad en una relación tambaleante a su entorno. Es una dinámica que es siempre oscilante, fluctuante y en donde se negocia la identidad.

En los Estados Unidos esta dinámica tiene diferentes expresiones y produce realidades desiguales. Desde que este proyecto ha comenzado ha habido varios incidentes que muestran hostilidad hacia lo que se considera como 'el otro'. En el 2014 los menores no acompañados de Centroamérica hicieron que resaltara la realidad del forastero en los Estados Unidos. Más tarde, las elecciones presidenciales del 2016 expusieron sentimientos radicales de animosidad contra los musulmanes y los inmigrantes en general, especialmente porque los Estados Unidos todavía no parece entender el conflicto en el Oriente Medio y no sabe como lidiar con la cuestión del otro.

En este libro me ocupo con la cuestión del 'otro' con la dimensión específica que se refiere a la inmigración indocumentada en los Estados Unidos. La inmigración indocumentada desde América Latina crea contingencias interesantes en la negociación de la identidad. Como parte de la comunidad latina en los Estados Unidos, exploro esta noción de identidad creada por un punto de vista específico de la inmigración indocumentada. También reflexiono teológicamente sobre esta identidad y lo que esta misma significa para un inmigrante de América Latina. El lector también debe ser consciente de que exploro este punto de vista desde la experiencia de un hondureño. En términos de tamaño de población, los hondureños son una pequeña porción de la comunidad latinoamericana presente en los Estados Unidos.

Comparto mi propio origen para que el lector sepa que mi perspectiva puede diferir a la de otros latinoamericanos o latinos en los Estados Unidos. No obstante, exploro este tema de la identidad para obtener recursos teológicos que permitan a la iglesia entender y abordar las contradicciones y los enigmas producidos por la inmigración indocumentada.

Comienzo con la noción de mestizaje. El mestizaje significa literalmente una mezcla. Es un término peyorativo que se usó para describir la mezcla racial y cultural entre los europeos y los nativos de América Latina. Esto ahora se ha convertido en el *locus teologicus* de la comunidad latina en los Estados Unidos. El mestizaje prove un punto de partida para explicar teológicamente la existencia de comunidades subalternas de inmigrantes en este país. A través del mestizaje uno puede comenzar un diálogo respetuoso que hace justicia y resalta la humanidad de estos inmigrantes.

Trasfondo contextual

En muchos sentidos este es un tema que ha sido emocionalmente difícil de trabajar para mí personalmente. Soy hondureño y aunque nunca he sido un inmigrante indocumentado, he experimentado la vida como un inmigrante en muchos países caminando sobre una línea fina a lo largo de la situación límite entre la legalidad e ilegalidad. Soy el hijo de misioneros hondureños enviados por una denominación estadounidense a las Filipinas. Mucha gente que conocí allá no tenía idea ni dónde estaba Honduras en un mapa y esto forjó conversaciones interesantes con gente filipina.

Luego, viví en los Estados Unidos durante mis años universitarios, en una comunidad rural en el sureste de Estados Unidos. Muchos estudiantes, en aquel lugar, no tenían idea dónde se encontraban las Filipinas ni Honduras. Mi asimilación filipina complicó aún más mi posición - incluso con mis mismos compañeros latinos porque creó un interesante diálogo e interacción con estos estudiantes latin@s.[1] Yo era parte de ellos, pero no fácilmente reconocible. Despúes de mi experiencia universitaria viví en Australia como un misionero de corto plazo donde la gente pensaba que yo era un americano anglosajón simplemente por mi acento en el habla-inglés. Además, muchos no entendían bien lo que significaba ser latino. Muchos hablaban conmigo reservadamente, sin saber cómo relacionarme conmigo pues no tenían un marco de referencia de lo que significa ser latino. Más recientemente, viví en Nueva York en medio de una selva cosmopolita llena de diferentes comunidades y diversas en términos de étnias y razas y ahí fue donde más me sentía como en casa.

Describo mi experiencia particular porque la cuestión de la identidad y la negociación de esta identidad vis-à-vis a una cultura mayoritaria son preocupaciones centrales para muchos inmigrantes y grupos culturales coexistentes. Además, espero que este libro pueda ser de ayuda no solo para los latinos, sino que también para la autocomprensión de muchas personas desplazadas y desalojadas. En nuestro mundo existen muchas comunidades que aprenden a vivir transculturalmente.

Mi preocupación principal es proporcionar un punto de entrada para discutir la inmigración indocumentada teológicamente. He pastoreado dos iglesias en los Estados Unidos donde he tratado directamente con inmigrantes indocumentados. Con el tiempo y a través de muchas conversaciones descubrí que algunos de los miembros de estas iglesias no tenían la documentación apropiada para vivir en los Estados Unidos. Su situación en la iglesia inmediatamente creó preguntas teológicas, tanto como el de la naturaleza de la iglesia como el cuerpo de Cristo y, el lugar de dichas personas como tal. Por ejemplo, como estos inmigrantes eran cristianos me vi obligado a luchar creativamente con mi comprensión de su situación a la luz del Reino venidero y su verdadera ciudadanía celestial en relación con su no-ciudadanía en los Estados Unidos. Su estatus migratorio en muchos sentidos era como una analogía de los mismos cristianos, que se auto describen como estando en este mundo pero que aun así no son parte

---

[1] La arroba (@) es usada para resaltar la inclusividad de género. El idioma español usa formas masculinas o femeninas para los sujetos y en el idioma inglés puede malinterpretarse como no ser lenguaje exclusivo. En lo que sigue usaré el estilo aceptado por la Real Academia Española, pero deseo informar al lector que estoy consciente de la necesidad de ser inclusivo.

del mismo. De la misma manera, estos inmigrantes estaban en los Estados Unidos, pero no formaban parte de esta sociedad. Sin embargo, a través de la iglesia, ellos eran uno en Cristo con aquellos con ciudadanía. Más aun, el Espíritu Santo los afirmaba pneumatológicamente mientras experimentaban la regeneración, la santificación y el bautismo del Espíritu como cualquier otro cristiano.

También era difícil tratar con la situación existencial de estos cristianos. Por ejemplo, recuerdo a un miembro que recibía menos del salario mínimo por el trabajo arduo y que alquilaba la bañera de un apartamento porque compartía ese mismo lugar con otros doce inmigrantes. En otras situaciones, traté con personas que vivían situaciones muy difíciles, por ejemplo, no podían conducir y, por esa misma razón, no podían encontrar buenos trabajos. Estaban pasando hambre, pero decidieron quedarse en el país. También vivían en constante temor a la deportación—tanto que cuando unos miembros fueron asaltados a punta de pistola, estos no reportaron el incidente a la policía porque estaban muy atemorizados. Yo les aconsejé que era necesario hacer la denuncia y estos consintieron. Sin embargo, aunque la policía hizo una investigación, nunca encontró a los asaltantes.

Desde mi punto de vista, no podía imaginar el tipo de realidad que dejaron en sus países de origen para que prefirieran pasar por este tipo de subsistencia en los Estados Unidos. Tampoco podía imaginar la situación de sus países de origen porque no les importaba lo difícil que se hacían las cosas en los Estados Unidos, pues aún así, preferían quedarse acá. Algunos de ellos experimentaron también la separación familiar, ya que uno o ambos padres fueron deportados y, en consecuencia, esas familias fueron separadas porque los niños nacieron en los Estados Unidos y los padres no.

Esta es la razón por la cual decidí escribir este libro. En vez de tener un debate polarizador, quiero adoptar un acercamiento más orgánico para entender primero quiénes son esas personas. En segundo lugar, estudiaremos las razones por las que los indocumentados hacen ese viaje a través del desierto, sin agua u otros suministros, para llegar a los Estados Unidos. Para el ciudadano común, es muy fácil desechar a estas personas y señalarlas como infractores de la ley, etiquetándoles como ilegales (*illegal aliens*) con una realidad subalterna sin esperanza. Es fácil señalarlos como bandidos alternos, sin la capacidad de llegar a ser 'uno de nosotros'. Yo tuve la oportunidad de conocer a algunos de ellos, como compañeros cristianos que me recibían en sus hogares y me ofrecen la clase de hospitalidad que ellos mismos nunca habían recibido.

Mestizaje

Para entender el tema, teológica y orgánicamente, debemos estudiar al mestizaje. La mayoría de los estudios sobre la inmigración indocumentada se ocupan de la inmediatez de la situación. Ofrecen historias aisladas de inmigración y caen en una discusión difícil sobre los derechos, la ética, la ciudadanía y la no ciudadanía. Esta es una de las razones que justifican este estudio. Sin embargo, creo que para comprender mejor este fenómeno y para dar una mejor comprensión de la crisis existencial y de la crisis de identidad que estos individuos enfrentan debemos abordar el tema del mestizaje desde una perspectiva teológica. Si este estudio se convierte en nuestro punto de partida para la discusión, estoy convencido que llegaremos a una consideración más orgánica y responsable acerca de estas personas. Este acercamiento teológico les dará dignidad, sin caer en el argumento de un debate polarizador sobre la ética y los derechos de los indocumentados. Por último, el tema del mestizaje crea el espacio necesario para una mirada compasiva hacia aquellos que han llevado el desafortunado sobrenombre: *'ilegal aliens'*. Esta nomenclatura solo los deshumaniza y crea la sensación de que estos son irremediablemente 'otros' o 'alternos'.

Otros teólogos comienzan con la necesidad de corregir falsas percepciones sobre estos inmigrantes. Harold Recinos en su libro, *Las Buenas Nuevas del Barrio*, describe la situación que viven los latinos en las grandes urbes. A menudo, estos experimentan niveles de pobreza muy superior a la de la mayoría de los grupos étnicos marginados en los Estados Unidos.[2] Recinos desafía al lector a evitar un tipo de racismo encubierto, donde la gente no ataca abiertamente a los indocumentados, sino que se esconde detrás del manto de cierto decoro, para excluir a otros seres humanos de su participación en la sociedad. Recinos cree que el racismo es un problema profundamente arraigado en la cultura americana y sostiene que esta nación todavía

---

[2] Harold J. Recinos, *Good News from the Barrio: Prophetic Witness for the Church* (Louisvile: Westminster John Knox Press, 2006), p. 16.

mantiene una división jerárquica de la humanidad, a la que dividen entre razas superiores e inferiores.[3]

La relevancia de Recinos para este estudio, está en su discusión sobre el poder de representación, o darle nombre a alguien o algo, particularmente el caso en que un nombre se aplica a un grupo de personas. Sobre este asunto, Recinos invoca las palabras de Charles Taylor, cuando dice que 'el no reconocimiento o la falta de reconocimiento puede infligir daño a la persona; puede ser una forma de opresión o encarcelamiento a alguien maltratándole falsamente, distorsionando o reduciendo su ser'.[4] Hay una intención manifiesta en la acción de identificar a alguien o algo. El símbolo y el significado pretendido de las palabras tienen efectos poderosos sobre la mente. Según Recinos, al reconocer las diferentes dimensiones de un símbolo o de un nombre en particular, la iglesia debe ver más allá de los estereotipos y prejuicios para comprender la diversidad de las personas y culturas latinas que se ven afectadas por los estereotipos negativos.

Recinos cree que la iglesia no debe permanecer en silencio ante el racismo, ya sea este abierto o encubierto. Por ejemplo, él critica la manera en que la iglesia se ha mantenido en silencio a la luz del odio racial de los grupos de derecha que atacan e increpan a los latinos. Recinos también se ocupa de la cuestión de la inmigración, afirmando que era obvio que en los Estados Unidos no había tanta preocupación por los inmigrantes indocumentados hasta que se dio el evento del 11 de septiembre del 2001.[5]

Desde ese 11 de septiembre, la retórica que se emplea para discutir la inmigración es de la exclusión, que fácilmente puede alimentar la violencia étnica. Muchos latinos culparon al lenguaje utilizado por los medios de comunicación que sirvió como combustible para convertirlos en chivos expiatorios. Los latinos han sido receptores de la violencia y los crímenes motivados por el odio contra personas extranjeras. Además, en los Estados Unidos, algunas personas van tan lejos, como pedir la derogación de la Enmienda 14 de la Constitución de los Estados Unidos; una cláusula que establece la ciudadanía por nacimiento en los Estados Unidos. Si tal cosa ocurriera, la ciudadanía sólo se extendería a las líneas de sangre 'americanas.' Es por esa

---

[3] Recinos, p. 19.
[4] Charles Taylor, 'The Politics of Recognition', en Amy Gutman (ed.), *Multiculturalism* (Princeton University Press, 1994), pp. 25-74 (p. 25). Traducción mía.
[5] Taylor, 'The Politics of Recognition', p. 26.

razón, que algunos ciudadanos estadounidenses se comportan como si los 'verdaderos' americanos fueran solamente los blancos, anglosajones y protestantes.

A la luz de estos extremos, otros autores coinciden en la importancia de una discusión sobre la semántica utilizada. En primer lugar, hay una nomenclatura desafortunada, colocada sobre estos inmigrantes. El término, extranjero ilegal (*illegal alien*), es perjudicial y despectivo. Del mismo modo, términos como, 'bebés-ancla' (*anchor babies*) y 'mojado' (*wetback*), utilizados por medios populares, impide un diálogo razonable. R. Daniel Carroll proporciona un entendimiento equilibrado que puede ser más útil en lo que tiene que ver con la terminología utilizada para describir a los inmigrantes. Quizás el factor más importante para abordar el dilema de la inmigración es el uso de la terminología acerca de ellos. La manera en que uno se refiere a los inmigrantes indocumentados revela los prejuicios y la malicia manifiesta sobre el tema de parte del individuo que los utiliza. Tal como Recinos, Carroll describe el problema del prejuicio y enfatiza la semántica utilizada. Este afirma que prefiere el término 'inmigrante indocumentado' como el más apropiado, en vez del sobrenombre 'extranjero ilegal'.

> 'Ilegal' lleva una connotación peyorativa, sugiriendo que una persona es culpable de algún acto ilícito, que tiene pocos escrúpulos y es propensa a la desobediencia civil...El término *alien* puede evocar el sentido de alguien inmutablemente extranjero y alterno, sin esperanza de reconciliación o mediación. Por lo tanto, la terminología extranjero ilegal (*illegal alien*), es grosera y perjudicial. El término 'inmigrante indocumentado' es más justo y más apegado a la realidad presente.[6]

Además, el término 'ilegal' ha tenido precedentes como 'indeseable' (*less desirable*) e 'inmigrantes indeseables'.[7] Otra razón por la cual estos términos, 'inmigrantes ilegales' o *illegal alien*, no deben ser utilizados es debido a la desafortunada historia del origen de estos. Ambos términos nunca fueron utilizados en referencia a los inmigrantes,

---

[6] R. Daniel Carroll, *Christians at the Border: Immigration Church and the Bible* (Grand Rapids: Baker Academic), p. 22.

[7] Frank D. Bean, Barry Edmonston, Jeffrey S. Passel, 'Perceptions and Estimates of Undocumented Migration to the United States', en Frank D. Bean, Barry Edmonson, y Jeffrey S. Passel (eds.), *Undocumented Migration to the US: IRCA and the Experience of the 1980's* (Washington, DC: Urban Institute Press, 1990), p. 13.

sino hasta que se estableció la ley de exclusión de los chinos de 1882 (*Chinese Exclusion Act of 1882*). Este un término que no puede escapar connotaciones racistas.

Por lo tanto, esta terminología revela la necesidad de humanizar el discurso sobre los inmigrantes; de lo contrario, no puede haber una verdadera discusión sobre esta cuestión. Cualquier discusión constructiva no puede llevarse a cabo cuando un individuo o una comunidad ha sido deshumanizada. Carroll afirma que la abrumadora mayoría de los latinos son personas respetuosas de la ley y no están de acuerdo con el marco de significado peyorativo que el término 'ilegal' impone a estos inmigrantes. Además, estos no son inmutablemente o desesperadamente ajenos u alternos, como sugiere el término *alien*.

Aquí Carroll cree que los términos utilizados deben reflejar la condición de su permanencia en los Estados Unidos. Los inmigrantes indocumentados son personas que (1) entran sin inspección (*Enter Without Inspection* o *EWI*), o (2) sobrepasan el tiempo de estadía de sus visas.[8] Esto significa que entraron al país en condiciones especiales, pero por alguna razón u otra su tiempo de permanencia expira antes que puedan renovarla o tengan tiempo para salir.[9]

Otro autor, Nick Spencer, enriquece esta discusión sobre la nomenclatura inmigrante en su libro, *Asylum and Immigration*. Este cree que hay otros términos que pueden utilizarse para entender mejor los temas en juego en esta discusión. Spencer ofrece una lista útil que describe una nomenclatura mejor, incluyendo los siguientes términos: migrante político, migrante económico, inmigrante, inmigrante indocumentado, solicitante de asilo, colono familiar, extranjero y refugiado.[10] Spencer cree que la cuestión subyacente debe ser la cuestión de la relación, ya que cada término que se emplea revela la naturaleza de la relación entre la cultura anfitriona y su huésped y viceversa. Posteriormente afirma que es más útil describir una naturaleza más precisa de la relación: 2Las preguntas pertinentes se centran en las relaciones — entre comunidad e individuo, entre nativos e inmigrantes, entre población y medio ambiente y, entre nación y nación.

---

[8] Frank D. Bean, Barry Edmonston, Jeffrey S. Passel, 'Perceptions and Estimates of Undocumented Migration to the United States', p. 3.

[9] El tiempo que se estima obtener una visa es entre 10 meses a 2 años.

[10] Nick Spencer, *Asylum and Immigration: A Christian Perspective on a Polarised Debate* (Cambridge: Paternoser Press, 2004), p. 6. Desafortunadamente, Spencer usa el término: '*illegal alien*'. No usa el término inmigrante indocumentado.

La Biblia no sería nada si no estuviera interesada en las relaciones humanas'.[11]

La exhortación, entonces, es centrarse en las interrelaciones. Esto constituye la base para un posible diálogo informado a favor de la hospitalidad al abordar la cuestión de la inmigración. Desafortunadamente, la política de inmigración norteamericana es mucho más pragmática que esto y, en tiempos de guerra y recesión, hay una mentalidad de manada prejuiciada que trata a los que están al margen de la sociedad como chivo expiatorio. Los términos prejuiciados, como *illegal alien*, cierran la discusión antes que esta pueda comenzar. Sin embargo, la teología debe humanizar a los inmigrantes y discutir el tema en el marco de la razón.

A mi me parece que el término mestizaje, desarrollado por la comunidad teológica latina en los Estados Unidos, comienza a darnos el espacio necesario para discutir la inmigración indocumentada desde América Latina. Esta terminología permite a los inmigrantes hablar por sí mismos, reduciendo los estereotipos y, les da la capacidad de identificarse a sí mismos. También establece un enfoque en las interrelaciones porque conlleva la idea de un intercambio. El Mestizaje también abre la puerta a la teología en conjunto, o teología en equipo. Al estar fundamentado en lo cotidiano, el mestizaje proporciona espacio para discutir la inmigración dentro de un marco teológico.

En una mirada crítica al mestizaje debemos llegar a un entendimiento sobre varios temas que muchos autores nos han planteado. Eventualmente el mestizaje revela cuestiones de hibridez y una lucha entre el 'yo' y 'el otro'. En el campo teológico, el punto de partida para describir a los latinos es el concepto teológico del mestizaje.[12] El mestizaje es el lenguaje teológico (*locus teologicus*) para entender la teología latina en los Estados Unidos. Sin embargo, hay muchas razones por las cuales aún necesita ser discutido y matizado por la erudición

---

[11] Spencer, *Asylum and Immigration*, p. 70. Traducción mía.

[12] En el manuscrito original, uso el término Hispanic/Latin@. Lo uso como tal a propósito para incluir a todas las personas de Latinoamérica que pueden estar presentes en los Estados Unidos. Hay debates sobre cuál es el término apropiado para describir este bloque multicultural, multinacional y multiétnico. El término hispano es una creación nixoniana y no se originó de las personas mismas. El término latino puede ser problemático porque los nacidos en los Estados Unidos no reclaman el término latino. También es problemático para la inclusión de género. Estoy al tanto de estos problemas y de aquí en adelante usaré el término latino.

actual, particularmente desde el punto de vista de la inmigración indocumentada. Eventualmente el mestizaje necesita ser complementado por la hibridez.

Para un estudio fructífero, propongo un diálogo entre el mestizaje y la hibridez; así entenderemos mejor las realidades contextuales de los inmigrantes indocumentados en los Estados Unidos. En este diálogo con entre el mestizaje y la hibridez, deseo que lleguemos a una comprensión mejor del fenómeno de la inmigración indocumentada. Así podremos proponer el inicio de una teología de la inmigración indocumentada. Es a través de una discusión con la hibridez que podremos proporcionar otras formas para describir a la inmigración indocumentada, que apuntan hacia las razones y las causas de esta, en primer lugar. La hibridez también nos ayuda a matizar esta condición y a mirar la obra del Espíritu Santo en medio de las personas indocumentadas. La hibridez apunta hacia la cosmovisión de las personas que hacen el viaje hacia los Estados Unidos. Tales cosmovisiones revelan su modo de ser e interpretar al mundo. A través de ese diálogo espero señalar algunas características de estas personas y, la complejidad de cómo las continuas interacciones con la corriente principal de la cultura norteamericana las moldean. En última instancia, señalo una relación con el Espíritu Santo que nos mueve hacia una hospitalidad orientada hacia el reino de Dios.

En lo que sigue, resalto una tensión entre la identidad y alteridad. Estas existen en un constante proceso de ida y vuelta que moldea a las personas a través de la hibridez. Es un proceso que se refleja en la tensión entre el Dios inmanente y el Dios trascendente en la praxis pentecostal. Esta discusión de hibridez no pretende reemplazar al mestizaje sino ser un adjetivo constante que califica al mestizaje. Esta inclusión ayudará entender la diversidad dentro de los pueblos latinoamericanos y la condición de la inmigración indocumentada. Por lo tanto, podemos hacer un ajuste en nuestras conversaciones para que estos también se conviertan en auténticos sujetos en su mundo. Mi esperanza es que la iglesia trabaje a favor de la justicia de ellos y eventualmente les proporcione un hogar cristiano y teológico.

La hibridez nos ayuda a analizar los símbolos religiosos que utiliza la gente en su expresión religiosa. Por ejemplo, veamos la forma en que la Virgen de Guadalupe y Jesucristo funcionan, entre los católicos mexicanos, a la luz de esta hibridez. En esa misma línea observemos un método de aplicación a través de los escritos de Sor Juana Inés de la Cruz. Posteriormente hagamos un giro pneumatológico, para ver la forma en que los pentecostales podrían aplicar la hibridez en el desarrollo en sus modelos teológicos, especialmente a la luz de los eventos y las experiencias fenomenológicas del Espíritu Santo.

Esta discusión eventualmente nos conduce a una teología práctica relacionada con la respuesta humana a lo divino y a consideraciones en la tensión entre la trascendencia y la inmanencia del Espíritu y, cómo esto puede funcionar como un modelo para las relaciones interpersonales. Apunto específicamente hacia la experiencia de la calle Azusa, sabiendo que lo que sucedió allá todavía continúa ocurriendo en América Latina. Estoy destacando este lugar, en particular, porque es ahí donde encontramos procesos similares a la situación de los creyentes indocumentados en el cristianismo hoy en día. No estoy tratando de ignorar a América Latina, ni las expresiones del cristianismo allá. Mi preocupación es destacar a los inmigrantes de la calle Azusa a principios de siglo XX y las intuiciones pneumatológicas que podemos observar en la obra del Espíritu entre los inmigrantes.

También intento disipar los estereotipos sobre los latinos en los Estados Unidos, como si fueran todos los que están al sur de la frontera entre México y los Estados Unidos. Los latinoamericanos son más complejos que la terminología empleada actualmente para describirlos. Para describirlos, es necesario que consideremos cada nacionalidad y cada grupo de personas, en lugar de estereotiparlos. Por esta razón, entrevistaré a hondureños que aunque resultan ser una porción minúscula de la comunidad latina en los Estados Unidos, es un grupo muy diverso en su composición étnica y cultural.

Según el Pew Center, una nueva encuesta a nivel nacional encontró que la mayoría de los hispanos no aceptan el término 'hispano' e incluso menos prefieren el término latino.[13] En esta misma encuesta, el 69 por ciento cree que tienen diferentes culturas, y sólo el 29 por ciento cree que tienen una cultura común.[14] La mayoría (51 por

---

[13] Paul Taylor, Mark Hugo López, Jessica Hamar Martínez, and Gabriel Velasco, 'When Hispanics Don't Fit: Hispanics and Their Views of Identity', The Pew Hispanic Center, http://www.pewhispanic.org/2012/04/04/when-labels-dont-fit-hispanics-and-their-views-of-identity/ (accedido el 4 de abril, 2012). Ver también, 'A Conversation about Identity', The Pew Hispanic Center, http://www.pewhispanic.org/2012/05/30/a-conversation-about-identity-tell-us-your-story/ (accedido el 30 de mayo, 2012).

[14] Taylor, López, Martínez, and Velasco, 'When Hispanics Don't Fit: Hispanics and Their Views of Identity' (accedido el 4 de abril, 2012).

ciento) prefirió llamarse por su país de origen, como mexicanoamericano, o colombiano-americano o hondureño-americano. Por razones pragmáticas, para empezar desde un lugar familiarizado con la comunidad y, por el actual clima político, comencemos con el término 'latino'. Sin embargo, debo aclarar que aquellas personas que han heredado estas etiquetas son las que las cuestionan.

Estoy convencido de que cada nacionalidad merece una consideración única y que cada una puede dar una contribución única a la teología latina en los Estados Unidos. Por ejemplo, en Honduras, la diversidad racial incluye a los amerindios y a otras comunidades étnicas dentro del país. He escogido es mi país de origen. Soy hondureño-americano. Mi objetivo al describir a Honduras no es centrar la discusión exclusivamente en la inmigración de Honduras, sino también explorar la inmigración indocumentada como un fenómeno compartido por varios grupos culturales en los márgenes de las diversas naciones alrededor del mundo. En otras palabras, el mestizaje puede ser un término que se esfuerza por entender las experiencias únicas de la comunidad latina en los Estados Unidos, pero estoy convencido que la hibridez también debe salir al diálogo con otras realidades y apartarse de sí misma para dar espacio a los demás. Esta es la razón para la inclusión de hibridez en este estudio. Espero que al mirar la hibridez podamos avanzar hacia el descubrimiento del 'otro' y cómo esto conduce a una demostración de la hospitalidad de Dios hacia el inmigrante y hacia el 'otro' a través del Espíritu Santo.

Este libro también propone una hipótesis de lo que parecería la pneumatología a la luz de la inmigración indocumentada y de un diálogo entre el mestizaje y la hibridez. Yo soy pentecostal y, como tal, me preocupa que haya una escasa erudición pentecostal en relación con la inmigración indocumentada. Esta es también una de las razones para que haya elegido entrevistar a inmigrantes indocumentados, a fin de utilizar sus historias de vida como un recurso para la teología. Al hacerlo, sigo el ejemplo de Ada María Isasi Díaz, que utilizó las entrevistas como un recurso para la reflexión teológica. También tengo que lidiar con varios estereotipos negativos en la comunidad latina en los Estados Unidos retratando a los pentecostales como anti-intelectuales.[15] Creo que la falta de material teológico

---

[15] Ver: Ada María Isasi-Díaz, *En la Lucha* (Minneapolis: Fortress Press, 1993), pp. 89, 152-154; and Virgilio Elizondo, *The Future is Mestizo* (Boulder, CO: Unicersity Press of Colorado, 2000), p. 69.

procedente de los pentecostales latinos no implica haya falta de deseo o alguna ambivalencia para abordar estos temas. Al contrario, estoy convencido que la razón por la que no tenemos estudios más profundos, desde una perspectiva pentecostal latina, es simplemente por falta de recursos para escribir sobre este tema. Desafortunadamente, la academia es un lugar privilegiado al que muy pocos pentecostales latinos tienen acceso.

Muchos pastores y pastoras pentecostales en los Estados Unidos son inmigrantes de primera generación (algunos indocumentados) que no pueden pagar por su educación. Además, son bi-vocacionales; es decir, trabajan y pastorean al mismo tiempo. Viven en comunidades donde la gente espera que trabajen y algunos pastores lo hacen por el salario mínimo. Esta falta de recursos describe una situación muy difícil; sin embargo, es una tremenda oportunidad para estos pentecostales porque viven y ministran entre los pobres inmigrantes en los reductos urbanos y entre los marginados en los Estados Unidos. En otras palabras, estos pentecostales son los pobres. Consecuentemente, muchos inmigrantes indocumentados se adhieren activamente a la fe pentecostal.

Instrucciones para el lector

Me parece muy importante informarle a mi lector, que la mayor parte de la exploración teológica de este tema se ha hecho recurriendo a información católico romana. Ha sido necesario dialogar con las teologías católico romanas que abordan el tema del mestizaje para poder establecer una perspectiva pentecostal en particular. Así también, he buscado una manera que sea capaz de dialogar con la mencionada tradición. Además, la mayoría de los inmigrantes provienen de un origen católico y esta comprensión preliminar es la que informa al pentecostalismo latino.[16] Sin embargo, yo creo que un planteamiento pentecostal, bien informado, es capaz de contribuir con nuestra comprensión de la inmigración, el mestizaje y la hibridez entre indocumentados.

También soy consciente de que mi perspectiva pentecostal particular no está comúnmente representada en la academia y la cantidad

---

[16] Miguel Álvarez, Beyond Borders: New Contexts of Mission in Latin America (Cleveland, TN: CPT Press, 2017), pp. 96-116.

de material para este tipo de estudio es todavía limitada. De todas maneras, estoy haciendo una relectura pentecostal a la posición teológica del mestizaje católico romano. Pero también imito lo que ya hacen los pentecostales: elaboran sobre sus raíces católicas con una nueva dimensión abierta a la obra del Espíritu Santo.[17] Este estudio aboga por una teología de la inmigración que sea humana, justa y firme teológicamente; aunque me doy cuenta que estoy pisando terreno nuevo. Al hacerlo, tomo prestado y me apropio de términos y conceptos teológicos que otros han usado de diferentes maneras. Sin embargo, espero interactuar, validar y sintetizar opiniones de una variedad de autores y reunir así, una teología de inmigración desde una perspectiva pentecostal.

Los teólogos que analizo escribieron durante tiempos específicos, por motivos específicos y contextos también específicos. Sus comentarios, ideas y el uso de la terminología pueden parecer fuera de contexto con respecto a lo que estoy tratando de hacer en este libro, pero haré todo lo posible para adaptarlos a mi contexto como un pentecostal preocupado con la inmigración indocumentada, mientras respeto sus opiniones particulares.

También espero que el lector mantenga una mente abierta al hablar de inmigrantes indocumentados en los Estados Unidos. Es un tema emocionalmente cargado y polarizador para muchas personas. Sin embargo, espero que podamos dar una mirada más humana a esta forma extrema de vivir en los Estados Unidos. También espero que el lector pueda tener una mente abierta ante la discusión de la inmigración indocumentada desde una perspectiva pentecostal emergente.

Mi propuesta teológica se centra en la perspectiva de aquellos que hacen el viaje por el desierto de Sonora en ruta hacia los Estados Unidos. Jacqueline Hagan afirma que la gente pentecostal que transita esta ruta puede representar hasta el 25% de todos los que cruzan el desierto. Como pueden notar, los pentecostales tienen una forma de ser muy particular de enfrentar al mundo. Con esto no sólo busco abordar una forma de ser latino en el mundo, sino también una forma de ser pentecostal. La realidad de las personas que hacen su camino hacia el Norte conduce a estas identidades superpuestas, tal como el ser latino y pentecostal a la vez.

---

[17] Miguel Álvarez, *Beyond Borders*, p. 96.

Declaración de privacidad

Debido a la naturaleza de este material cada vez que entrevisto a una persona, me han pedido mantener su anonimato, para su protección. Para cumplir con esta petición, he cambiado sus nombres, donde sea apropiado; he evitado preguntas referentes a su estatus de inmigrante y he centrado mis comentarios exclusivamente en aquellos que voluntariamente me han ofrecido información. En aquellos casos que he entrevistado a varios individuos y familias, incluyo solamente a los que indicaron libremente su estado de indocumentado, sin preguntarles directamente sobre ello.

El bosquejo de esta obra

El capítulo dos brinda una visión general de los orígenes del mestizaje y las construcciones que parten de este término en particular. Mi conclusión es que el mestizaje no solo brinda una explicación histórica de la existencia de los pueblos de América Latina, sino que también crea espacio para entender el motivo de sus viajes al coloso del norte.[18] En el mismo, describo los orígenes del término y describo la concepción de mestizaje desde el punto de vista de Virgilio Elizondo, por ejemplo. Es importante tener en cuenta que el mestizaje se convirtió en un punto de entrada para crear un espacio para esta discusión sobre la comunidad mexicoamericana en los Estados Unidos.

En el capítulo tres, debato sobre Ada María Isasi-Díaz y cómo ella amplía el significado del mestizaje de acuerdo con su contexto. Isasi-Díaz también discutió experiencias variadas de América Latina, específicamente la de los cubanoamericanos. Ella expande el uso del mestizaje a través de lo cotidiano, y lo fundamenta en la singularidad de la experiencia cubanoamericana. Sus reflexiones trasladan así el mestizaje para considerar las perspectivas mulatas y mujeristas. Acá utilizo su ejemplo como una forma de ampliar aún más el tema del mestizaje y una forma de introducir un movimiento hacia el reconocimiento del otro (alteridad). Sus ideas nos permiten vislumbrar una hibridez emergente entre los pueblos latinos en los Estados Unidos.

---

[18] Martin Stabb, *In Quest of Identity* (Chapel Hill: The University of North Carolina Press, 1967), p. 104. Stabb usa la terminología "el coloso del norte" para describir la influencia de los Estados Unidos en la región.

El capítulo cuatro continúa matizando la dimensión histórica que el mestizaje brinda a la discusión teológica. Explora imágenes alternativas formuladas por eruditos y teóricos sociales entre la comunidad latina de los Estados Unidos, con el fin de profundizar aún más nuestra comprensión del mestizaje.

En cualquier discusión, hay instancias y situaciones que no necesariamente se ajustan a las categorías disponibles. Además, hay lugar para describir otros mestizajes (mezclas) que resultan después del encuentro entre diferentes culturas.[19] El término debe conducirnos hacia la reciprocidad y la comprensión, a pesar de las diferencias. En este capítulo veremos como Manuel Vásquez y Miguel De La Torre critican fuertemente a las formulaciones del mestizaje. También estudio el trabajo de Néstor Medina sobre el mestizaje, quien describe este término como abierto al cambio y de naturaleza también abierta. Al final, concluyo que el mestizaje apunta en última instancia a una hibridez caracterizada por una tensión entre 'identidad' y la 'otredad' (o alteridad).

Debido a las muchas tensiones que existen entre quienes abandonan América Latina y hacen su viaje a los Estados Unidos, el mestizaje es un término resbaladizo que puede volverse problemático, incluso para la comunidad que lo introdujo en la discusión teológica y, que ha seguido matizando y debatiendo sobre su lugar en teología. Una de las críticas más conmovedoras, expresadas por Vásquez y De La Torre, es que el mestizaje no crea espacio para la 'alteridad' en América Latina, tales el como el pueblo mulato, amerindio y zambo. Acá continúo afirmando que el componente faltante es una consideración teológica de los inmigrantes indocumentados en los Estados Unidos. El mestizaje tiene todo el potencial para hacerlo, pero apenas se le menciona en la literatura. Esta es otra opción para continuar estudiando el mestizaje, que es un término con poca consideración entre los pentecostales de América Latina y los Estados Unidos. El tema del mestizaje ha sido resaltado por la teología católica romana. Por lo tanto, mi meta es obtener un sentido teológico apropiado desde una perspectiva pentecostal. Esta es la razón por la que propongo el uso del término hibridez y, una discusión sostenida sobre la

---

[19] *Mestizajes* está en forma plural aquí y es el término preferido por Néstor Medina. Yo subrayé la s aquí para enfatizar la pluralidad que este término indica.

hibridez de los pueblos latinoamericanos y de los latinos en los Estados Unidos.

Habiendo calificado al mestizaje y apuntado a sus fortalezas y debilidades, en esta obra describo la hibridez emergente que revela una perspectiva pentecostal. Por esta razón, en el capítulo cinco, dialogaré con escritos poscoloniales y sus discusiones sobre identidad e hibridez. Este es un diálogo difícil, porque hay muy pocos teólogos latinos que hablan de la hibridez, o tal cosa como un post colonialismo en este campo. Entiendo que al presentar este estudio estoy caminando por una pendiente resbaladiza. Sin embargo, espero demostrar que el estudio de la hibridez puede ayudarnos a deliberar sobre la red de relaciones que dan forma a las cosmovisiones latinoamericanas. Hay una tensión continua entre 'identidad' y 'alteridad' (otredad). A través de esto, espero que esta discusión no colapse en una teoría semiótica, por su terminología o lo inadecuado que parezca. Más bien, creo que debemos avanzar para acertar sobre la necesidad de la inclusión del 'otro' que el mestizaje nos ha producido claramente. Por esta razón, reflexionaremos sobre escritos interdisciplinarios e incluiremos la discusión sobre 'hibridación'. Mi propósito es traer el debate sobre el 'otro' hacia la vanguardia. Después de esta discusión, regresaremos a la comunidad latina, porque el mestizaje da a la noción poscolonial de hibridez una base histórica muy necesaria. El resultado de este diálogo es una hibridez emergente caracterizada por la tensión en curso entre 'identidad' y 'alteridad' (otredad).

Mi objetivo es establecer una red inter-relacional sobre la cual se pueda construir puentes para las discusiones teológicas sobre el mestizaje, a fin de comprender mejor la situación del inmigrante indocumentado. Reconozco que acá examino autores muy alejados de la realidad latinoamericana. Sin embargo, estos se involucran en una comprensión poscolonial de la hibridación y pienso que estos nos pueden ayudar a comprensión a una hibridez emergente. Espero que esta hibridez informe al mestizaje para que podamos crear una teología de la racionalidad que intente comprender la inmigración indocumentada. En muchos sentidos, es una imagen de mi propio viaje, habiendo vivido en Honduras, Filipinas, Australia y los Estados Unidos. La teología latina puede y debe dialogar con aquello que es diferente de sí misma.

En el capítulo seis, describo cómo la religión popular latina católica romana, con sus símbolos religiosos informan a la comunidad sobre su identidad y su tarea teológica a través del mestizaje. El estudio del mestizaje nos proporciona un punto de entrada para entender a los pueblos indocumentados y las razones por las cuales estos dejan atrás a sus familias y comunidades de origen. El mestizaje nos ofrece un motivo teológico muy rico que conducirá a una identificación especial con el 'otro'. También sugiere una consideración especial del extranjero a través de la religiosidad popular que este trae consigo. La mayor parte de la teología que ha sido escrita por los teólogos latinos describe a la Virgen de Guadalupe como una figura mestiza o indígena, importante para la religión popular.[20] También examina el símbolo de Jesucristo y, por último, cómo podemos ver la hibridez evidente como metodología con el ejemplo de Sor Juana Inés de la Cruz, cuyo trabajo es uno que estudia perspectivas culturales diferentes y las fusiona en la hibridez de la Nueva España. Acá intento añadir obras únicas para demostrar otras contribuciones teológicas también únicas, desde las perspectivas latinoamericanas.

La teología católica ha hecho contribuciones valiosas al diálogo sobre la identidad de los pueblos latinos. Sin embargo, acá trataré de dar una contribución modesta que surja de la hibridez y, luego ofreceremos un punto de vista pentecostal sobre el tema, en el capítulo siete.

En este estudio haremos una consideración especial a la pneumatología y esta es informada por una perspectiva pentecostal popular. Para este objetivo, mi punto de partida es el lugar histórico de Azusa Street. Sin embargo, no debe interpretarse que lo estoy limitando a esa ubicación geográfica única. La razón de su inclusión es para mostrar una lectura alternativa del avivamiento de Azusa Street. Es un lugar donde los pentecostales latinos también estuvieron presente y contribuyeron al avivamiento.

Por lo tanto, para continuar adquiriendo un sentido de una teología pentecostal emergente, en el siguiente capítulo entrevistaré a pentecostales indocumentados. Ahí intentaré echar un vistazo a cómo funciona la fe de los pentecostales latinos a la luz de lo 'cotidiano'. Pentecostés es un evento que también se vive a través de la vida de las personas.

---

[20] Néstor Medina, *Mestizaje: Mapping race, culture and faith in Latina/o Catholicism* (Maryknoll, NY: Orbis Books, 2009), pp. 119-30.

En el capítulo final, analizaremos cómo es que podemos construir puentes desde esta plataforma pneumatológica con la discusión sobre la hibridez. La obra del Espíritu es descentralizar el 'yo' y extender nuestro alcance hacia el 'otro'. El Espíritu le recuerda a la humanidad tanto la inmanencia como la trascendencia de Dios. Esta reflexión nos lleva a ver la identificación de Dios con la humanidad. La teología pentecostal, también conduce a la santificación de la humanidad a través de la obra del Espíritu. El Espíritu conduce a la humanidad hacia la formación de alternativas para la ciudadanía y la transformación social. El trabajo del Espíritu revela la ortopatía de Dios que participa en la hospitalidad. Al final concluiremos con una comprensión matizada de una hibridez relacional a la luz de la inmanencia y la trascendencia del Espíritu que incorpora a la inmigración indocumentada en esta reflexión.

El problema debería estar inmerso no solo en las discusiones sobre el lenguaje, sino que también en las discusiones sobre la realidad de un pueblo quebrantado, que encarna formas extremas de marginación. A través de una teología pentecostal emergente podemos ver las realidades mestizas de Honduras, por ejemplo. En este estudio abordamos el tema de identidad para los hondureños y, espero que las conclusiones permitan hacer una contribución que ayude a otros latinoamericanos (como lo ha hecho el mestizaje). El método es la construcción de puentes para no enfocarnos solamente en la forma en que el lenguaje podría impedir nuestra discusión. Más bien, el mestizaje proporciona una base histórica que, a su vez, informa a la tarea teológica de la hibridez y, a través de una visión pneumatológica, construye una teología de hospitalidad y justicia social para el inmigrante.

La situación de los pueblos latinoamericanos que hacen su recorrido hacia el norte es mucho más compleja de lo que sugieren los discursos populares actuales. Los inmigrantes indocumentados representan los márgenes de la marginalidad, y su lugar particular nos invita a promover la justicia en su favor. Los inmigrantes indocumentados son un grupo rechazado por la sociedad norteamericana conservadora, con la que quizás no sea imposible construir una relación. Es cuestión de que ese pueblo híbrido construya una red de relaciones con la población principal que controla la política migratoria.

2

Mestizaje: Orígines y Trabajo Constructivo

Introducción

En este capítulo examinaremos los orígenes y el desarrollo del mestizaje como definición teológica (*locus teologicus*) en la teología latina, con el fin de establecer una base conceptual para entender la inmigración indocumentada. El mestizaje es central en este estudio porque sirve como un descriptor de identidad que es filosófico dinámico y no sólo funciona como un descriptor étnico y racial para la teología en la comunidad latina de los Estados Unidos, sino que también revela la manera de ser, pensar y actuar en el mundo como latino. En otras palabras, revela las cosmovisiones de la comunidad latina. De manera que para comprender la difícil situación de los inmigrantes indocumentados, primero debemos entender al mestizaje. Este ejercicio nos permitirá informarnos quiénes son estos inmigrantes y por qué hacen el viaje al norte.

Una visión general del mestizaje

Néstor Medina escribió un volumen donde describe el desarrollo del mestizaje. Medina es un teólogo preocupado por el mestizaje y los intercambios culturales. En su texto, *Mestizaje,* describe tres corrientes de pensamiento diferentes dentro de esta tradición. Él llama a la primera, teología católica romana, a la segunda teología cínica y a la tercera, lecturas seculares finales del mestizaje. Una exploración exhaustiva de estas tres corrientes de pensamiento y de Néstor Medina, por razones de espacio, queda fuera del alcance de esta discusión. Por lo tanto, mi atención se centra en el origen y el desarrollo del mestizaje como un punto de referencia teológico (locus teologicus) para la teología latina de los Estados Unidos. Así que, cuáles son los factores contextuales e históricos que llevaron a la incorporación de este término en la teología.

Teólogos latinos estadounidenses como Virgilio Elizondo y Ada María Isasi Díaz adoptaron el mestizaje como un término para dar sentido a su contexto y a sus respectivas herencias, la mexicana y cubana en los Estados Unidos. Ellos usaron el mestizaje para reclamar su historia a pesar de la marginación sociocultural dominante en los Estados Unidos.[1] Además, buscaron afirmar su identidad a través del mestizaje, particularmente cuando el resto de la academia estaba obsesionado exclusivamente con un discurso racial blanco contra negro.

Este término también es importante porque la población latina de los Estados Unidos por lo general se ha resistido a los ideales de la asimilación cultural que predomina en los Estados Unidos, y de esta manera ha manteniendo fuertes lazos con su cultura, sus alimentos e incluso sus opciones de entretenimiento. Esto contrasta fuertemente con los inmigrantes europeos que se mezclaron entre sí. Para Elizondo e Isasi-Díaz, el mestizaje explicó sus diferencias entre la cultura europea norteamericana y la de su identidad. Además, este término permite que los latinos puedan reclamar su historia. Por lo tanto, el mestizaje se convirtió en una plataforma de reflexión teológica porque afirmaba a las culturas particulares latinas y sus prácticas religiosas en los Estados Unidos. Incluso, dentro del catolicismo romano, el mestizaje afirmó a su religión popular en particular. A eso se debió que las prácticas y costumbres religiosas de la gente ya no fueron descartadas como aberraciones del cristianismo.

El mestizaje también revela poderosas corrientes de mezclas biológicas y culturales.[2] Por ejemplo, muchos latinos presentes en los Estados Unidos son una mezcla de blancos, negros, amerindios y otros grupos. Simultáneamente, el mestizaje afirma así su singularidad y se resiste a las tendencias asimilacionistas. También demuestra la complejidad de una identidad latina cuando se trata de marcadores étnicos

---

[1] Medina, *Mestizaje*, p. xi.
[2] Medina, *Mestizaje*, p. x.

y raciales (*racial profiling*). Esta complejidad formó una *Gestalt* para formar una teología a partir de las experiencias particulares de América Latina. También atrajo la atención y el pensamiento debido a las comunicaciones interculturales paralelas entre la era colonial dominada por los españoles en América Latina y en el presente día con las experiencias de los latinos en los Estados Unidos.

Elizondo e Isasi-Díaz afirmaron que su identidad latina es única. Esto provocó una relectura sistemática del texto bíblico y de las diversas tradiciones teológicas heredadas por los estudiosos de la teología norteamericana y europea.[3] Como consecuencia de esa relectura, los teólogos latinoamericanos reconfiguraron las tareas teológicas, métodos y fuentes que les llevaron a un replanteamiento de las tradiciones cristinas.[4] Por ejemplo, Néstor Medina señala que la teología, la doctrina y la interpretación bíblica han estado abiertas a la relectura y re-pensamiento por cuestiones de clase, género, cultura y raza.[5] En la década de 1960, varios eruditos católicos comenzaron a reflexionar seriamente sobre su identidad latina.[6] Tales reflexiones generaron la Academia de Teólogos Hispánicos Católicos (ACHTUS) y el establecimiento de la Revista de Teología Hispana/Latina.

Parte del primer obstáculo que mucha gente tuvo que enfrentar fue el reconocimiento de una realidad, que los latinos siempre han estado presentes en los Estados Unidos. Medina da varios ejemplos de lo que fue una porción ignorada de la población de los Estados Unidos.[7]

La presencia hispana/latina en los Estados Unidos

Primero, los mexicanos han vivido en los Estados Unidos antes de que estos se independizaron de Gran Bretaña. Florida, Texas y el suroeste de los Estados Unidos, en un momento fueron parte del imperio español. Además, las secuelas del Destino Manifiesto y la guerra entre México y la unión americana, inmediatamente colocaron una población de mexicanos en el lado estadounidense de la frontera.

---

[3] Medina, *Mestizaje*, p. xi.
[4] Medina, *Mestizaje*, p. x.
[5] Medina, *Mestizaje*, p. x.
[6] Medina, *Mestizaje*, p. xii.
[7] Medina, *Mestizaje*, p. xii.

Además, algunos grupos amerindios, como los tarahumaras, que desde entonces han recorrido la frontera de México y Estados Unidos.[8]

Otras causalidades históricas colocaron a otros pueblos latinos en los Estados Unidos. Uno de esos eventos es la Guerra entre los Estados Unidos y España en 1898. Este evento creó un flujo constante de portorriqueños y cubanos hacia los Estados Unidos. En 1917 a los portorriqueños se les otorgó la ciudadanía estadounidense. Hasta hoy, Puerto Rico continúa en tensión con los Estados Unidos, en una relación única, como un territorio dependiente con derechos únicos e independientes.

Por su parte, los cubanos que ganaron prominencia en los Estados Unidos después de la Revolución Cubana, recibieron consideraciones especiales después de la victoria comunista en la isla. La gran afluencia de inmigrantes cubanos trajo consigo experiencias únicas de identidad e inmigración.

Por otro lado, los mexicanos que se convirtieron en ciudadanos estadounidenses después de la Guerra entre México y los Estados Unidos, hasta el día de hoy continúan experimentando tensiones únicas por su estadía en los Estados Unidos. Otros latinos continuaron llegando a los Estados Unidos después de amargos conflictos políticos y sociales en sus países de origen. Aún más, otros fueron atraídos por las oportunidades de trabajo en los Estados Unidos. Un ejemplo fue el programa 'Bracero' que abrió las puertas al trabajo manual y al trabajo agrícola para inmigrantes en la década de 1960. Muchos de esos trabajadores terminaron quedándose en los Estados Unidos.

La afluencia de estos inmigrantes creó problemas de identidad porque no encajaba perfectamente en las categorías de blanco y negro. En cuanto a la religión y la iglesia, la Iglesia Católica en los Estados Unidos estaba dominada por sacerdotes de ascendencia europea que veían la religión popular de los puertorriqueños, cubanos y mexicanos con condescendencia y como expresiones inferiores de piedad. Además, las tensiones se volvieron más graves ya que en la década de 1970 también hubo un auge de inmigrantes portorriqueños en la ciudad de Nueva York. Durante la misma década, el gobierno de los Estados Unidos acuñó el término 'hispano' para distinguir a

---

[8] Christopher McDougall, *Born to Run* (New York: Knopf Doubleday, 2009), p. 17.

un pueblo que no entendía el idioma y la cultura, etiquetando a personas diversas con un descriptivo general que muchos de ellos rechazaban.

La perspectiva de Medina de la apropiación teológica del mestizaje

En la academia, la teología de la liberación ha sido desafiante en las reflexiones entre América del Norte y América Latina. Es en este contexto que Virgilio Elizondo comienza a proponer el uso del término 'mestizaje' como un concepto teológico. Elizondo se basó en varias discusiones propuestas por las corrientes liberacionistas del congreso de Medellín en 1968, por ejemplo.[9] Elizondo fue particularmente crítico de las reflexiones teológicas que estaban encerradas en un ferviente discurso blanco-negro. Este se dio cuenta de que no había otra opción o categoría en particular para hacer teología por y para la gente que tenía una experiencia particular de marginación, como la comunidad latina, por ejemplo.[10]

Mediante su uso del mestizaje, Elizondo encontró la manera de desafiar los estereotipos raciales y fue capaz de teologizar con la experiencia de la marginación. El uso de este término sirvió para afirmar la fe de los latinos al insistir en su propia identidad y comprensión particular del catolicismo romano.[11] Las reflexiones de Elizondo demostraron que los mexicoamericanos no eran supersticiosos ni tenían costumbres infantiles. Más bien, hacían una contribución particular para la teología y una forma particular de hacer teología.

Otros teólogos siguieron a Elizondo y se apropiaron del mestizaje en su reflexión, ampliando más en la comprensión de Elizondo. Un buen ejemplo fue Ada María Isasi-Díaz, una erudita católica. Esta expresó su preocupación por las mujeres de la iglesia en su contexto de opresión. Ella informó el mestizaje a través de lo 'cotidiano' y la lucha por la supervivencia y, utilizó su comprensión particular de la experiencia cubanoamericana para introducir las nociones de mulatez y mujerismo en la teología.

---

[9] Medina, *Mestizaje*, p. xiv.
[10] Medina, *Mestizaje*, p. xv.
[11] Hector Elizondo, *Galilean Journey: The Mexican-American Promise* (Maryknoll, NY: Orbis Books, 2000), p. 9.

Por su parte, Néstor Medina describe una expansión subsecuente en la teología de la 'mestiza' a fines de la década de 1980 y principios de la de 1990.[12] En aquel tiempo, varios teólogos usaron y se apropiaron del término teológico del mestizaje. Medina da varios ejemplos, como Robert Goizueta, quien describió un método teológico distinto utilizando el mestizaje.[13] Además, María Pilar Aquino también adoptó el mestizaje para hacer reflexiones sobre su pueblo.[14] Eldin Villafañe describió al mestizaje como el marcador de identidad central, aunque lo describió con tres corrientes distintas que interactúan entre sí.[15] Esos esfuerzos dieron lugar a formulaciones posteriores, como el volumen *Introducción a la Teología Latina* de De La Torre, que utiliza el mestizaje como tema principal y unificador.[16]

Sin embargo, en esta misma década hubo críticas más prominentes al uso del término 'mestizaje'. Néstor Medina afirma que los teólogos latinos de los Estados Unidos han desarrollado una teología del mestizaje y ampliaron su significado y aplicabilidad.[17] Sin embargo, al afirmar el carácter distintivo del contexto sociocultural y teológico de América Latina, Medina afirma que los teólogos latinos norteamericanos no prestaron atención al contexto latinoamericano y a sus expresiones hegemónicas del mestizaje.[18] En cambio, adoptaron acríticamente el tema del mestizaje sin señalar los problemas que esto crearía en el contexto latinoamericano.[19] El meollo del asunto era que estos teólogos buscaban paralelismos entre la experiencia original de discriminación de los mestizos por sus ancestros indígenas y españoles, comparando a esta, con su nueva experiencia de marginación en los Estados Unidos.[20] Sin embargo, Medina observa cómo estas formulaciones enfrentaron fuertes críticas en América Latina, particular-

---

[12] Medina, *Mestizaje*, p. xvii.
[13] Roberto Goizueta, *Caminemos con Jesús: Towards a Hispanic/Latino Theology of Accompaniment* (Maryknoll, NY: Orbis Books, 1995). También ver Medina, *Mestizaje*, p. xvii.
[14] Maria Pilar Aquino, *Our Cry for Life: Feminist Theology from Latin America* (Maryknoll, NY: Orbis Books, 1993), and Medina, *Mestizaje*, p. xvii.
[15] Eldin Villafañe, *The Liberating Spirit: Toward an Hispanic American Social Ethic* (Grand Rapids: Eerdmans, 1993); pp. 194-95.
[16] Miguel A. De La Torre and Aponte, *Handbook of Latina/o Theologies* (Duluth: Chalice Press, 2006); and Medina *Mestizaje*, p. xviii.
[17] Medina, *Mestizaje*, p. xviii.
[18] Medina, *Mestizaje*, p. xviii.
[19] Medina, *Mestizaje*, p. xviii.
[20] Medina, *Mestizaje*, p. xviii; también ver Elizondo, *The Future is Mestizo*, p. 10.

mente desde la perspectiva de los pobres y no mestizos en América Latina.[21] Esto último es importante notarlo y le daremos el espacio necesario para estas críticas, más adelante en este libro. Sin embargo, en este momento nos centraremos en los orígenes del término 'mestizaje' y cómo los teólogos católicos romanos articularon una teología contextualizada del mestizaje. Examinemos primero a Virgilio Elizondo y luego a Ada María Isasi-Díaz.

Virgilio Elizondo y el mestizaje

Algunos llaman a Virgilio Elizondo el padre del pensamiento religioso latino en los Estados Unidos.[22] Recientemente enseñaba en la Universidad de Notre Dame y exploraba las aplicaciones del mestizaje para interpretar el pasado y construir el futuro. Lamentablemente falleció en el 2016, en un suicidio. A pesar su trágico fin, el trabajo de Elizondo es importante en esta discusión, porque fue uno de los primeros teólogos que abordó la necesidad de comprender la presencia latina en los Estados Unidos. Elizondo trató de entender la presencia mexicana-americana en una sociedad que parecía no entenderlos (y que francamente aún no lo hace). Además, Elizondo escribió sobre las características, entendimiento y pensamiento únicos de su gente. Al contrario de lo que algunos percibieron, los mexicanoamericanos no practicaban una aberración del catolicismo romano ni tenían una perspectiva inferior del cristianismo. Elizondo, por otro lado, buscó entender a la comunidad mexicanoamericana en sus propios términos y en su propio contexto.

La contribución de Elizondo es invaluable porque explora y describe la identidad de su gente y, porque su gente está presente en los Estados Unidos. Elizondo afirma a su gente, cuando plantea que el mestizaje es una forma de identificar a un mundo que surge de un pasado colonial compartido, a través de una mezcla étnica y racial forzada. Además, el mestizaje mantiene a su pueblo unido, con su religión popular y sus creencias teológicas. Elizondo también utiliza el mestizaje para reconocer la ubicación social de los mexicanoameri-

---

[21] Medina, *Mestizaje*, p. xviii.
[22] Oscar García-Johnson, *The Mestizo/a Community of the Spirit: A Postmodern Latino/a Ecclesiology* (Eugene: Pickwick Publications, 2009), p. 31. Ver también 'Virgilio Elizondo' por Department of Theology, University of Notre Dame, http://theology.nd.edu/people/all/elizondo-virgilio/ (accedido el 11 de diciembre, 2011).

canos y así demostrar respeto por sus tradiciones culturales. Como un marcador de identidad, el mestizaje también actúa como una herramienta hermenéutica y analítica para la teología. El mestizaje incorpora su cosmovisión y como tal, se convierte en el centro de actividad (*locus teologicus*) de la teología.

Elizondo admite que la teología de liberación de Gustavo Gutiérrez lo motivó a 'ver el sufrimiento de los pobres, escuchar sus llantos y entrar en la búsqueda de la liberación'[24] dentro del contexto norteamericano. Por lo tanto, Elizondo dedicó su trabajo a capacitar a los mexicanoamericanos en los Estados Unidos para que incluso, en medio de la pobreza, pudieran 'atreverse a soñar y comenzar algo nuevo'.[25] Además, Elizondo también trabajó 'para hacer que las estructuras de la sociedad funcionen a favor y para crear un nuevo conocimiento sobre 'nosotros' mismos, nuestra situación social y creencias religiosas'.[26] Para Elizondo, el mestizaje informa a la teología sobre la situación sociocultural de los mexicanoamericanos presentes en los Estados Unidos.

Lo que hay en común: Universalidad y especificidad

Una de las primeras dimensiones que noto en su uso de Elizondo sobre el mestizaje, es lo que hay en común entre los mexicanos y, la universalidad latina. Por ejemplo, aunque Elizondo se enfoca exclusivamente en los mexicanoamericanos, muchos teólogos citan la teología de Elizondo para aplicarla a otros pueblos de origen latino. Por lo tanto, hay dos movimientos en el mestizaje de Elizondo. Uno es muy específico, que describe a los mexicanoamericanos. El segundo, está relacionado con la identidad colectiva de otros latinos en los Estados Unidos. Por lo tanto, hay una característica común en el mestizaje con las comunidades 'alternas' de América Latina. Esta es una dimensión que ha sido criticada recientemente.

La dimensión colonial implícita en el mestizaje refuerza el carácter común que directa e indirectamente influyó en la formación de los mestizos. Debido a que estos grupos diferentes tienen muchas cosas

---

[24] Virgilio Elizondo, '"Mestizaje as a Locus of Theological Reflection" ', en Arturo Bañuelas (ed.), *Mestizo Christianity: Christianity from a Latino Perspective* por Arturo Bañuelas (Maryknoll, NY: Orbis, 1995), p. 7.

[25] Elizondo, 'Mestizaje as a Locus of Theological Reflection', p. 9.

[26] Elizondo, 'Mestizaje as a Locus of Theological Reflection', p. 9.

en común con la experiencia de la colonización, uno puede encontrar hilos comunes en relación con estas experiencias en el mestizaje y en relación con su origen y formación. En otras palabras, se nota que somos corte de la misma tela.

También el mestizaje es un término que comparten muchos grupos porque Elizondo lo usa para referirse a los cambios culturales en curso que enfrentan estas personas cuando llegan a los Estados Unidos. A medida que estas personas ingresan a los Estados Unidos, se enfrentan a la internalización del mestizaje y aceptan la experiencia de América del Norte. Este dinamismo es paralelo al experimentado en la América Latina colonial y conduce a un segundo mestizaje, esta vez, con la sociedad y la cultura de los Estados Unidos.

Expandiendo la función del mestizaje

El trabajo de Elizondo describe cómo el término mestizo era originalmente un término racial peyorativo porque se usaba para demarcar estructuras sociales y de poder en una sociedad colonial que se definía a lo largo de líneas raciales. En estas sociedades, los blancos nacidos en Europa eran considerados los mejores del sistema sociocultural y colonial.[27] Estos fueron seguidos en el esquema jerárquico por los criollos o blancos europeos nacidos en las Américas. Estos tenían muchos privilegios debido a su ascendencia europea, pero se los consideraba inferiores debido a su falta de contacto directo con Europa. El siguiente en este esquema colonial eran los amerindios. Su raza y su falta de contacto con Europa los hacían inferiores. En muchos casos, fueron esclavizados u obligados a trabajar para los españoles forzosamente.

Esto fue una consecuencia natural del sistema feudal español en el cual uno tenía que demostrar lealtad a la corona española. Muchas veces esto se hizo a través de la genealogía de uno.[28] El mestizaje se convirtió en una forma de demostrar lealtad a la corona y una manera

---

[27] Michelle A. González, 'Who Is Americana/o', en Catherine Keller, Michael Nausner, and Mayra Rivera (eds.), *Postcolonial Theologies: Divinity and Empire* (St. Louis: Chalice Press, 2004), pp. 58-78. Ver especialmente su discusión en las pp. 64-65. Muchos españoles ya habían experimentado cierta mezcla con la invasión de los moros.

[28] John Frederick Schwaller, The History of the Catholic Church in Latin America: From Conquest to Revolution and Beyond (New York: New York University Press, 2011), pp. 1-5.

de demostrar la adaptación a la sociedad española. Como resultado, los sistemas imperiales de españoles y portugueses crearon pueblos de África y Asia que se unieron con amerindios en las Américas. Esto condujo a la formación de un sistema social complejo, donde la gente buscaba el favor de las entidades gobernantes y eso dio lugar a la formación de un sistema de poder demarcado por la identidad étnica, aunque no parece que fue tan simple.[29]

Michelle González describe cómo en la conquista de los territorios coloniales y debido a la falta de mujeres españolas en América Latina, los hombres españoles tomaron mujeres nativas.[30] Esta dimensión de la vida colonial no fue una realidad agradable debido a la violencia y explotación que estas mujeres experimentaron a manos de los españoles. González afirma que no se puede producir una versión aséptica de la historia de esta mezcla.[31] Una nueva gente surgió en el continente americano. Estas fueron llamadas mestizas, y en el gran esquema de la sociedad fueron consideradas por encima de los indios, pero inferiores a los nacidos en Europa, españoles y criollos. Con el tiempo, sin embargo, los pueblos de América Latina experimentaron una mezcla gradual y continua de modo que estas personas cohabitaron y llevaron a cabo su estilo de vida como comunidad a pesar de los tabúes raciales coloniales. El resultado fue una sociedad que incorporó dimensiones de culturas amerindias, africanas y europeas, siendo el motivo dominante el de la influencia ibérica.[32]

Elizondo argumenta que para la gente de ascendencia latinoamericana el mestizaje es importante porque evoca a esta historia de América Latina como un factor que debe considerarse al describir a los latinos. Autores, como John Frederick Schwaller, describen cómo la tensión acumulada a partir de una historia de luchas de poder en América Latina estalló en violencia, guerra civil y revolución en el siglo XX.[33] Por lo tanto, el mestizaje evoca la historia de América Latina para ser considerada como un factor en sus valores y actitudes en su formación incluso en el siglo XXI. Esta es también una situación sociocultural que debe considerarse en relación con los factores

---

[29] Schwaller, The History of the Catholic Church in Latin America, p. 5.
[30] González, 'Who Is Americana/o', p. 66.
[31] González, 'Who Is Americana/o', p. 66.
[32] Ver también a Eldin Villafañe, The Liberating Spirit, pp. 3-11.
[33] Schwaller, The History of the Catholic Church in Latin America, p. 4.

existenciales y fenomenológicos que crean la migración indocumentada.

Mestizaje: Más allá de categorías raciales

Una comprensión adecuada del mestizaje va más allá de los estereotipos raciales y exigen una reevaluación de nuestra comprensión de los latinos. Racialmente, uno puede aparecer en blanco o negro paro identificarse con su etnia latina. Esto produce tensiones entre raza y etnia que parecen ignoradas por la política estadounidense, así como tensiones que contrastan marcadamente con un discurso exclusivo blanco y negro.

En segundo lugar, el mestizaje captura nociones e ideas de violencia en América Latina. La historia de la violencia es algo que no se puede medir, especialmente cuando se trata de las consecuencias generacionales: la pobreza crónica, la violencia, junto con la impunidad de esta violencia. Estas dimensiones son razones esenciales por las cuales estas personas abandonan sus países de origen para buscar una mejor forma de vida en otro lugar. Martin Stabb afirma que la historia temprana de un grupo de personas ejerce mucha influencia en su futuro.[34] Esto es precisamente lo que ocurre con la historia del mestizaje.

La experiencia en los Estados Unidos

Elizondo describe la influencia de la historia entre los mexicoamericanos en relación con su experiencia en los Estados Unidos. Por ejemplo, el gobierno de los Estados Unidos decidió que los mexicanos serían considerados blancos después de la guerra entre México y los Estados Unidos, aunque muchos de ellos no se identificaron con la cultura anglo. El mestizaje, para Elizondo, es un término que decidió emplear para nombrarse a sí mismo y a su comunidad, liberándose de esa manera y a su pueblo de los estereotipos raciales que se han impuesto desde el exterior a los mexicanoamericanos. También es un término que le permite apreciar su ascendencia de piel oscura. Este describe que la ascendencia amerindia de piel oscura de su

---

[34] Martin Stabb, *In Quest of Identity* (Chapel Hill: The University of North Carolina Press, 1967), p. 190.

pueblo influyó y continúa influyendo en su cosmovisión, ya que la comunidad mexicanoamericana es una amalgama de este y de otras herencias ibéricas.

Para Elizondo, este término mestizaje proporciona el espacio necesario para que la cultura dominante en los Estados Unidos tenga una comprensión de la cosmovisión y realidad mexicanoamericana. El mestizaje no es simplemente un descriptor racial, sino una forma de ser en el mundo. Incluye las prácticas de los mexicanoamericanos, así como su forma de pensar. Esta cosmovisión no es un conjunto estático de verdad proposicional, sino que una dinámica socialmente imaginativa. Por lo tanto, es justo que incorpore este término a su cosmovisión, que también se convierte en el contexto adecuado para la creación de su teológica de la iglesia. Como hemos visto, para Elizondo, el mestizaje es más que un mero descriptor de la raza o etnia del pueblo mexicanoamericano. Contrario a los que otros teólogos hacen, al incorporar a su pensamiento al mestizaje como un descriptor del espectro latino en los Estados Unidos, Elizondo ve al mestizaje como un punto de partida para la reflexión teológica.[35]

Un segundo mestizaje

Además, la incorporación del mestizaje de Elizondo también es consciente de otra dimensión de la angustia presente en la vida latina en los Estados Unidos. Estos experimentan un segundo mestizaje, que se da al hacer contacto con la cultura angloamericana. Este mestizaje es complejo porque incorpora la idea de la 'internalización del mestizaje' y una lucha constante para proteger su identidad en los Estados Unidos y en su nuevo entorno. También describe la lucha que los nuevos inmigrantes tienen en su tierra de adopción.

Elizondo usa el ejemplo de la anexión del norte de México por los Estados Unidos, para entender al segundo mestizaje como una experiencia turbulenta y como algo que no siempre ha sido fácil para cualquier persona que ingrese a los Estados Unidos. Por ejemplo, después de la guerra entre México y los Estados Unidos, la frontera cruzó por la fuerza a miles de mexicanos que de repente se encontraron como ciudadanos estadounidenses. Elizondo describe cómo estos pueblos experimentaron exclusión en sus propias tierras después de esta

---

[35] Ver a Roberto Goizueta, Caminemos con Jesús.

guerra, y algunos fueron despojados de sus tierras ancestrales. Además, tal vez debido a los tabúes sociales y otros tabúes y barreras raciales, culturales y étnicos, estas personas no se mezclaron fácilmente con sus contrapartes en su nueva nación.

Tal condición produjo lo que Elizondo describe como una internalización del mestizaje con connotaciones negativas que continúa marcando y dando forma a los mexicanos-americanos. Para los inmigrantes mexicanos, mexicanoamericanos y chicanos, sus valores y manera de ser están marcados por una constante angustia. Son un pueblo dos veces colonizado, primero por los españoles europeos y en segundo por los Estados Unidos. Esta última colonización comenzó en la década de 1830 y continúa aún después de la guerra entre México y Estados Unidos.

Elizondo destaca esta internalización del mestizaje como una forma de ser caracterizada por 'una violencia más profunda de disrupción e intentos de destruir la visión del mundo interior conquistado, que da cohesión y significado a la existencia'.[36] Por lo tanto, para Elizondo, el mestizaje no es solo un identificador racial o cultural, sino que también es un importante descriptor filosófico del choque de cosmovisiones y las consecuencias resultantes marcadas por una existencia marcada por este choque. Esta es también una dimensión que se aplica a un cuerpo latino más amplio y apela a la universalidad de una experiencia cultural disruptiva.

Contribuciones de Elizondo

La contribución de Elizondo es inmensamente importante; recupera el término mestizo históricamente y lo reclama teológicamente, afirmando así la cosmovisión mexicanoamericana. En otras palabras, este término ya no debe tener una connotación racista negativa. Elizondo explica que lejos de ser exclusivamente un término peyorativo, el mestizaje debe ser un término étnico, cultural, ideológico y teológico importante. Él lo llama "la realidad fronteriza que caracteriza la experiencia latina de ser personas 'en el medio.'"[37] En otras palabras, es un término que explica la crisis y el proceso de estar entre dos culturas y experimentar rupturas y mezclas. Más tarde, utilizaremos

---

[36] Elizondo, 'Mestizaje as a Locus for Theological Reflection', p. 10.
[37] Elizondo, *Galileean Journey*, p. 18.

este término en un sentido más amplio, incluyendo a la comunidad colectiva de América Latina en los Estados Unidos.

Elizondo crea esperanza en su exploración porque invita al lector a explorar los metizajes nuevos y futuros entre los latinos. Es un término que puede tener contribuciones importantes para el futuro cercano a medida que los diferentes grupos raciales en los Estados Unidos se mezclan cada vez más. El futuro de los Estados Unidos es cada vez más una realidad mixta.[38] El mestizaje, aunque originado en la comunidad latina, no debe permanecer encerrado en un gueto ineludible. En esta era, cada vez más globalizada, el futuro está abierto para que ocurran más mestizajes. Por esa razón, Elizondo amplía su uso a un sentido más universal. En español, mestizaje simplemente significa una mezcla de razas o culturas. Sin embargo, las críticas más recientes de América Latina cuestionan la forma en que se emplea este término. A ese tema le prestaremos atención en el cuarto capítulo.

Al estudiar a Elizondo surge un patrón que siguen muchos teólogos latinos. Él describe las luchas de la gente por la supervivencia. También describe a estas personas localizadas en la parte inferior de la historia, resistiendo la dominación y las civilizaciones opresivas. Además, Elizondo trata de darle sentido a una identidad mestiza con lo que tiene que ver con el futuro en lo que se refiere a aquellos que residen en las márgenes de la cultura dominante. El objetivo de su estudio es comprender la identidad de su pueblo y cómo vivir en la realidad cotidiana de la mezcla y la interrelación. Para Elizondo, uno puede darle sentido a este proceso y avanzar hacia un nuevo mestizaje, preservando las tradiciones y raíces latinas. El proporciona una manera de liberarse de los estereotipos al proporcionar un nombre para su comunidad.

El mestizaje también apunta a la historia de América Latina. Nos informa sobre quiénes son estas personas y por qué hacen su viaje al Norte. Como investigadores, es importante considerar la razón por la que eligen abandonar sus países de origen e ingresar a los Estados Unidos. Ellos no vienen aquí simplemente porque Estados Unidos es rico. Hay algo más elemental y profundo en juego: cuando las personas se ven obligadas a tomar la decisión entre emigrar o pasar

---

[38] Susan Saulny, 'Black? White? Asian? More Young Americans Choose All of the Above', *The New York Times* (January 30, 2011), http://www.nytimes.com/2011/01/30/us/30mixed.html?ref=us (accedido el 30 de enero, 2011).

hambre, emigrar es la opción más sensata. Así que desde esta perspectiva, el mestizaje comienza a proporcionar una mirada humanizadora y comprensiva a los inmigrantes y aquellos que no encajan fácilmente en las categorías raciales estadounidenses ya establecidas.

Problemas con la conceptualización del mestizaje

La conceptualización de Elizondo es importante para nosotros para entender a los latinos en los Estados Unidos. Sin embargo, hay otros problemas que también debemos analizar y reconocer para poder aplicar esta noción de mestizaje más allá de la comunidad mexicanoamericana. Hay una tensión entre las experiencias divergentes de América Latina que hace que el mestizaje sea un término muy resbaladizo, porque cada nación en América Latina tiene su propia historia y todas han experimentado diferentes tipos de mestizajes y de diferentes maneras. El mestizaje es un término que se puede usar, en un sentido general, como mezcla o, en un sentido mucho más específico, como una persona mixta entre amerindio y blanco.

En este caso, Elizondo lo enfoca específicamente y lo reduce a la experiencia mexicanoamericana. Esto puede complicarse porque existe una conciencia creciente de que otros latinos en los Estados Unidos u otras personas de América Latina presentan contextos más complejos de lo que se pensaba originalmente. La erudición más reciente señala primero a la exclusión de la mulatez de los pueblos afrolatinos, en lo que al mestizaje se refiere.[39] Tal descripción también podría interpretarse como marginación o exclusión de otros grupos indígenas de América Latina. Además, hay una gran diversidad de amerindios que también se dirigen al norte, algunos de los cuales aprenden español al ingresar a Estados Unidos. Por ejemplo, México solo tiene más de 60 idiomas reconocidos, además del español o el inglés. Tales personas tienen derecho a usar su propio idioma en los procedimientos oficiales del gobierno mexicano.

Una aplicación estrecha del mestizaje podría interpretarse como el desconocimiento de la humanidad de las personas que no tienen ningún tipo de mezcla con la blancura del sur de Europa.[40] También

---

[39] Medina, *Mestizaje*, p. 106.
[40] Miguel A. De La Torre, 'Rethinking Mulatez', in Miguel A. De La Torre and Gastón Expinosa (eds.), *Rethinking Latino(a) Religion and Identity* (Cleveland: Pilgrim Press, 2006), pp. 158-175 (p. 159).

podría interpretarse que la versión de mestizaje de Elizondo, que excluye a otros pueblos latinoamericanos presentes en los Estados Unidos, tal como a los descendientes de inmigrantes árabes, palestinos, chinos y africanos que se encuentren en América Latina.

Además, hay mexicanoamericanos que son descendientes de europeos que nunca han estado en la parte inferior de la historia. Algunos han disfrutado de privilegios como la riqueza y el derecho que les ha permitido escapar de la parte inferior de sus contextos sociales. Esto revela una tensión constante dentro de la comunidad latina en los Estados Unidos, en la que hay puntos en común, pero al mismo tiempo hay diferencias muy significativas. Esta es una tensión entre las particularidades y lo colectivo.

También creo que otra gran omisión de parte de Elizondo es la falta de una mención específica de la inmigración indocumentada y la forma en que esto se relaciona históricamente con la comunidad mexicanoamericana. Obviamente esto incorporará nuevas formas de abordar esta realidad teológicamente. Elizondo escribe acerca de la comunidad mexicanoamericana y de los trabajadores migrantes, pero creo que debería haber más investigación en el área de la inmigración indocumentada, particularmente debido a los muchos trabajadores indocumentados procedentes de México, así como a los de otros países. No obstante, creo que el trabajo de Elizondo sobre el mestizaje proporciona una base histórica necesaria que sirve como un punto de partida para describir y comprender la difícil situación de los inmigrantes indocumentados en los Estados Unidos.

Conclusiones Sobre Elizondo

Un estudio de Elizondo revela que hay tensiones dentro de la comprensión mestizaje. También revela tensiones desde el mestizaje hacia otras comunidades de América Latina y el Caribe presentes en los Estados Unidos. El mestizaje es útil en un sentido general para describir la realidad de ser bilingüe, multirracial y multicultural. También nos señala fronteras o barreras porque allí se produce nuevos mestizajes en el sentido general de las mezclas. El mestizaje debe ser informado con un movimiento de vaivén, o tensión dialéctica entre las culturas y las razas; y de encuentros y encontronazos entre estas mezclas. Además, el entendimiento de Elizondo sobre el mestizaje debe estar siempre abierto y enriquecido por el 'otro' (alteridad), procedente de América Latina y más allá. Este es un elemento esencial para entender al mestizaje, ya que uno tiene que lidiar con las diferencias étnicas, raciales y nacionales dentro y fuera de los pueblos latinos.

Hay elementos muy útiles y positivos en la teología de Elizondo. El Mestizaje llama a la teología a estar basada y comprometida en las luchas diarias de los latinos por la supervivencia. En su metodología, los temas históricos son los de abajo. Da ejemplos de lugares no tradicionales de los que surge la teología, como el trabajador no calificado, la madre soltera que recibe asistencia social, el migrante, el poeta, el recluso, el refugiado político, la ama de casa mal pagada, la abuelita y los niños abandonados. Estos se convierten en temas esenciales en la formulación de la teología mestiza.

De Elizondo percibimos la sensación que la teología mestiza es un reflejo de la dimensión de la fe en la lucha de los latinos por la vida. Está basada en estas luchas de la vida diaria y en las esperanzas de los latinos que intentan sobrevivir en una cultura dominante. Para Elizondo, la principal fuente de referencia de la teología latina es la actividad de Dios que está formando una humanidad que es sensible a las intrincadas pinceladas emprendidas en la creación de un pueblo mestizo y sus identidades raciales, culturales y étnicas. No obstante, se hace necesario incluir más de las experiencias de América Latina.

3

Expandiendo al Mestizaje

Introducción

Ahora examinaremos a otra autora que amplía la definición del mestizaje y su uso, Ada María Isasi Díaz. Sus escritos sirven como un ejemplo a seguir mientras buscamos entender a la inmigración indocumentada. Isasi Díaz es una autora muy importante para la comunidad latina en los Estados Unidos. Una de sus principales contribuciones fue que expandió el tema del mestizaje teológicamente y lo hizo desde una perspectiva cubanoamericana. Ella nació en La Habana, Cuba y experimentó la Revolución Cubana. Esta emigró a los Estados Unidos junto con su familia, cuando era niña. Así que uno de sus temas principales es la experiencia cubanoamericana en los Estados Unidos.

Ada María Isasi Díaz era mejor conocida por su descripción de la experiencia de las mujeres latinas en los Estados Unidos. Esta fue fundadora y codirectora del Instituto Hispánico de Teología en la Universidad de Drew. Su texto más conocido fue *Mujerista Theology* (Teología Mujerista), publicado en 1996. Isasi Díaz falleció a principios del 2012, dejando un tremendo legado a quienes siguen sus pasos.

La particularidad y lo universal en el *mestizaje*

Ahora nos concentraremos en los escritos de Isasi Díaz, debido a sus contribuciones teológicas. Isasi Díaz matiza aún más la teología del mestizaje de Virginio Elizondo, adoptando y desarrollando una mutualidad y solidaridad que toma en consideración una comprensión más amplia del mestizaje que es derivado de las diversas mezclas raciales y étnicas de la comunidad latina de los Estados Unidos. Esta introduce varias corrientes de pensamiento que contribuyen y expanden el concepto del mestizaje: primero a través de la experiencia de la mulatez, segundo en la lucha diaria por la vida, 'lo cotidiano' y, tercero a través de la experiencia de la mujer en la teología mujerista.

Isasi Díaz ve varios subtextos y mezclas inherentes en su discusión sobre el mestizaje y señala el camino hacia una hibridez transcultural que permite la inclusión de diferentes elementos de la comunidad latina que rompen estereotipos. Para Isasi Díaz la mulatez y la teología mujerista son ideas que resisten la asimilación cultural y la aculturación. En sus escritos describe una cosmovisión basada en un concepto de supervivencia. Además, en su pensamiento hay visiones particulares alternas de esta lucha que surge diariamente con relación a la mulatez y otras realidades.

Mestizaje como enfoque en particularidad

Al igual que Elizondo, Isasi Díaz discute la primacía del mestizaje; es la base para su estudio y el lenguaje teológico (*locus teologicus*) de su trabajo.[1] Ella busca llegar a una comprensión del mestizaje, pero más precisamente desde su experiencia cubana, que es una perspectiva diferente a la perspectiva mexicoamericana de Virgilio Elizondo. Por ejemplo, Cuba también enfrentó una mezcla histórica de razas, etnias y culturas, al igual que el México colonial. Sin embargo, también hubo diferencias con el mestizaje experimentado en México según lo que Elizondo describió.

Isasi-Díaz reconoce esta diferencia y, como tal, contribuye a la discusión representando a aquellos que pueden estar fuera del alcance de la discusión de Elizondo. Ella crea espacio para nuestra conciencia a través de la inclusión de aquellos que pueden haber quedado fuera de la discusión original del mestizaje. Por ejemplo, Cuba fue un centro de la afluencia de esclavos africanos a las Américas. Esta historia creó una experiencia bastante distinta de la que describe Elizondo de la comunidad mexicanoamericana. Isasi Díaz entra así en el proceso

---

[1] Isasi-Díaz, *En la Lucha*, p. 64.

teológico con una visión alterna del mestizaje mediante el uso de la mulatez.

Expandiendo la particularidad racial y étnica: Mulatez

La mulatez es también un término teológico importante porque introduce la experiencia africana en la tarea teológica latina. Según el *Diccionario de la Real Academia Española*, la palabra 'mulato' proviene del árabe *muwallad*. En el árabe original, simplemente significa, una persona de una raza mixta. Tal vez debido a su asociación con el árabe y los moros que invadieron la Península Ibérica desde África, el término ha llegado a denotar exclusivamente la mezcla entre blancos y negros. Otros autores como Miguel De La Torre, hace conexiones a través del portugués mediante una comparación racista, donde asocia esta palabra directamente con la mezcla de una mula, para describir su origen y significado. Consecuentemente, un mulato es tratado como una persona si identidad, no domesticada o inferior.[2]

Debido a la inmigración cubana a los Estados Unidos, así como la experiencia de exclusión racial que las personas afro descendientes han experimentado en los Estados Unidos, Isasi Díaz es sensible a los afro-latinos. Esta plantea la necesidad de tomar conciencia de las experiencias divergentes en la comunidad latina de los Estados Unidos. En segundo lugar, revela la necesidad de mantener a raya un impulso para un mestizaje absoluto. Esto es importante evitar el arrasamiento sistemático del 'otro' o 'alterno' en la experiencia latina intercultural. En virtud de lo anterior, una discusión sobre mestizaje también debe incluir la experiencia africana que caracteriza a una porción significativa de la población latina en los Estados Unidos. Esta conciencia también nos lleva a calificar aún más al mestizaje aun más ampliamente porque, además, debemos tener mucha conciencia de la realidad y la presencia de los amerindios de América Latina, así como de la presencia de otros latinoamericanos que en su medio no tienen ninguna apariencia de blancura. Más tarde, haremos una revisión más crítica del mestizaje que nos ayudará a entablar un diálogo poscolonial con la 'hibridez' que viaja por el mundo.

---

[2] De La Torre, 'Rethinking Mulatez', p. 162.

Expandiendo la particularidad de género: Teología mujerista

Isasi Díaz no solo introduce el concepto de mulatez, sino que también explora el tema de lo 'cotidiano'. Para Isasi-Díaz, el mestizaje y la mulatez siempre implican al legado del colonialismo, que apunta hacia la existencia de una cultura eurocéntrica dominante en los Estados Unidos. Por tales razones, Isasi-Díaz cree que a los latinos les preocupa, principalmente, la supervivencia o la lucha por la supervivencia.[3] Esta lucha es una en la que deben llegar a un acuerdo y comprender la historia complicada del mestizaje y mulatez; y otros posibles mestizajes de los latinos en los Estados Unidos.

Para respaldar tal afirmación, Isasi-Díaz aborda la realidad socioeconómica de los latinos.[4] Ella brinda hechos concretos y estadísticas que describen la existencia de los latinos al margen de la sociedad norteamericana. Por ejemplo, cuando ella escribió, los latinos todavía representaban la tasa más alta de abandono escolar y la educación más baja entre todos los grupos étnicos de los Estados Unidos.[5] Además, los latinos también eran ubicados en el extremo más bajo de la escala económica del país.

Estas tendencias no han cambiado mucho. Si una cosa permanece constante para la comunidad Latina de los Estados Unidos, es su permanencia en los niveles socioeconómicos más bajos. Solo un 9% de los inmigrantes de primera generación son graduados universitarios.[6] La tasa de abandono de la escuela secundaria es el doble que la de los blancos no-latinos.[7] De hecho, la tasa de abandono de 1990 a 2000 aumentó del 32% al 38.1%.[8] El 37% de los latinos nacidos en el extranjero ganaba menos de $39,000 por año, mientras que el 59% de los latinos nacidos en el país ganaba menos de $39,000 por año.[9]

Por lo tanto, la teología para los latinos tiene su centro de reflexión dentro del contexto de la supervivencia. Los latinos estadounidenses siempre están en una lucha para sobrevivir. Consecuentemente, el

---

[3] Isasi-Díaz, *En la Lucha*, pp. 29-30.
[4] Isasi-Díaz, *En la Lucha*, p. 30.
[5] Isasi-Díaz, *En la Lucha*, p. 30.
[6] Daniel R. Sánchez, *Hispanic Realities Impacting America* (Fort Worth, TX: Church Starting Network, 2006), p. 29.
[7] Sánchez, Hispanic Realities Impacting America, p. 31.
[8] Sánchez, Hispanic Realities Impacting America, p. 32.
[9] Sánchez, Hispanic Realities Impacting America, p. 46.

material para reflexionar teológicamente es lo 'cotidiano'.[10] Es por tales razones que Isasi Díaz recurrió a la investigación etnográfica para escribir sobre la teología mujerista. Al hacerlo, afirmó las experiencias de las mujeres en la comunidad latina. Ella estudió las experiencias diarias de las latinas, que estaban enmarcadas en la categoría de lo que no tiene importancia.[11]

Su método le permitió entrar en la vida de los marginados. Para, Isasi Díaz, esta investigación se convirtió en una reflexión comprometida con las mujeres latinas. Por ejemplo, según Isasi Díaz, las mujeres latinas son siempre los miembros más explotados de la sociedad: 'La mujer hispana lucha por salvar la cultura hispana y, para ello se enfrenta al racismo y al prejuicio étnico'.[12] Además, las encuestas colocan a las mujeres latinas en el nivel más bajo de la sociedad por múltiples razones, sean raciales, étnicas o sexistas: 'El resultado de todo esto es la opresión multifacética presente en la vida de las mujeres latinas. Pero ellas no se dan por vencidas. Estas luchan contra la opresión y no se doblegan ante los prejuicios contra de ellas, que existen en la sociedad norteamericana y, ACHTUS en su propia cultura'.[13]

Mestizaje y el movimiento más allá de la particularidad a la mutualidad

La comprensión de Isasi Díaz del mestizaje con respecto a la variedad dentro de los latinos en los Estados Unidos es importante para esta discusión. Ella primero introdujo el término mulatez expandiendo así la idea de diversidad. Sin embargo, esta también discute la diversidad según el país de origen, destacando las tensiones entre la 'particularidad' y la 'colectividad' de las comunidades latinas en los EEUU, por ejemplo contrastando una experiencia mexicanoamericana en relación a la cubanoamericana. Por lo tanto, hay una complejidad que caracteriza al término mestizaje. En su libro, *En la Lucha*, Isasi Díaz amplía el estudio de Elizondo quien, por razones obvias, se enfoca en la realidad mexicanoamericana. Más aún, en su estudio, ella

---

10 Ada María Isasi-Díaz, *Mujerista Theology: a Theology for the Twenty-First Century* (Maryknoll, NY: Orbis Books, 1996), p. 67.
11 Isasi-Díaz, *Mujerista Theology*, p. 68.
12 Isasi-Díaz, *En la Lucha*, p. 30.
13 Isasi-Díaz, *En la Lucha*, p. 31.

describe a tres grupos en particular: mexicanoamericanos, portorriqueños y cubanoamericanos. Ella describe algunas similitudes entre estos grupos, pero también se preocupa por reconocer la singularidad de cada grupo específico, con las experiencias únicas de cada uno. Mientras que Elizondo se enfoca solo en los mexicanoamericanos, Isasi Díaz se mueve hacia una mayor conciencia de la complejidad de los pueblos latinos en los Estados Unidos. Más adelante afirma que esta preocupación por la 'particularidad' y la 'especificidad' no es antitética al mestizaje, sino que se requiere para que exista.[14] En su comprensión del mestizaje Isasi Díaz usa el pasado colonial para informar el discurso teológico del presente. También continúa afirmando el papel del mestizaje en la comunidad y no ve la necesidad de descontinuar el uso del término.

En otras palabras, en su comprensión del mestizaje parece ser que al reconocer las particularidades de cada raza, nación o etnia de origen, en las realidades mexicanoamericanas, cubanoamericanas o portorriqueñas, puede haber una mayor comprensión de cómo estas particularidades contribuyen al desarrollo de la identidad cultural de los pueblos latinos en los Estados Unidos. Al enfocarse en lo 'cotidiano', se puede apreciar visiones particulares de la lucha diaria en lo 'cotidiano'. Políticamente, esta flexibilidad de especificidad y variedad es una gran fortaleza. Los latinos permanecen unidos, pero también se puede afirmar que hay diferencias obvias y, como tal estas se resisten a cualquier tipo de estereotipo. A través de la manera que Isasi Díaz contempla el mestizaje y la mulatez, esta abre la puerta para que otros grupos latinoamericanos, como los amerindios y zambos también sean incluidos en la mesa redonda teológica. Por lo tanto, al reflexionar sobre el mestizaje, la tarea teológica se convierte en un movimiento entre la 'solidaridad' y la 'mutualidad' entre los latinos.[15] Uno debe ser responsable por comunidad y mostrar el interés hacia el otro. Aunque ella no lo dice explícitamente, Isasi Díaz plantea una tensión entre una identidad e identidades 'alternas' o lo que llamamos 'identidad' y 'otredad' (alteridad), o sea, en el encuentro entre el 'yo' y el 'otro'.

Isasi Díaz también explica su auto comprensión cambiante cuando se trata de identidad étnica. Esta cambió su mentalidad de ser

---

[14] Isasi-Díaz, *En la Lucha*, p. 190.
[15] Isasi-Díaz, *Mujerista Theology*, p. 89.

exclusivamente cubana a ser una latina cubana. Ella aprendió que su grupo en particular no es más que una pieza en el cuerpo latino más grande de los Estados Unidos. Como tal, merece una atención particular necesaria, pero al mismo tiempo puede contribuir más ampliamente a la comunidad latina en general. De manera similar, el conglomerado latino puede contribuir a una auto comprensión particular, porque esa auto comprensión como la mexicanoamericana, cubanoamericana o portorriqueña nunca habla exhaustivamente de toda la comunidad.

Es necesario, entonces, estudiar la gran variedad de naciones, culturas, razas y etnias representadas entre los latinos, especialmente los elementos interculturales que hacen falta en las discusiones teológicas. También hay que tomar en cuneta a los grupos centroamericanos y sudamericanos. Esto hay examinarlo a fin de proporcionar una descripción representativa de la gran variedad de pueblos latinos que se incluyen en la comunidad. Isasi Díaz dice: 'Somos como café con leche: unas más café, otras más leche'.[16] También argumenta que 'La clase de mestizaje que la teología mujerista abraza es un mestizaje que no resulta de la opresión de una raza por otra. Más bien tiene que ver con la mezcla de diferentes culturas, como las africanas, amerindias y la cultura española'.[17] Una comprensión adecuada del mestizaje debe mirar a la totalidad de las culturas y grupos de personas en América Latina. Esto permitirá que se adquiera la autoconciencia y el entendimiento necesarios para continuar haciendo contribuciones teológicas aplicables a todo el conglomerado. Además, debe promoverse un sentido de solidaridad y reciprocidad en la relación entre estas culturas. Hay que cuidar que siempre haya un diálogo entre lo general y lo específico, entre la identidad de uno y del otro, o entre lo que vemos emerger como diálogo entre 'identidad' y 'otredad'.

Contribuciones del trabajo de Isasi-Díaz

El mestizaje, como lo describe Isasi Díaz, sirve como 'el paradigma sobresaliente y la herramienta hermenéutica para la praxis teológica latina y mujerista'.[18] También es un símbolo de estas comunidades y, además, un símbolo de la praxis de la verdad moral de los latinas

---

[16] Isasi-Díaz, *En la Lucha*, p. 30.
[17] Isasi-Díaz, *En la Lucha*, p. 30.
[18] Isasi-Díaz, *En la Lucha*, p. 195.

porque se basa en lo 'cotidiano'.[19] Estas son declaraciones fuertes, ya que Isasi-Díaz es realmente consciente de la complejidad del colonialismo y la formación posterior de América Latina. Por lo tanto, ella utiliza al mestizaje como el punto de partida para describir la mezcla actual y el pasado colonial de América Latina, con el elemento intercultural más esencial de la teología latina estadounidense.

Además, Isasi Díaz afirma que el mestizaje no debe ser una abstracción del pasado, sino una realidad histórica que se procesa y elabora en la realidad de las personas en el presente. Como tal, esta postura debe ser afirmada repetidamente en todas las dimensiones de la teología, porque el mestizaje debe incluir una expresión de responsabilidad mutua. La mutualidad es esencial para comprender la responsabilidad de comprender y trabajar juntos en el contexto de la comunidad y las interrelaciones. Ella afirma: 'No nos podemos salvar a costa de nadie, ni en forma individual, dejando a las otras detrás'.[20] Por lo tanto, el mestizaje debe ser completamente consciente de la totalidad de la comunidad latina y nos recuerda que no somos individuos o nacionalidades aisladas. En consecuencia, debemos dejar a cualquier persona atrás, mucho menos convertirnos en los opresores.

Isasi-Díaz afirma que los latinos deben criticar y denunciar las estructuras opresivas en la sociedad y, al mismo tiempo, evitar la idealización innecesaria de la cultura latina.[21] Esto significa que el término mestizaje debe entender la situación latina como pueblos históricamente oprimidos. El peligro está en que se absorba el término mestizaje acríticamente. Isasi Díaz es muy consciente de la necesidad de matizar aún más el término. Los latinos deben conocer su historia y su vocación teológica para luchar contra la opresión manifestada a través de la dominación, el sometimiento, la explotación y la represión, Este es un legado colonial, a través de un proyecto liberador.

Su perspectiva sobre las mujeres es un ejemplo de cómo no se debe idealizar a la cultura latina. Una de sus críticas más fuertes a la cultura latina es el machismo incondicional que afecta negativamente a las mujeres. Además, esto nos lleva a comprender la difícil situación de las mujeres inmigrantes y sus familias, que hacen el viaje al norte. Muchas de estas mujeres son oprimidas a lo largo de la frontera entre

---

[19] Isasi-Díaz, *En la Lucha*, p. 196.
[20] Isasi-Díaz, *En la Lucha*, p. 30.
[21] Isasi-Díaz, *En la Lucha*, pp. 170-71.

Estados Unidos y México. Muchas de ellas terminan trabajando como esclavas sexuales en las ciudades a lo largo del viaje.[22]

Limitaciones del Trabajo de Isasi-Díaz

Hay algunas consideraciones generales que pueden resultar problemáticas para una discusión completa por parte de aquellos que estudian la migración desde América Latina. En el estudio del mestizaje hay una omisión general de otros inmigrantes a los Estados Unidos. Por ejemplo, hay inmigrantes centroamericanos o sudamericanos que también deben ser incluidos en esta teología. Tal vez esto tiene que ver con el hecho de que muchos emigran a trabajar y no tienen el privilegio de estudiar y, en consecuencia, no se dan a conocer por su educación. También existe la omisión de otras identidades raciales y étnicas en América Latina, como las realidades amerindias. Hay mucha más discusión que potencialmente puede tener lugar en este sentido y acá solamente estamos estudiando a una pequeña muestra de todo el conglomerado latino.

A mi me parece que Ada María Isasi-Díaz movió la discusión sobre el mestizaje en la dirección correcta. Sin embargo, para completar su proyecto hacia una auto comprensión completa de los latinos, se debe incluir a cada nación, categoría racial, etnicidad y cultura de América Latina. Esto contribuiría mucho más a enriquecer la comprensión del mestizaje y, a su vez, la auto comprensión del Comunidad latina de los Estados Unidos. El objetivo es que analicemos una sola comunidad latina monolítica de los Estados Unidos. Sino que también se incluya a varias comunidades latinas diversas en este país..

Por ejemplo, podríamos hablar de salvadoreños, guatemaltecos, nicaragüenses u hondureños. Estas naciones son similares en muchos aspectos, pero son distintas en muchos otros aspectos. Incluso dentro de estos países hay una gran variedad de grupos étnicos, raciales y culturales que deben ser reconocidos por lo que son. En el caso de

---

22 Raúl Zaldívar, '*El Rostro de un Pueblo Sufrido*', en Miguel Álvarez, David Ramírez y Raúl Zaldívar (eds.), *El Rostro Hispano de Jesús* (Chicago: *Universidad para Líderes*, 2009), pp. 17-98 (p. 54). Departamento 19, 'Migrantes Hondureños en los Ojos de los Carteles' http://departamento19.hn/index.php/portada/ 69/6859.html (accedido el 14 de agosto, 2012). María Peters, 'Hondureñas Se Convierten en Esclavas Sexuales en Mexico', *El Heraldo* http://www.elheraldo. hn/Secciones-Principales/Al-Frente/Hondurenas-esclavas-sexuales-en-Mexico (accedido el 3 de septiembre, 2012).

Honduras, uno tiene que lidiar con realidades de indio, mestizo, mulato y zambo. Tal es el caso de los Lencas, Chortís, Pech, Tawahks, Tolupanes, Miskitos, Africanos y Garífunas en el país y también en los Estados Unidos, junto con pueblos mestizos y mulatos. También hay realidades árabes, chinas, palestinas y de otro tipo en toda América Latina que han experimentado sus propios mestizajes. Algunos de estos tienen mucho poder porque inmigraron con recursos financieros para invertir en negocios en estos países.[23]

En segundo lugar, debe haber más estudios sobre la inmigración indocumentada y las realidades que enfrentan estos inmigrantes. Es una omisión que debemos estar preparados para tomar en cuenta, especialmente a la luz de la politización de la inmigración indocumentada y, porque es una oportunidad para usar lo 'cotidiano' como fuente de reflexión teológica. Los inmigrantes indocumentados son una dimensión que debe incluirse en la comprensión que Isasi Díaz tiene de lo 'cotidiano' en la vida de los latinos, especialmente con algunas estimaciones que sitúan el número entre 7 y 12 millones en los Estados Unidos. Debido a que el mestizaje se refiere a las mezclas, es esencial que no nos aislemos y usemos nuestra búsqueda para morar en el mestizaje, permaneciendo así cerrados al 'otro' en nuestra teología. No obstante, en esta estudio seguiremos su modelo de trabajo, insistiendo que el material para hacer teología de una realidad latina proviene precisamente de lo 'cotidiano'.

Conclusiones de Isasi-Díaz

En este capítulo, hemos destacado la teología de Ada María Isasi-Díaz. Ella construye su teoría sobre las contribuciones de Virgilio Elizondo, para desarrollar una teología de mutualidad y solidaridad que toma en consideración una comprensión más amplia del mestizaje, derivado de otras mezclas raciales y étnicas a través de mulatez, la lucha diaria por la vida en lo cotidiano y las mujeres a través de la teología mujerista. Esta ve a las mezclas raciales más allá del mestizaje, y por lo tanto puede señalar el camino hacia una posible conexión hacia una hibridez transcultural inherente a las comunidades latinas en los Estados Unidos. La teología y mulatez mujerista son ideas que

---

[23] Jeffrey W. Bentley, 'Honduras' en Melvin Ember y Carol R. Ember (eds.), *Countries and their Cultures*, (NY: Macmillan Ref., 2001), II, pp. 979-90 (p. 981).

resisten la asimilación cultural y la aculturación, pero demuestran la necesidad de una conciencia hacia el otro. Por lo tanto, ella comienza a demostrar una tensión entre 'identidad' y 'otredad' (alteridad).

Además, Isasi-Díaz amplía el material para el debate de muchas maneras. Ella nos hace conscientes de una cosmovisión basada en la supervivencia. Hay visiones particulares alternas de esta lucha diaria que surgen, como la mulatez, por ejemplo. Esta nos ofrece una contribución positiva basada en el principio del mestizaje. Ella lo describió desde tres dimensiones, portorriqueña, cubana y mexicana. Sin embargo, como hemos dicho, hay otras nacionalidades y grupos culturales presentes en los Estados Unidos que deben ser tomados en cuenta. En virtud de lo anterior, también se puede afirmar que también hay distintas perspectivas mujeristas.

El trabajo de Elizondo e Isasi-Díaz sobre el mestizaje revela la importancia de este término en la forma en que informa a la reflexión teológica. Dicha reflexión establece un mejor entendimiento de los pueblos latinos en los Estados Unidos y, al mismo tiempo, revela la necesidad de una investigación y discusión más completa sobre estos temas.

El análisis del mestizaje no puede ser neutral. Ella llama a la teología a estar basada y comprometida con las luchas diarias de los latinos por la supervivencia. El mestizaje sirve como el paradigma sobresaliente y la herramienta hermenéutica para entender a los latinos y la praxis mujerista. También es un símbolo de estas comunidades, y una teología basada en lo cotidiano. Isasi-Díaz se aleja de Elizondo cuando afirma que los latinos deben criticar y denunciar las estructuras opresivas de la sociedad, mientras se niegan a idealizar a la cultura latina.

Sin embargo, el trabajo de Isasi-Díaz sobre el mestizaje también necesita ser expandido en otras áreas. En su estudio no menciona a la inmigración indocumentada o las realidades que enfrentan estos inmigrantes. Esta es un área llena de potencial ya que ella menciona lo cotidiano como la fuente de la reflexión teológica. Los inmigrantes indocumentados están ausentes de su discusión de lo cotidiano en la vida latina, por lo que también están ausentes de una discusión sobre el mestizaje. Una última dimensión es explicar teológicamente la relación entre identidad y otredad teológicamente. Así que debemos comprometernos con la teología para producir una praxis justa y una relación que esté orientada según el Reino de Dios. Sin embargo, en este punto es bueno considerar la reflexión teológica más reciente sobre el mestizaje y los continuos matices que han surgido de la reflexión sobre este término.

4

Críticas al Mestizaje: Mescolanza y Mestizajes

Introducción

Hemos explorado dos descripciones principales del mestizaje en los escritos de Virgilio Elizondo y de Ada María Isasi-Díaz. El mestizaje es un concepto significativo para los teólogos latinos de los Estados Unidos, ya que ha servido como el punto de partida para la reflexión teológica de los pueblos latinos. Sirve como un término útil para nombrar a los pueblos latinos de una manera colectiva en los Estados Unidos y su cosmovisión del mundo. También es un término que apunta a la supervivencia y la necesidad de hacer teología desde lo cotidiano. El enfoque adoptado por Isasi-Díaz crea la necesidad de comprender formas alternativas de ser latino. También revela que hay visiones muy particulares desde lo cotidiano de los pueblos latinos. Por lo tanto, ella desarrolla claramente los conceptos de mulatez y teología mujerista. Finalmente, el uso de estos términos revela la necesidad de articular estas visiones alternas que son particulares entre los pueblos latinos. Tal abordaje del tema podría ayudar a los teólogos latinos a presentar un análisis de la inmigración indocumentada.

Para resumir, el mestizaje apunta hacia la rica variedad de interrelaciones en la comunidad latina y los pueblos de América Latina. No obstante, todavía hay algunas tensiones en el mestizaje que ahora necesitan ser matizadas. Por ejemplo, las tensiones permanecen en la relación entre una identidad particular específica contrastada con lo la idea colectiva que este término trata de encapsular, o dicho de otra manera, se puede observar una tensión entre la identidad particular y la identidad colectiva. Además, hay formulaciones de la relación entre mestizaje y mulatez que podrían fusionarse, sin crítica alguna y sin pensar demasiado en los significados alternativos del término en América Latina.

En este capítulo, elucidaré estas tensiones observando cómo es que el mestizaje podría desviarse y convertirse en un concepto complicado y resbaladizo. Sin embargo, deseo demostrar que el mestizaje apunta a una relación de 'identidad' y 'otredad'. Finalmente, esta discusión revela una realidad transcultural mejor identificada como una hibridez latina que apunta hacia la necesidad de comprender múltiples cosmovisiones. Este paso ayuda a enriquecer la auto comprensión de los latinos. Debemos ver las realidades diferentes si queremos hablar de una identidad compartida y si vamos a discutir la difícil situación de los inmigrantes indocumentados.

Críticas del mestizaje

Las siguientes perspectivas difieren del punto de vista católico. Ya hay algunos autores que critican fuertemente las concepciones del mestizaje en América Latina. En este capítulo en particular, examinaremos los escritos de Manuel Vásquez, un teórico social, que ha criticado fuertemente las nociones latinas del mestizaje. También repasaremos algunos escritos de Miguel De La Torre, un especialista en ética y teología. De La Torre ha criticado las formulaciones que se han elaborado sobre la mulatez. Estas críticas sirven para dar una nueva visión del mundo de los inmigrantes de América Latina y la necesidad de considerar las diferentes perspectivas latinoamericanas. Cierro con una mirada a Néstor Medina, un teólogo latino que tiene el trabajo más definitivo sobre el mestizaje hasta la fecha. Aunque critican fuertemente al mestizaje y la mulatez, estos autores demuestran un compromiso continuo con experiencias variadas en América Latina.

Manuel A. Vásquez: Una experiencia centroamericana

Manuel Vásquez es profesor en el Departamento de Religión de la Universidad de Florida. Es un autor preocupado por las religiones de América Latina y entre los latinos residiendo en los Estados Unidos. Su área de especialización es la intersección de la religión, la inmigración y la globalización en las Américas. Entre otros intereses, está desarrollando una comparación sobre las redes religiosas transnacionales latinoamericanas y africanas contemporáneas. Además, está interesado en el método y la teoría en el estudio de la religión, particularmente en cuestiones relacionadas con la encarnación, la cultura material, la práctica, la creación de espacios y la movilidad.[1]

Su perspectiva es importante, ya que demuestra una conciencia emergente de autores de otros orígenes, aparte de Puerto Rico, Cuba y México, que han contribuido al diálogo del mestizaje como una realidad pan-latina. Vásquez, por ejemplo, es de El Salvador y analiza el mestizaje desde su perspectiva particular centroamericana. Vásquez encuentra muchas cosas positivas en el concepto del mestizaje afirmando que es de hecho el paradigma central en la teología latina.[2]

Sin embargo, critica fuertemente el uso actual del término. Su punto de vista particular lo lleva a cuestionarse si este término dilucida la diversidad dentro de la gente latina o si explica las asimetrías de poder que excluyen y dividen dentro de los mismos latinos.[3] Su preocupación no es solo la relación con la cultura dominante, sino también la relación dentro de las comunidades latinas. Además, advierte a los lectores que cuando el mestizaje no se usa adecuadamente puede ser un término excluyente, etnocéntrico y racista, disfrazado de un término inclusivo. Por estas razones, Vásquez exige una comprensión más matizada del mestizaje.

Una crítica pesada del mestizaje

Vásquez critica fuertemente el uso del término mestizaje describiendo cómo este término se emplea actualmente para describir, en general, a los centro y sudamericanos, una región que abarca más de 20 países diferentes. Vásquez hace saber al lector que cada una de estas naciones tiene su propia historia y que esta demarcación abarca pueblos y culturas igualmente diversos. Tal diversidad lo impulsa a cuestionar esta implementación universal y totalizadora del término mestizaje.

---

[1] 'Manuel Vásquez', por University of Florida, http://web.religion.ufl.edu/faculty/vasquez.html (accedido el 11 de abril, 2012).

[2] Manuel A. Vásquez, 'Rethinking Mestizaje', en Miguel A. de la Torre and Gastón Espinosa (eds.) *Rethinking Latino(a) Religion and Identity*, pp. 129-57 (p. 129).

[3] Vásquez, 'Rethinnking Mestizaje', p. 130.

Vásquez también describe su trayectoria en El Salvador, un país con una desafortunada y dolorosa historia de violencia. En esta nación, el término mestizo (énfasis en masculinidad aquí) fue utilizado como una gran metanarrativa para excusar la violencia contra los campesinos, los amerindios, las mujeres y los pobres a fin de construir una nación unificada. Vásquez describe esta violencia con el lamentable caso de La Matanza de 1932 en el cual los militares masacraron a 10,000 campesinos (la mayoría de ascendencia indígena) con el fin de poner orden en un estado caótico. En los años que siguieron a la masacre se produjo una forma extrema de violencia que llevó a miles a emigrar a los Estados Unidos y otros países. Esta violencia llegó a su punto culminante con dos incidentes deplorables en 1980: el asesinato del arzobispo Romero mientras daba misa el 24 de marzo de 1980 y la violación y el asesinato de 6 monjas católicas el 2 de diciembre de 1980.

Por lo tanto, Vásquez argumenta que debemos ser cuidadosos en la implementación del mestizaje. Desde el período de La Matanza hasta fines del siglo XX, el mestizaje fue utilizado como una herramienta educativa para explicar que El Salvador era un estado mestizo (énfasis en la masculinidad otra vez). Por lo tanto, el salvadoreño ideal era una persona masculina mezclada con blancura. En consecuencia, la tarea de la junta militar salvadoreña se convirtió en eliminar a campesinos e indígenas para construir una nación mestiza. Vásquez afirma que 'el mestizaje funcionó como un mito para la construcción nacional que unió a híbridos y euroamericanos de tez oscura y clara, a menudo en oposición tanto a extranjeros como a otros indígenas en su medio'.[4] Por lo tanto, al igual que otros términos similares que se han usado de forma generalizada, siempre existe un peligro inherente de que el mestizaje se vuelva racista y exclusivista. En el peor de los casos, este podría volverse violento a medida que los pueblos intentan blanquearse para posicionarse en el poder y el control social mientras compiten entre sí.

A través de este ejemplo, Vásquez se resiste a idealizar el término mestizaje porque 'falsifica de la manera más drástica la condición de nuestra cultura y literatura'.[5] Vásquez también observa el problema de universalizar el término porque los latinos son extremadamente

---

[4] Vásquez, 'Rethinnking Mestizaje', p. 145.
[5] Vásquez, 'Rethinnking Mestizaje', p. 144.

diversos, racial y étnicamente. Por lo tanto, el mestizaje revela una contradicción inherente porque exige una identidad latina común a expensas de armonizar a la fuerza a todos los latinos. Vásquez argumenta que estos son mucho más fragmentados y diversos de lo que se percibe. También Vásquez crea una actitud de resistencia hacia la asimilación cultural y la aculturación porque las particularidades de cada uno de estos grupos no pueden subsumirse o perderse en sus interacciones entre sí. Muchas de estas tensiones trascienden eclesiásticamente debido a las tensiones etnocéntricas entre grupos cristianos, donde algunas nacionalidades ven a los otros como inferiores, a veces solo por alguna diferencia en el acento regional del español hablado. Otras veces hay una división y un posicionamiento jerárquico entre los que 'tienen documentos' y los que 'no', o los que hablan inglés y los que no.

Por ahora segamos examinando la crítica de Vásquez. En el caso de El Salvador, el término mestizo servía a los intereses de los poderosos y de la élite. Ellos entraban en contradicción porque querían crear espacios de convivencia fluidos y libres de conflictos a través de la fuerza.[6] Como consecuencia, la élite utilizó este término para arrasar a su oposición. El mestizaje, tal como fue articulado por las élites, promovió una amnesia en la conciencia sobre la violencia y el continuo sufrimiento de los pueblos pobres e indígenas de América Latina.[7]

Para Vásquez, el término mestizo en El Salvador significaba blancura, poder, machismo y progreso en nombre de la construcción de una nación, lo que resultó en una dicotomía en la conciencia de las personas. Ser indio o de tez más oscura significaba que uno era impotente, primitivo y estaba asociado con una mentalidad tribal.[8] Del mismo modo, llamar a alguien 'indio' era considerado como un insulto en mi nativa Honduras, mientras que en Puerto Rico ser llamado indio es un elogio.

Vásquez explica cómo varias comunidades en América Central son marginalizadas porque no pueden llamarse a sí mismas mestizas, como los mayas en Guatemala.[9] Vásquez sugiere que debido a que tienen poca o ninguna raíz europea, experimentan una condición

---

[6] Vásquez, 'Rethinnking Mestizaje', p. 144.
[7] Vásquez, 'Rethinnking Mestizaje', p. 145.
[8] Vásquez, 'Rethinnking Mestizaje', p. 145.
[9] Vásquez, 'Rethinnking Mestizaje', p. 148.

conocida como 'ningunidad'.[10] Se quedan fuera de los proyectos políticos, comunitarios y económicos que favorecen sólo a los ladinos (mestizos).

Consecuentemente, un peligro en el uso de esta terminología es que puede deslegitimar y excluir a los pueblos autóctonos, a los no-blancos y a los pobres. Vásquez incluso pone en estado de sospecha el uso de este término por los teólogos poscoloniales, porque cree que promueve el racismo, la exclusión política y económica de los pueblos que no son blancos.

Para resumir, la preocupación de Vásquez es que el mestizaje se abre a impulsos enmascarados, hacia la totalización y la homogenización, sin importar cuántos cruzan la frontera o que haya cruces fronterizos.[11] En base a lo anterior, él hace la siguiente afirmación: 'el mestizaje es una metáfora viable solo si está 'historizada', contextualizada, relativizada y confrontada con la otredad que contiene y no puede contener'.[12] Debe haber un movimiento dinámico al discutir el mestizaje entre la identidad de un grupo particular o una auto comprensión particular y la alteridad; o entre identidad y otredad, o entre la identidad de uno y el otro irreconciliable. También se debe reconocer la naturaleza progresiva y evolutiva de las culturas para liberarse de tendencias hegemónicas opresivas.

Moviéndose más allá del tribalismo

Mientras Vásquez casi descarta el término, el mestizaje todavía es útil porque refleja lo cotidiano. Además, el mestizaje abre la puerta para criticar la formación racial bipolar en los Estados Unidos que parece ser solo consciente de lo negro contra lo blanco, y que ve a los latinos como inferiores en las jerarquías raciales. Vázquez también ve que es un término útil para criticar al mundo posterior al 11 de septiembre, especialmente en su retórica norteamericana injusta en contra de los inmigrantes indocumentados, a los que ha utilizado como chivo expiatorio.[13]

---

[10] Vásquez, 'Rethinnking Mestizaje', p. 148. *Ladino* es el término que se usa intercambiablemente con *mestizo*. Este se refiere al grupo domenante en estas naciones y que han sido influenciados más directamente con ideales ibéricos.
[11] Vásquez, 'Rethinnking Mestizaje', p. 149.
[12] Vásquez, 'Rethinnking Mestizaje', p. 149.
[13] Vásquez, 'Rethinnking Mestizaje', pp. 151-52.

El punto principal de Vásquez es que los teólogos deben ser conscientes de la violencia epistemológica que cometemos cuando hablamos por nuestras comunidades y sobre ellas.[14] Luego, Vásquez señala la tensión entre representar y ser representado, o a través de *darstellen* y *verstellen* [hablando por la comunidad, de parte de ella, en oposición a hablar sobre las comunidades, por encima de ellas].[15] De esa manera, el pide respeto hacia el otro para resistir las descripciones que violan a los diversos pueblos de América Latina, ya que muchas veces estos son pueblos no encajan perfectamente en las categorías acá mencionadas. Para Vásquez, debemos evitar reducirlos en nuestras descripciones y por lo tanto estar siempre al tanto del otro.[16] Esto es especialmente relevante en los Estados Unidos ya que las leyes simplifican en exceso la complejidad de la inmigración indocumentada y consecuentemente no tienen en cuenta estas complejidades. Se vuelve especialmente importante darse cuenta que no todas las personas latinas han tenido las mismas experiencias. Cada persona latina desde sus raíces y países de origen tiene algún tipo de contribución para las demás etnias presentes en los Estados Unidos.

El sistema consular del departamento de estado mantiene una política de visas muy difícil de satisfacer. Por ejemplo, las personas que necesitan inmigrar deben pagar una tarifa exorbitante para ir al consulado de los Estados Unidos. Estas deben demostrar que tienen educación, propiedad propia y solvencia económica, cuando la realidad es que la mayoría de la gente no los tiene y ni siquiera puede pagar la tarifa de la entrevista. La consulado de los Estados Unidos es solo para ciertos privilegiados, mientras que la mayoría de las personas en el país no tienen ese acceso, más bien continúan su lucha cotidiana de supervivencia.

Balanceando el mestizaje y alteridad

Vásquez admite que el peligro inherente de su crítica es tratar de concebir al 'otro' como espacio vacío o inaccesible.[17] El 'otro' no es

---

14 Vásquez, 'Rethinnking Mestizaje', p. 152.
15 Anjali Prabhu, *Hybridity: Limits, Transformations, Prospects* (Albany: SUNY Press, 2007), p. 12. Estos son términos que Prabhu toma prestado del idioma alemán.
16 Vásquez, 'Rethinnking Mestizaje', p. 153.
17 Vásquez, 'Rethinnking Mestizaje', p. 154.

simplemente un texto ilegible o una ausencia atrapada, sin fin, en un sistema de signos.[18] Por otro lado, Vásquez escribe que el 'otro' es un individuo corpóreo e histórico que está constituido no solo por discursos subjetivos, sino también por su propio trabajo creativo sobre los fragmentos del legado colonial. También llama a esto una visceralidad del otro basada en lo cotidiano que proporciona un punto de partida para examinar al otro. En tal declaración, Vásquez también evita un reduccionismo semiótico y reconoce la presencia material, lo cotidiano, y la visceralidad del otro.

Para nuestra discusión sobre el mestizaje, Vázquez preserva tanto el sentido de independencia como de desconocimiento para el otro, así como la realidad y la visceralidad del otro para avanzar y construir su realidad. Aunque no se puede conocer, Vásquez aún presenta la identidad como algo fluido y relacional, por lo tanto, abierto al cambio y abierto a la posibilidad de comprensión. Este desafía el esencialismo occidental y la obsesión con los límites fijos, particularmente con el binarianismo jerárquico entre lo blanco y lo negro. Por estas razones, Vásquez no elimina al mestizaje; más bien, él sugiere que construyamos una solidaridad interétnica basada en el descentramiento del mestizaje de uno mismo y un viaje por el mundo que la 'hibridad' alienta.[19] Es aquí donde creo que podemos discutir la 'hibridez' y una emergente hibridez latina que puede ayudar a nuestra discusión del mestizaje para incluir a los inmigrantes indocumentados en los Estados Unidos. También debemos echar un vistazo a la documentación poscolonial sobre hibridación, para entender y calificar esta hibridez.

Vásquez señala a Fernando Segovia, quien afirma que los latinos son personas que viven en tensión con similitudes vinculantes y simultáneamente con diferencias inevitables.[20] El lugar de la teología latina no es solo el mestizaje sino la relación y las tensiones entre la 'mescolanza' y 'otredad'. Cualquier visión del mestizaje debe incluir esta tensión. Vásquez busca incluir otras razas, culturas y grupos de personas que pueden no estar incluidos en mestizaje o mulatez pero que, sin embargo, forman parte de una comunidad latina de los Estados Unidos. Esto está en sintonía con la reflexión de Isasi-Díaz que reconoce la particularidad y la colectividad de los latinos en la tarea

---

[18] Vásquez, 'Rethinnking Mestizaje', p. 154.
[19] Vásquez, 'Rethinnking Mestizaje', p. 155.
[20] Vásquez, 'Rethinnking Mestizaje', p. 155.

teológica y, con los movimientos de ida y vuelta de Elizondo expresado en los intercambios entre los pueblos y las culturas que experimentan el mestizaje.

Una crítica a Vásquez

Si bien Vásquez ha abierto la puerta a aquellos que no necesariamente encajan en estas categorías, su crítica es problemática. El mestizaje corre el peligro de convertirse en un concepto que simplemente describe los marcadores raciales. Como hemos visto, el mestizaje se preocupa por la forma común de vida de los pueblos latinos y la cosmovisión o cosmovisiones de la comunidad. Sin embargo, la cuestión de la existencia en los Estados Unidos siempre introduce la cuestión de raza versus etnia. En este país, la raza y la etnia pueden estar entretejidos y también pueden existir separados unos de otros. La cuestión de raza siempre inserta un desafío, ya que es una dimensión con varias deficiencias al describir la totalidad del ser humano tanto en América del Norte como en América Latina.

Otro problema en Vásquez es la inclusión de 'mescolanza' en la discusión de mestizaje. El Diccionario de la Real Academia Española explica que este término puede connotar algo extraño o confuso: 'Mezcla extraña y confusa, y algunas veces ridícula'. Esto puede ser problemático porque tales connotaciones pueden convertirlo en otro término extremadamente peyorativo. No obstante, a la luz de la vida de los pobres, marginados y oprimidos en América Latina, puede ser una descripción vívida de sus realidades. Los teólogos tendrán que trabajar más para describir esta mescolanza. Por último, los teólogos latinos han usado extensamente el mestizaje, llamándolo repetidamente el *locus teologicus* (el idioma de su teología) de su teología, tendrán que replantear estas observaciones y elaborar una conceptualización más amplia del mestizaje, en vez de desecharlo por problemático y confuso.

Conclusiones sobre Vásquez

En este punto, podríamos dar un paso atrás y dejar al mestizaje como una categoría dentro de un marco latino general. Como hemos visto, en este marco hay espacio para la mulatez, la teología mujerista y otras realidades alternas. Para los fines de esta discusión, sugiero que este marco es una realidad pan-latina, o una realidad latina colectiva caracterizada por lo que Vásquez ha llamado una hibridez que viaja por el mundo (*world traveling hybridity*).[21] Sin embargo, la hibridez también es útil como un componente necesario del mestizaje, para continuar discutiendo un marco latino general. La tensión entre identidad y otredad caracteriza a esta hibridez, la cual nos llama al diálogo dentro y fuera de la comunidad. La hibridez debe participar en debates teológicos latinos que conduzcan a una concientización reunida desde voces divergentes dentro de este conjunto colectivo. Al referirnos a esta realidad, seríamos capaces de conservar el sentido de singularidad con respecto a esta mezcla histórica que caracteriza a la comunidad latina.

Por ejemplo, yo era pastor en la ciudad de Nueva York mientras escribía esta obra. Durante ese tiempo mi congregación vivió una fraternal relación con una comunidad afroamericana que utilizaba el mismo templo. Mis feligreses, adultos y niños, incorporaron muchos rasgos culturales afroamericanos. Los jóvenes, especialmente, fueron socializados, desde el tiempo preescolar, con un mundo afroamericano mayoritario. Esto produjo mezclas interesantes que no concluyeron en un mestizaje, pero parecían más bien una situación nueva, por completo. Fue una relación de hibridez desde el mestizaje hasta la cultura afroamericana.

Tal ejemplo destaca que nuestra discusión sobre el mestizaje como *locus teologicus* (lenguaje teológico) de los pueblos latinos está atrapada en un diálogo entre identidad y otredad. Por lo tanto, los teólogos deberán 'crear formas alternativas para concebir y articular las experiencias e identidades que coexisten entre las comunidades latinas'.[22] En la crítica de Vásquez hay un fuerte sentido de una interrelación entre mezclas que implica el mestizaje. Siempre hay una tensión entre dos identidades que no puede colapsar. Esta es la idea de identidad y otredad. Estas dos van de la mano. Vásquez señala el camino hacia la comprensión de otros latinos y otros grupos raciales, culturales y étnicos que pueden no estar incluidos en el mestizaje, pero que, no obstante, forman parte de las comunidades latinas. Esto también abre la puerta a una discusión surgiendo desde los marginados: los mulatos, inmigrantes indocumentados, amerindios, zambos y otros

---

[21] Vásquez, 'Rethinnking Mestizaje', p. 155.
[22] Medina, *Mestizaje*, p. 107.

pueblos que son parte o que han experimentado realidades latinoamericanas.

Miguel A. De La Torre: Una Visión Alterna en *Mulatez*

También debemos explorar la mulatez cuando describimos el mestizaje porque revela varias tensiones dentro de la identidad colectiva de los pueblos latinos. Miguel De La Torre ofrece una crítica similar a la de Vásquez cuando habla de mulatez. De la Torre es profesor de ética social en la Escuela de Teología Iliff de Denver, una institución que afirma tener una herencia cristiana liberal y está comprometida a ser líder de la diversidad en la educación teológica. La lectura particular de la mulatez es una fuerte crítica en contra de De la Torre.

El principal problema que De la Torre tiene con la mulatez es que enmascara el racismo interno latino.[23] Además, revela estructuras de opresión intralatinas. De la Torre se preocupa por el uso del término mulatez porque aquellos que afirman ser mulatos pueden usarlo para enmascarar reclamos de poder y/o privilegio. Como en el caso del mestizaje, la mulatez es un concepto que blanquea a los negros; consecuentemente, aquellos con acceso a la blancura pueden reclamar poder y privilegio. Hay mucho bagaje histórico con el que debe lidiar la identidad colectiva, incluidos dichos coloquiales culturales, tales como la infame expresión: 'hay que mejorar la raza'.[24]

De la Torre enumera otras preocupaciones al usar el término mulato. En primer lugar, este cree que se trata de un latino bi-racial, como en el caso de la mula, en el mundo animal.[25] Nuevamente, en portugués el término mulato significa una burla ya que se usa para referirse a una mula o, peyorativamente, a personas sin domesticidad, por lo que De la Torre argumenta que no se puede escapar de esta connotación negativa al emplear el uso del término.[26] Además, continúa afirmando que uno no puede escapar del significado oculto para blanquear a los africanos, que es en sí un acto violento.

Según De la Torre, mientras el mestizaje se ve atrapado en un discurso colonizador contra los pueblos indígenas, la mulatez connota

---

[23] De La Torre, 'Rethinking Mulatez,' p. 159.
[24] Véase, por ejemplo, 'Hay que mejorar la raza humana, entrevista con Adrián Paenza', *Diario La Nación* Buenos Aires (2001).
[25] De La Torre, 'Rethinking Mulatez,' p. 162.
[26] De La Torre, 'Rethinking Mulatez,' p. 162.

una perspectiva de genocidio social y económico de los afro descendientes al borrar a la raza negra al blanquearla.[27] Por lo tanto, De la Torre advierte contra el uso de mulatez como un símbolo para levantar razas supuestamente salvajes hacia la civilización y el progreso, ya que hace al blanqueamiento un requisito previo para el avance negro.

La crítica de De la Torre es probablemente la más conmovedora para esta discusión del mestizaje. La razón es que los africanos y los afro descendientes han sufrido muchas injusticias debido al legado colonial. No obstante, el principal problema con De la Torre es su manifiesta incapacidad para celebrar la mulatez. Incluso en su descripción del término se derrumba en una representación completamente negativa de la experiencia africana en las Américas.

Una crítica a De la Torre

En agudo contraste con De la Torre, yo creo que el término puede ser rescatado y utilizado de manera positiva. Por ejemplo, el arte y la música africana influyó a varias culturas latinoamericanas en México, el Caribe, Centro América y Sudamérica. El mulato luchó y continúa su lucha por supervivencia a pesar de tener muchas cosas en contra. Aunque el uso de mulatez por De la Torre parece irrescatable, hay otra dimensión contenida en este término que está llena de vida, vigor, y valor. Sin embargo, De la Torre no sugiere ningún otro término que pueda usarse para describir esta historia y no recupera ningún aspecto valioso para esta realidad. Esto es alarmante porque algunos latinos eligen a la mulatez conscientemente como su propia identidad y están satisfechos con su herencia africana tal como lo está el europeo. Además, la crítica de De la Torre reduce este problema de identidad a una cuestión de categorías raciales. Los autores anteriores, han sugerido que este es un asunto que va más allá de una discusión sobre raza. Se trata de la cosmovisión y las interrelaciones en la formación de una identidad.

La otra crítica de De la Torre es que este término tiene su propia historia, por lo tanto, debe incluirse junto con el mestizaje en las conversaciones latinas. Esto pone al mestizaje y la mulatez en relación con el otro que no logran contener. Este movimiento descentra a ambos y muestra una realidad emergente cada vez más compleja

---

[27] De La Torre, 'Rethinking Mulatez,' p. 164.

caracterizada por un hibridismo que viaja por el mundo como lo expresó Vásquez.

Conclusiones sobre De la Torre

A pesar de ser tan negativa la crítica a De la Torre, él nos dice que no se puede escribir sobre la mulatez sin reconocer al otro en las comunidades latinas. No se puede ignorar la historia o el sufrimiento de estas dimensiones en los pueblos latinos. Sin embargo, a diferencia de lo que sugiere De la Torre, este término no tiene que permanecer en una dimensión negativa y exclusivamente racista. Una vez más, la crítica contra este, contrasta radicalmente con lo que otros autores han afirmado en el sentido de que De la Torre no redime el término mulato. Tampoco trata de vincular este término con el mestizaje. De la Torre debería incluir maneras para redimir el término y vincularlo con la discusión sobre el mestizaje. Por ejemplo, podría sugerir que la mulatez existente como una visión alternativa y legítima en la identidad colectiva de los pueblos pan-latinos o incluso de los pueblos latinoamericanos. También podría describir las contribuciones positivas que la mulatez ha creado en la identidad colectiva de los pueblos latinos, lo que resalta una dimensión adicional en una hibridez latina o incluso latinoamericana.

Néstor Medina: *Mestizaje*-Entremezcla

Un autor final que debe considerarse esta discusión es Néstor Medina. Medina es un autor guatemalteco que vive y trabaja en Canadá. Este llega a conclusiones similares a las de Vásquez y De la Torre. De nuevo, una crítica exhaustiva del trabajo de Medina está más allá del alcance de este libro. Aquí solo quiero centrarme en los aspectos del trabajo de Medina que contribuyen a mi propuesta de una hibridez o hibridez viajera emergente.

Medina cuenta la historia del mestizaje y de su descripción en la auto comprensión evolutiva de los teólogos latinos. También afirma que fue absorbido acríticamente como una manera de desacreditar al discurso blanco-negro en los Estados Unidos. Más tarde, con críticas de América Latina, los autores latinos estadounidenses se dieron cuenta de la necesidad de matizar este término. También admite que hay varios problemas que las dimensiones de raza y etnicidad crean para una discusión sobre América Latina. Al igual que De la Torre y Vásquez, está de acuerdo en que en América Latina, el problema con el mestizaje es que todavía se usa como un término para blanquear a la población o blanquearse a uno mismo.[28]

Más discusión sobre el mestizaje

Medina continúa expandiéndose en la discusión al señalar una brecha entre los teólogos latinos estadounidenses y las reflexiones de los teólogos latinoamericanos. Los teólogos latinos estadounidenses ignoraban los riesgos de incorporar el mestizaje hasta que comenzaron a tener en cuenta las reflexiones latinoamericanas. En consecuencia, Medina afirma lo que debido a lo que Vásquez y De la Torre han comenzado a describir, se hace necesario revisar las articulaciones de la identidad étnica y cultural.[29]

Originalmente, el mestizaje reveló la realidad de la opresión y la marginación en los Estados Unidos. Creó una praxis de resistencia a las tendencias asimilacionistas y sirvió como el centro privilegiado de la reflexión teológica en la comunidad latina. El término fue positivo porque permitió a la comunidad reclamar la historia de la mezcla biológica y cultural.[30] Sin embargo, el reclamo de Medina es que estos teólogos no prestaron atención al contexto latinoamericano y las expresiones hegemónicas del mestizaje.[31] Medina incluso afirma que los teólogos latinos estadounidenses adoptaron el mestizaje de manera acrítica. Al hacerlo, estos teólogos presentaron una comunidad mestiza homogénea cuando en realidad su diversidad es mucho mayor de lo que se suponía. Además, Medina afirma que estas comunidades coexisten en tensiones variadas dentro de las poblaciones de Estados Unidos.[32] Por esta razón, los teólogos deben enfrentar los desafíos y las tensiones en el uso teológico del mestizaje a la luz de los contextos sociales y políticos cambiantes en este país, especialmente en pos de las críticas surgidas desde las comunidades indígenas y africanas.[33]

---

[28] Medina, *Mestizaje*, p. 24.
[29] Medina, *Mestizaje*, p. ix.
[30] Medina, *Mestizaje*, p. x-xi.
[31] Medina, *Mestizaje*, p. xii.
[32] Medina, *Mestizaje*, p. xiii.
[33] Medina, *Mestizaje*, p. xiv.

Concomitantemente, Medina cree que los teólogos latinos están ahora formando nuevas nociones y reelaborando el mestizaje en sus teologías. Esto significa que el futuro está abierto para correcciones. Medina continúa afirmando que no hay un mestizaje terminado o completo. Además, este ofrece la alternativa de continuar usando el término, pero en su forma plural, mestizaje<u>s</u> (la subraya es mía para agregarle énfasis), como una manera de describir la variedad de mezclas que conforman a los pueblos latinos. Por último, su comprensión de los mestizajes debe analizarse a la luz del contexto histórico del que surge.[34] Los mestizajes participan en conversaciones interreligiosas e interculturales con diferentes tradiciones étnicas y culturales. Estos son compañeros de conversación en la lucha por construir una sociedad más inclusiva. Por lo tanto, Medina exige que las comunidades latinas se involucren en enfoques de la teología más profundos dentro de los contextos latinos y que estos también creen conversaciones intra-latinas e interreligiosas.[35]

Una Crítica: Mestizaje<u>s</u>

Según Medina, el mestizaje puede convertirse en un mecanismo de liberación u opresión.[36] Esta es una tensión que también debemos resaltar aquí. Ha estado presente a lo largo de esta discusión, pero Medina la nombra de manera más efectiva. Es una tensión entre afirmar y negar la identidad. Por ejemplo, el mestizaje contiene significados contradictorios que pueden, al mismo tiempo, ser recuperados de un significado opresivo para afirmar comunidades diferentes. Simultáneamente, puede ser utilizado como una herramienta para la opresión en la afirmación de una comunidad específica. En otras palabras, hay dos perspectivas posibles cuando se trata de mestizaje. El primero es mestizaje-como-mezcla; y el segundo es mestizaje-como-*miscegenación*.[37] El primero connota sus dimensiones positivas, mientras que el segundo tiene dimensiones *miscegenacionales* negativas.[38]

---

[34] Medina, *Mestizaje*, p. xiv.
[35] Medina, *Mestizaje*, p. xvi.
[36] Medina, *Mestizaje*, p. xvii.
[37] Este término en ingles sugiere que hay algo negative en la entremezcla o al cruzarse dos razas diferentes. Los EEUU tenía leyes prohibiendo *miscegenation*.
[38] Medina, *Mestizaje*, p. 36.

En segundo lugar, el mestizaje también revela el desafío de mantener en tensión la identidad particular de los latinos con su identidad colectiva.[39] Esta es la razón por la cual Medina usa el término mestizajes. De esta manera evita colapsar el mestizaje en una porción singular de identidad y da por preferido su significado general y la connotación del término: entremezcla. No obstante, él cree que los teólogos deben recuperar la historia desordenada y opresiva del mestizaje para no permitir el uso incondicional del término.[40] Estos reordenamientos desafían a los teólogos a crear formas alternativas para concebir y articular las experiencias e identidades que coexisten entre las comunidades latinas. Esto abre la puerta al 'otro' en teología latina. Para Medina, esto también revela una red ambigua entre el mestizaje y la heterogeneidad.[41] Esto parece ser nuevamente una relación entre identidad y otredad, que son características de la hibridez.

Tales reflexiones abren nuevos materiales para la investigación, dada la marcada ausencia de pueblos indígenas y africanos ausentes de la literatura del mestizaje. También esto tiene el potencial de incluir a obreros agrícolas en los Estados Unidos, que llegan como trabajadores indocumentados y como nuevos inmigrantes. También se puede incluir las diferencias en las generaciones, así como también entre las diferencias entre comunidades urbanas y rurales. Para Medina, es necesario reconocer la diversidad de la población latina fuera de las nociones sintéticas y universales.[42]

Medina llama a esta conciencia una multiplicidad de conciencia o, una realidad más compleja que aún no se ha nombrado.[43] También agrega que la terminología de las tierras fronterizas puede evocar mejor un énfasis descolonizador que marca las intersecciones de identidades, culturas, conciencias, cuerpos y pueblos. Medina llama a esta realidad fronteriza: entremezcla-mestizaje.[44] Esta experiencia eventualmente se convierte en un factor unificador para América Latina, ya que siempre se preocupa de la mezcla. Esta una tensión continua que no puede desaparecer. La mezcla-mestizaje parece ser para

---

[39] Medina, *Mestizaje*, p. 42.
[40] Medina, *Mestizaje*, p. 43.
[41] Medina, *Mestizaje*, p. 107.
[42] Medina, *Mestizaje*, p. 111.
[43] Medina, *Mestizaje*, p. 134.
[44] Medina, *Mestizaje*, p. 134.

Medina, lo que otros autores describen como una tensión continua entre identidad y alteridad (otredad).

Conclusiones sobre los mestizajes de Medina

Cuando Medina comienza a dar contenido a esta realidad que los teólogos han denominado mestizaje, describe a los mestizajes apuntando a una multiplicidad de conciencias. Esto significa que el mestizaje se retira de su especificidad y ahora pretende capturar una realidad latina común, particularmente desde el punto de vista de los oprimidos. De nuevo, esto se logra mediante el uso del término mestizajes.

En segundo lugar, esto deja a la teología latina con la necesidad de nombrar a esta realidad. Sin embargo, cualquiera que sea este nombre, debe ser consciente de las tensiones reveladas en los estudios precedentes de mestizaje emergente. Estos teólogos parecen describir dimensiones variantes de la realidad latina colectiva, lo que hace que el mestizaje no sea el *locus teologicus* (lenguaje teológico) por excelencia, sino uno de otras *loci teologicus* (nociones teológicas) dentro de la teología latina. Sin embargo, dentro del marco del mestizaje y la mulatez hay tensiones en identidad y otredad que no logran contener todo lo anterior, lo que nos lleva a señalar que las comunidades latinas están marcadas por dimensiones fluctuantes de hibridez, resultantes de los encontronazos entre identidad y otredad en lo cotidiano. Estos siempre están evolucionando y nunca están estáticos. La pigmentocracia (delineaciones basadas únicamente en la raza) nunca describe adecuadamente a las personas de origen latinoamericano. Medina, como Vásquez y De la Torre, sugieren la creación de categorías alternas que sean capaces de calificar el uso del mestizaje de los pueblos latinoamericanos que realizan su viaje al norte. Estos son parte de una hibridez emergente que puede incluir aquellos fuera del alcance tradicional de la teología, como los inmigrantes indocumentados.

Conclusión

En resumen, hemos examinado diferentes conceptualizaciones del mestizaje. El primer autor que examinamos fue Virgilio Elizondo. Este implementó el término mestizaje para nombrar a su comunidad. Se alejó del discurso negro versus blanco en una discusión que abrió espacio para los latinos en los Estados Unidos. Pidió una comprensión matizada de esta comunidad, de una manera que tomara en cuenta la historia opresiva del término mestizaje y, al mismo tiempo, le permitiera recuperar esta desordenada historia para nombrar a su comunidad. Elizondo también afirma que este término puede ayudar a describir la cosmovisión mexicanoamericana. Otros autores usaron este mismo término para aplicarlo de la comunidad mexicanoamericana a la experiencia de otras comunidades latinas en los Estados Unidos.

Más teólogos abrazaron este término porque proporcionaba la resistencia necesaria a un discurso exclusivamente negro-blanco. Sin embargo, algunos teólogos como Ada María Isasi Díaz reflexionaron sobre este término e iniciaron un estudio más amplio sobre las realidades latinas alternas. El material para la actividad teológica se convirtió en lo cotidiano. Esto también resaltó la lucha de la comunidad por supervivencia. Isasi Díaz recurrió a la etnografía como un recurso teológico y fue así como descubrió la necesidad de incluir al 'otro' a través de mulatez. También desarrolló una teología mujerista que destacó la difícil situación de las mujeres latinas. Esta continuó revelando más tensiones observable en el mestizaje con su uso de las teologías mulatez y mujerista. Por lo tanto, se ha encontrado más tensiones y variadas dentro de las comunidades latinas de Estados Unidos.

En este capítulo también hemos examinado las lecturas seculares al mestizaje, que contienen críticas fuertes al término. Luego echamos un vistazo a la crítica teológica de Néstor Medina al estudio del mestizaje. Por su parte, Manuel Vásquez, es uno de los autores que ha criticado fuertemente al mestizaje. Desde un contexto diferente, en El Salvador, Vázquez reveló que debemos reconsiderar el uso del mestizaje debido a la desafortunada historia del término en su contexto cultural. Este argumenta que la teología debe conocer al 'otro' y propone una tensión entre la 'mescolanza' y la 'otredad'. Sin embargo, su uso de mescolanza puede ser problemático, pues aunque alienta al lector a observar una hibridez transcultural, no obstante, se queda corto al no discutir cómo sería esta hibridez en El Salvador.

Otro autor que hemos examinado es Manuel De la Torre. Este estudió la mulatez y cómo esta es revelada por la historia. Este afirma que la mulatez no puede escapar de la violencia histórica contra los africanos. De la Torre insiste en la importancia de matizar aún más esta terminología y, por esta razón, debemos analizar múltiples contextos. Su posición es problemática, porque no proporciona una forma alterna para usar el término en una dimensión positiva. Por último, no proporciona un modelo viable para visualizar a las comunidades latinas en los Estados Unidos, a pesar de su discusión.

El último autor que hemos examinado es Néstor Medina. Este argumenta que nuestra terminología relativa al mestizaje tiene dos significados posibles: mestizaje como entremezcla o, mestizaje como *miscegenación*. Después de examinar la discusión sobre el mestizaje, Medina concluye que la realidad latina es compleja y que se caracteriza por mestizajes.

Estoy de acuerdo con Néstor Medina en la necesidad en examinar más a fondo la totalidad de los pueblos que componen la comunidad latina y creo que los mestizajes son útiles porque crean una conciencia de las experiencias divergentes en América Latina y, en consecuencia, también en los Estados Unidos. Medina revela la tensión entre una lectura general del mestizaje y una lectura específica del mismo. El revisa dicha tensión creando una categoría general de mestizajes para describir una identidad latina completa.

Medina aclara que existe variadas experiencias dentro de la comunidad latina y no debemos estereotiparlas. Esto se vuelve muy importante, especialmente si tenemos que considerar la inmigración indocumentada. En cualquier caso, debemos tener cuidado con la terminología que empleamos porque, aunque haya servido como *locus teologicus* (lenguaje teológico) de la comunidad latina, ha sido demostrado, por estos autores y en la discusión de Medina, que hay problemas con la implementación de este término, ya que puede crear una violencia epistemológica en aquellos que no pueden reclamarlo.

Por esta razón, cuando pensamos en América Latina y los latinos en los Estados Unidos, debemos construir una solidaridad interétnica, como ha dicho Vásquez y centrarnos en una hibridez transcultural basada en una comprensión y una discusión más matizada del mestizaje. No descartamos el término mestizaje, ya que este ha revelado la naturaleza de la comunidad y sus cosmovisiones. Más bien, nos apoyamos en él, reconociendo que nos ha permitido examinar a nuestra comunidad y continuará siendo relevante para esta en futuros estudios. El mestizaje también es un marcador de identidad para muchas comunidades en América Latina y en los Estados Unidos. Sin embargo, aunque la metanarrativa ha sido la más dominante, esta no es el método exclusivo para el estudio de temas similares en América Latina.

Por ejemplo, debemos mirar a la inmigración indocumentada, a la historia de los pobres, marginados y oprimidos, que la historia reciente nos ha mostrado que en su mayoría ha sido de origen amerindio o africano. Si estudiamos a la inmigración indocumentada, también nos daremos cuenta los componentes de esta comunidad son individuos o grupos que han quedado fuera de los centros de poder socioeconómico, siendo marginados por sus condiciones de inferioridad. Al estudiar esta perspectiva, es necesario observar cómo es que se da el fenómeno de la marginación. Para hacer este estudio, propongo un diálogo entre la 'identidad' y 'otredad' presente en hibridez.

Un último punto, es que el estudio del mestizaje debe regresar a la teología en algún momento. Al parecer, algunas de sus principales preocupaciones podrían quedarse dentro de los campos sociológicos y antropológicos, sin dar el paso hacia lo teológico. Sin embargo, el propósito de este estudio es fundamentar sólidamente al mestizaje y la hibridez en el campo de la teología. Esto los discutiremos más fondo en un punto posterior de este libro, a través de la inmanencia y trascendencia del Espíritu de Dios.

Por el momento, nos enfocaremos en discutir estas dimensiones culturales, a través de la hibridez. Trazaré este hilo a fondo antes de volver a la tarea teológica. Por ejemplo, Vásquez y De La Torre, incluyen muy pocos matices teológicos en sus presentaciones. Medina, por su parte, hace un fuerte retorno a la teología a través de la inclusión de la Virgen de Guadalupe en su análisis del catolicismo romano. Acá examinaremos esto último y propondremos una perspectiva pentecostal sobre la hibridez en capítulos posteriores. El objetivo es fundamentar la discusión sobre la hibridez, identidad, otredad y el mestizaje como parte de la naturaleza de Dios. Esto es necesario para que entendamos a la realidad multicultural como un espacio amplio y profundo que refleja la relación de Dios con el orden creado. Hago esta aclaración para decir que no he olvidado que este es un libro teológico. De nuevo, volveré a la teología después de una discusión sobre la hibridez.

Un estudio del mestizaje revela que la comunidad latina es una realidad compleja que existe con una multiplicidad de dimensiones y tensiones. Llamaré a estas tensiones 'hibridez' y un movimiento entre 'identidad' y 'otredad'. Para llegar a este punto, hemos explorado las discusiones sobre el mestizaje y sus implicaciones para las cosmovisiones latinas. Para lograrlo, debemos reconocer y considerar las diferentes dimensiones de la vida latina en los Estados Unidos: la tensión y los intercambios entre identidad y otredad. Dentro del material para la investigación teológica también incluimos al mestizaje, la teología mujerista y la mulatez. El universo se amplía más al incluir también a los amerindios, la zambedad y los inmigrantes indocumentados.

5

Un Diálogo con la Viajera Mundial Llamada, Hibridez

Introducción

En los capítulos anteriores hemos explorado al mestizaje y notamos que debemos analizar con más cuidado a la situación de los latinos, si queremos describir o dar sentido a la situación que viven los inmigrantes de América Latina en los Estados Unidos. También debemos dar una mirada más matizada a estos pueblos si queremos construir una teología de la inmigración indocumentada desde estos países. En lo que hemos estudiado, varios autores están llamando a esta discusión, a dar un paso atrás desde su enfoque o lecturas sobre mestizaje y, observar al panorama completo para comenzar a ver lo sugerido por la mescolanza de Vásquez o por los mestizajes de Medina.

Para continuar, sugiero que sea cual sea la terminología que utilicemos para describir a las personas de América Latina, que consideremos la composición cultural, racial y étnica de las personas en su totalidad y, calificarlas a través de una red más informada por una idea de hibridación inteligente, tal como Vásquez ha sugerido. En virtud de lo anterior, en este capítulo, dialogaremos con una rama particular del estudio de la hibridez: la teoría poscolonial. Con esta discusión lograremos una comprensión latina, única, de la hibridez.

Este estudio de la hibridez logrará dos objetivos simultáneos. Primero, buscará unir experiencias diversas a través de una terminología que haga justicia a cada identidad latina, única. En segundo lugar, reconoceremos la diferencia en las experiencias diversas. Al hacerlo, la diversidad se convierte en una opción sólida sobre la cual se puede construir un diálogo referente a las comunidades latinas de los Estados Unidos. Por último, este estudio nos permite involucrar a los que están fuera de las comunidades latinas, ya que existen variedades de hibridaciones que experimentan tensiones similares. Finalmente, este diálogo puede crear nexos entre diferentes generaciones de inmigrantes – entre aquellos recién llegados y aquellos que han estado aquí por generaciones y ya están cómodos en el país.

Este diálogo y una hibridez emergente deberían informar a nuestra comprensión de los mestizajes o mestizaje-entremezcla. Entendamos acá, que la hibridez no es simplemente una traducción de *hybridity*, sino que una disciplina instructiva que apunta hacia el conocimiento de las experiencias únicas de los latinos. También observemos que hemos llegado a este punto coyuntural a través del mestizaje, y como tal, es una realidad que está profundamente arraigada en lo cotidiano. Acá tampoco estamos simplemente insertando una hibridez poscolonial en este libro. Más bien, estamos dialogando con la hibridez para comparar y contrastarla con la discusión previa sobre el mestizaje. Por lo tanto, acá exploraremos cómo una hibridez poscolonial puede ayudar a una hibridez latina emergente.

De nuevo, a través de lo cotidiano hemos visto estratos de hibridez, que incluye a la tensión entre la identidad y otredad como corriente que da forma a la experiencia Latina. Estas están en diálogo a través de encuentros, encontronazos, reencuentros y desencuentros. Estos círculos dinámicos a su vez dan forma a esta hibridez emergente. La hibridez nos ayudará a comprender la descentralización del yo universal totalizador o de las tendencias totalitarias, y al final, nos revela un proceso continuo de hospitalidad.

Una segunda razón para dialogar con la hibridez poscolonial es la potenciación del diálogo entre el 'yo' y el 'otro,' que es la preocupación principal para la teoría poscolonial. Al abordar al mestizaje debemos informarlo sobre lo que varios investigadores han estado observando: Acá nos referiremos a la lucha entre el 'yo' y 'el otro', o lo que yo llamo 'identidad' y 'otredad'. Traigo esta tensión a la luz, porque los autores previamente examinados, como Manuel Vásquez, critican fuertemente al mestizaje, pero insisten en una tensión entre 'mescolanza' y 'otredad' como métodos descriptivos de los pueblos latinos. Vásquez anteriormente lo llamó un 'proceso trotamundos' que fomenta la 'hibridación' (*world traveling hybridity*).[1]

Por su parte, Néstor Medina también presenta una opción alternativa al mestizaje utilizando a varios mestizajes y luego describiendo una realidad compleja que aún no se ha nombrado.[2] Medina llama a esta alternativa como 'mestizaje-entremezcla', porque no podemos descartar el término mestizaje por la razón que nos condujo hasta este lugar y, este ha sido el término teológico (*locus teologicus*) de la teología latina en los Estados Unidos.

Debido a estas preocupaciones, propongo que la teología latinoamericana y latina en los Estados Unidos, dialoguen sobre el concepto de la hibridez, por lo menos como un adjetivo dentro del mestizaje, término por el cual podemos entender mejor a los pueblos latinoamericanos en los Estados Unidos y la relación entre la identidad y la otredad. En el caso de Honduras, por ejemplo, muchos experimentan la 'otredad' de no ser mestizos o incluso mulatos, lo que demuestra la crítica recurrente latinoamericana al mestizaje. Muchos experimentan la 'otredad' al no poder sobrevivir en su contexto y, por lo tanto, optan por la experiencia de la emigración hacia los Estados Unidos u otras naciones. Mediante el uso término hibridez estoy tratando de matizar al mestizaje para que permita hacer teología, desde una perspectiva indocumentada. Además, para que sus principios e ideas puedan incluir a grupos que pueden estar, o no estar incluidos, necesariamente, dentro del alcance del mestizaje y para que así, podamos resistir las tendencias totalizantes de esta terminología.

La hibridez nos hace conscientes de las formas de resistencia a la dinámica de la identidad y las formas de apropiación de estas dinámicas. En el caso de la inmigración indocumentada, hay muchas razones por las cuales estas personas hacen su viaje al norte y acá mi propósito es humanizarlas. Este estudio intenta entender estas dinámicas, para luego, establecer un lugar desde donde comenzar la reflexión teológica.

Mi comprensión de la hibridez se refiere a la realidad de América Latina y a la inmigración indocumentada. Por esta razón, la hibridez también debe permanecer basada en lo cotidiano; de lo contrario, se desmorona en la meta-teoría y en un discurso intelectual sin praxis.

---

[1] Vásquez, 'Rethinking Mestizaje', p. 155.
[2] Medina, *Mestizaje*, p. 134.

Por esta razón, esta discusión permanece estrechamente conectada con el mestizaje y no puede existir aparte de él. Esta ha sido una de las críticas más fuertes de la hibridez poscolonial. Muchos la ven como un concepto de élite o solo para los privilegiados.[3] También se le critica por usar un discurso muy intrincado que obstruye el discernimiento de la realidad de un pasado colonial violento y sus repercusiones en curso.[4] Entraremos en este diálogo, pero dejo claro que mantengo un puente intencional hacia los mestizajes presentados por Medina. Esta comprensión de la hibridez también se esfuerza por permanecer basada en lo cotidiano y por lo tanto construir puentes con las realidades latinas, como la de supervivencia, que incluye a la inmigración indocumentada.

Esta sección puede parecer desligada de lo anterior porque dialogaré con las ideas de Homi K. Bhabha. Sin embargo, es la teoría postcolonial la que ha abordado los problemas de la hibridación de manera más conmovedora. En general, los latinoamericanos y los latinos se han quedado fuera del diálogo postcolonial. Uno escucha un término alterno, la descolonización, surgiendo de autores latinoamericanos. Es un movimiento ligeramente diferente. Sin embargo, elijo no dialogar con la descolonización en este momento porque no aborda directamente la noción de hibridación.

Homi K. Bhabha es una de las figuras más reconocidas que habla de hibridez poscolonial.[6] Nació en Mumbai en la comunidad minoritaria de Parsi. Luego estudió en Oxford y enseñó en Sussex y Chicago. Actualmente enseña en Harvard. Está interesado particularmente en la hibridación, como algo que presenta significados culturales discrepantes producidos por personas heterogéneas en una nación en las áreas de su interpretación y reinterpretación de la cultura dominante.

Una vez más, la razón de este dialogo con Bhabha es para obtener un atisbo de similitudes y diferencias con la hibridez poscolonial y una hibridez latina emergente. En este estudio estoy proponiendo que estas hibridaciones son similares pero diferentes debido al mestizaje. También estoy proponiendo que hay variedades en las experiencias de hibridez e hibridación. Por ejemplo, aunque Bhabha está

---

[3] Prabhu, *Hybridity*, p. 12.
[4] Jane Hiddleston, Understanding Movements in Modern Thought: Understanding Postcolonialism (Durham: Acumen, 2009), p. 121.
[6] Homi K. Bhabha, *The Location of Culture* (London: Routledge, 2004).

muy alejado de la realidad latinoamericana, es importante comprender sus ideas sobre la hibridación, ya que este ha examinado las consecuencias y los resultados de los encuentros coloniales y poscoloniales. Por su parte, Youssef Yacoubi, afirma que la postulación de Bhabha requiere constantemente la presencia de un poder colonial opresivo, por lo tanto, no es relevante para su situación en el Medio Oriente y específicamente en su Egipto natal.[7] Yacoubi explica que la división y la exclusión son una constante en Bhabha y él no parece interesado en reconciliar esto.[8] Yacoubi afirma que en el Oriente Medio se requiere una posición diferente en cuanto a la hibridación y una postulación también diferente. Yacoubi es muy fuerte en su postura de negación a las ideas de hibridez de Bhabha. Esto último nos lleva a concluir que debe haber más diálogo entre las diferentes realidades multiculturales. Si hay hibridaciones o variedades de hibridez, estas deben dialogar entre ellas. La razón de mi diálogo continuo con Bhabha es por el caso de Honduras, donde ha habido un coloso al Norte que ha dictado una política mundial y su postura es similar a la de un poder que dicta cómo deberían ser las cosas económica, cultural y políticamente. Al parecer, los latinos siempre negocian y navegan su posición con la cultura dominante.

También enfatizo que me dedico deliberadamente a estudiar estas realidades diferentes de la misma manera en que ocurre la hibridación: el involucramiento de dos realidades aparentemente discrepantes para surgir con nuevos significados y nueva vida para estas realidades. Para ello, examino algunos de los principales elementos de Bhabha en su teoría de la hibridación y luego daré mi punto de vista, ya sea positivo o negativo con posibles elementos sintéticos que pueden ser compatibles con el mestizaje y lo cotidiano. Además, propongo que haya similitud entre ellas, pero esto es también importante reconocerlo, la hibridez y *hybridity* también son diferentes.

---

[7] Youssef Yacoubi, 'Edward Said, Eqbal Ahmad, and Salman Rushdie: Resisting the Ambivalence of Postcolonial Theory', en Ferial J. Ghanzoul (ed.), *Edward Said* and *Critical Decolonization*, (Cairo: American University in Cairo Press, 2007), pp. 193-218 (p. 194).

[8] Yacoubi, 'Edward Said, Eqbal Ahmad, and Salman Rushdie: Resisting the Ambivalence of Postcolonial Theory', p. 194.

Homi K. Bhabha

Homi K. Bhabha busca redimir los términos híbrido e hibridez al reconocer los orígenes de esta palabra. Señala que, en su contexto de la India, sirvió para reforzar la separación racial y cultural al crear ansiedad sobre las mezclas. Sin embargo, en este mismo período de tiempo hubo disturbios en el orden general de las sociedades coloniales. Los encuentros entre colonizador y nativo no siempre se mantuvieron separados o definidos por separación. A lo contrario, siempre hubo interacción.

Bhabha describe a la hibridación como algo que ocurre en tres movimientos: ambivalencia, imitación y traducción. La ambivalencia se refiere a la incorporación de la cultura y los medios occidentales sin conocer el significado de estos. La imitación se refiere a tratar de copiar estas formas, pero dando como resultado diferentes significados. La traducción es un término utilizado para describir a quienes conocen las diferencias, pero las adopta de una manera que es sensible a la cultura en la que se adoptan. Estas tres instancias fortalecen (*empower*) a la gente local porque, desde ese punto de vista, su interacción se convierte en un robo y una distorsión de la meta teoría europea y una experiencia activista radicalmente comprometida de la creatividad del Tercer Mundo.[9]

Bhabha afirma que hubo una polaridad ahistórica en el siglo XIX entre el Este y el Oeste que creó ideologías imperialistas excluyentes del 'yo' y de 'otros'.[10] Sin embargo, durante ese mismo tiempo, también hubo una mezcla inevitable en las colonias, que se extendía a todas las áreas de la vida colonial. Esa mezcla creaba rupturas y tensiones que eran mucho más complejas que las categorías fáciles impuestas por el sistema colonial. Aquellos, en sus tierras nativas, fueron forzados a adoptar las costumbres occidentales y obligados a apropiaron de ellas con su propio significado.

Bhabha continúa relatando que la mezcla biológica de Oriente y Occidente forzó un replanteamiento de las inscripciones en leyes y políticas que administraban y supervisaban las actividades coloniales. Por ejemplo, la cuestión de la mezcla requería que los colonos se involucraran con la sección mixta de la población, en lo que respecta a la herencia, la educación, los entierros, el matrimonio y la noción de

---

[9] Bhabha, *The Location of Culture* (London: Routledge, 2004), 37.
[10] Bhabha, *The Location of Culture* (London: Routledge, 2004), 37.

ciudadanía.[11] En consecuencia, también enfrentaron mezclas intelectuales y culturales que cuestionaron la clara división entre dos grupos. Estas se convirtieron en preguntas que trataban sobre costumbres y tradiciones. Tales tensiones afectaron varias dimensiones de la identidad y revelaron tensiones en las interacciones entre el subalterno y las culturas dominantes en todas las áreas de la vida.

Espacio liminal, categoría intersticial

Usando esta comprensión, la hibridez se convierte en una categoría liminal o intersticial en la identidad que ocupa un espacio entre tradiciones culturales, períodos históricos y metodologías críticas que compiten o coexisten entre sí.[12] Muchos sujetos coloniales se encontraron en este espacio liminal en un estado de resistencia contra la opresión imperial. En el caso del Mundo de los Dos Tercios (un término que prefiero sobre la terminología de los países menos desarrollados) estos eran usados para asegurar la prosperidad de las sociedades occidentales económica, tecnológica y evolutivamente.

Para Bhabha, los colonizados forman una resistencia pasiva a través del mimetismo (imitación) híbrido. Este mimetismo es una repetición de las narrativas ya existentes y que al mismo tiempo las subvierte. Esto significa que el efecto del poder colonial es producir una hibridación, en lugar de su objetivo final de asimilación total desechando así las tradiciones autóctonas. El poder colonial tampoco logra reprimir estas expresiones. La interacción de los oprimidos con las tradiciones dominantes crea una disonancia entre las normas existentes y la perspectiva alterna.[13] Esto no se hace arbitrariamente, sino que se negocia a través de las diferencias entre las naciones, los intereses de la comunidad y los valores culturales.[14] Con el tiempo, esta hibridación conduce a una reformulación o una crítica de la autoridad colonial en pos de los entresijos matizados del poder del colonizador. También conduce a la formación heteroglósica en formas y trabajo; es decir, un punto de vista que puede tener dos voces simultáneas que

---
[11] Prabhu, *Hybridity*, p. xi.
[12] Bhabha, The Location of Culture, p. 107.
[13] Bhabha, *The Location of Culture*, p. 112.
[14] Bhabha, *The Location of Culture*, p. 2.

expresan dos puntos de vista diferentes simultáneamente.[15] Las perspectivas de Oriente y de Occidente emergen en los escritos, el trabajo artístico y el pensamiento.

La comprensión de la hibridez de Bhabha demuestra que las identidades culturales son complejas y crean una complejidad creciente para las categorías creadas, como la etnia y la raza. Si bien la hibridación puede referirse a cambios fisiológicos y la entremezcla, esta va más allá de estos y examina intercambios intelectuales, culturales y filosóficos. Debido a este énfasis particular, la hibridación revela y proporciona una política de liberación para los distritos electorales subalternos.[16] El subalterno puede ser entendido en sus propios términos. Luego, puede hacer sentido de las cosas ocultas que hablan directa o indirectamente de la opresión.

No solo hay diferentes significados producidos por la hibridez, sino que también hay intercambios continuos que la deben marcar. Los significados de las formas y las narrativas se negocian constantemente. La hibridez no es solo la reproducción o regurgitación de significado; más bien, es un espacio intermedio que produce significados diversos y otras expresiones heteroglósicas.[17] Este tipo de compromiso e intercambio cultural puede producir dos polaridades en un amplio espectro, ya sea antagónico o afín al colonizador o al colonizado. Las diferencias surgen performativamente o en el acto de volver a presentar estas ideas. Estos intercambios producen identidades culturales complejas en las cuales uno puede no encajar más en los moldes preconcebidos. El colonizado está involucrado en una compleja negociación en el camino y busca autorizar y validar las hibridaciones culturales.[18]

Por lo tanto, estas tensiones tienen consecuencias importantes para analizar al 'otro'. El 'otro' gana fuerza a través de la movilidad política, a lo que Bhabha llama un proceso agnóstico.[19] Bhabha afirma: ¡el disenso, la alteridad y la otredad, como las condiciones discursivas para la circulación y el reconocimiento de un sujeto

---

[15] Marisol De La Cadena, '¿Son mestizos los híbridos? Las políticas conceptuales de las identidades andinas', *Unversitas Humanística*, Bogotá, Colombia, no. 61 (enero-junio 2006), pp. 51-84 (p. 51).

[16] Prabhu, *Hybridity*, p. xi.

[17] De La Cadena, '¿Son mestizos los híbridos? Las políticas conceptuales de las identidades andinas', p. 51.

[18] Bhabha, The Location of Culture, p. 2.

[19] Bhabha, *The Location of Culture*, p. 37.

politizado y la verdad pública'.[20] Para lograr lo anterior, es primordial reconocer la 'otredad' histórica y discursiva.[21]

Una visión de la alteridad coloca el foco de su estudio en el resultado fenomenológico de las interpretaciones culturales y las reinterpretaciones de la autoridad colonial. Es aquí donde podemos construir un puente hacia lo cotidiano como una fuente de reflexión, ganando un sentido como el de un movimiento dialéctico constante entre el 'yo' y el 'otro' que resulta en una variedad de expresiones. Por lo tanto, existe una variedad de modalidades de síntesis coloniales y no existe una asimilación completa. Bhabha usa la metáfora de un puente como el espacio intersticial que une dos riberas diferentes: el colonizador y el colonizado. El puente es un lugar de tránsito donde las personas cruzan y se detienen a diferentes velocidades o en diferentes lugares. Algunos dialogan, algunos chocan, otros no reconocen al otro, mientras que otros están permanentemente en el puente.

Las ideas de Bhabha son especialmente pertinentes en condiciones donde existe poderes totalitarios opresores y los oprimidos. La hibridez es una forma de resistencia a las tendencias totalizantes. Crea versiones subversivas y reinterpretaciones a la realidad mediante las cuales los oprimidos llegan a un acuerdo con los poderes totalitarios. En muchas ocasiones, la resistencia silenciosa resiste a la educación sesgada, a la autoridad totalitaria y a todos los deseos de acabar con el otro.

Divergencia en el uso del término hibridez

El término particular, hibridez, tiene su propia historia que debe ser explorada. El origen de este término particular es del latín, *hybrida*. Es un término tomado de la agricultura; su uso original se refería a la descendencia de una cerda domesticada y un verraco. Más tarde, se convirtió en un término para describir a los hijos de la mezcla entre un ciudadano romano y un esclavo. Con el tiempo fue empleado por la ciencia para designar variedades emergentes de plantas.

En el siglo XIX, los términos híbrido e hibridación se convirtieron en fenómenos fisiológicos que se referían al mestizaje en el siglo XIX. Ciertos individuos fueron marcados como mestizos o mezclados. La

---

[20] Bhabha, The Location of Culture, p. 37
[21] Bhabha, *The Location of Culture*, p. 38.

fijación del esencialismo advirtió sobre los posibles peligros de cualquier hibridación y también creó percepciones negativas sobre las posibles degeneraciones que podrían derivarse de la mezcla de razas que ocupaban diferentes posiciones jerárquicas en la sociedad. Esta ansiedad sobre la hibridación sirvió para mantener a las razas separadas.

Algunos nos advierten sobre el uso de la hibridación. Primero, podría colapsar en un argumento exclusivo de la biología.[22] Esto podría descarrilar una conversación sobre las realidades latinoamericanas porque puede colapsar en una discusión exclusiva sobre delineaciones raciales. Como la mulatez, puede colapsar en una lectura negativa porque apunta hacia una esterilidad tal como el animal estéril, la mula. Otro punto en contra de su uso es que puede connotar un estricto determinismo científico que no necesariamente captura las cosmovisiones latinoamericanas.[23] Por ejemplo, si se usa en un estricto sentido científico determinista, como en el estudio del ADN y las variedades resultantes de la mezcla racial, este podría colapsar potencialmente en una cosmovisión científica cerrada que rechaza nuevas posibilidades espirituales. Esta posición contradice las cosmovisiones latinas y las de los amerindios y otros grupos, como los africanos en las américas, cuyas cosmovisiones afirman que el mundo es profundamente espiritual y está lleno de espíritus.

Sin embargo, creo que si usamos la raíz latina *hybrida* y la conectamos con mestizaje y lo cotidiano, la hibridez resultante es un término que puede ser redimido para uso teológico, porque es un término que apunta a un lugar donde hay interacción y vida —donde existe la creatividad y la creación. Por ejemplo, apunta a la creatividad interdisciplinaria donde las formas y los significados son negociables.[24] También puede ayudar a avanzar el diálogo estancado con el fin de exponer las dinámicas intrahispánicas y aquellas que apuntan hacia el exterior de la comunidad hispana. Por ejemplo, los hondureño-americanos negocian su identidad de maneras ligeramente diferentes que los mexicanoamericanos o los puertorriqueños. En algunos casos, hay intercambios viscerales donde una palabra es ofensiva para una nacionalidad, pero no para otra. Además, podría ayudarnos a

---

[22] Néstor García Canclini, '¡Culturas Híbridas y estrategias comunicacionales', *Estudios sobre las culturas contemporáneas* 3.5 (junio 1997), pp. 109-28 (p. 110).
[23] Néstor García Canclini, *Hybrid Cultures: Strategies for Entering and Leaving Modernity* (Minneapolis: University of Minnesota Press, 1995), p. 265.
[24] Prabhu, *Hybridity*, p. xi.

entender las relaciones con personas ajenas a la comunidad latina, como los afroamericanos, en los enclaves urbanos de Harlem, en Nueva York. Tales diálogos se dan en dos direcciones, primero entre las diferentes comunidades latinas en los Estados Unidos y, segundo, hacia el exterior de la comunidad latina. Esa interacción nos ayudan a matizar diferentes corrientes de identidad en el diálogo.[25] Por ejemplo, creo que puede ayudarnos a explicar el caso de la segunda, tercera y cuarta generación de latinos en los Estados Unidos, que muchas veces encuentran una mayor afinidad con la cultura dominante que con aquellos que provienen de América Latina. Por ejemplo, los niños de mi iglesia en la ciudad de Nueva York, prefieren las hamburguesas de comida rápida sobre las baleadas o las pupusas.

Ahora bien, acá no estamos meramente traduciendo el término *hybridity* o simplemente utilizando la traducción del término en español. En este estudio apelo al uso original de *hybrida* en latín. El término español, híbrido y su derivado, hibridez, pueden ayudarnos a recuperar las experiencias particulares de las comunidades latinas que Elizondo evocó a través del mestizaje. No obstante, se debe permanecer abierto al diálogo desde y entre las comunidades latinas. También creo hibridez es un término que puede llevar al diálogo con otras personas ajenas a las comunidades latinas, como los inmigrantes de África, Asia y Europa, a los Estados Unidos. Un día conocí a una joven guatemalteca que tenía ascendencia directa china, en Manhattan. Ella hablaba español fluido y ni una palabra en chino. Ella afirmaba ser guatemalteca.

Intersecciones con Bhabha

El contexto latino es muy diverso, especialmente en las junglas urbanas de los Estados Unidos. También es importante reconocer que hay formas de resistencia pasiva en estos centros de poder, como las que Bhabha destaca. Esto es de particular interés para esta discusión porque los nativos y aquellos fuera de los centros de poder se adaptaron al nuevo centro cultural, pero aún así, estaban libres de interactuar con él, a través de la ambivalencia, el mimetismo y la traducción. Los nativos respondieron a las nuevas tradiciones con innovación.

---

[25] Chiara Donadoni and Eugenia Houvenaghel, 'La Hibridez de la tradición judeocristiana como reivinidicación del sincretismo religioso de la nueva España: El divino narciso de Sor Juana', *Neophilologus* 94 (2010), pp. 459-75 (p. 474).

Eran libres de ser subversivos ante la opresión que los rodeaba, incluso de manera pasiva. En muchos sentidos, esta hibridez llama a la identidad latina a proponer un espacio liminal o intersticial. A continuación, veamos la formación de un diálogo entre 'identidad' y 'otredad' que produce encuentros, reencuentros y desencuentros.

Una gran diferencia con Bhabha es el contexto social de las personas en América Latina para interactuar con los centros de poder. El problema de la violencia y la impunidad en América Latina ha dado como resultado marcos sociopolíticos que continúan limitando la libertad del pueblo. Ya sea por estados militares o por abusos de parte de la policía, las fuerzas armadas, la delincuencia organizada, el narcotráfico o, por la impunidad, la violencia es una situación social que marca a América Latina y plantea interrogantes sobre la libertad de individuos y comunidades para interactuar libremente con quienes detentan el poder. Incluso eclesiológicamente, puede ser cuestionable cuán libres han sido los creyentes para interactuar con modelos paternalistas de misión o para establecer su propio liderazgo.

Para la discusión precedente del mestizaje es importante entender el papel de los Estados Unidos en la formación de un centro de poder con el que los latinos deben lidiar. El capitalismo y la difusión tecnológica de la información son fuerzas poderosas a las que muchos se están adaptando continuamente. Esa situación también apunta a reacciones con gran espectro, como una fuerte oposición, tal como el caso del chavismo en Venezuela o la estrecha cooperación con países como Honduras, donde Estados Unidos tiene una presencia militar continua. En maneras muy reales, hay una lucha continua para llegar a un acuerdo con las realidades producidas por este encuentro.

La hibridez apunta a un lugar o una realidad donde convergen realidades dispares. Estos encuentros se dan entre la 'identidad' y la 'otredad'. La hibridez es un lugar liminal donde vemos la negociación de identidad en la que una persona se identifica con dos realidades distintas. Esta identificación puede producir una inserción múltiple en dos culturas. Una de sus consecuencias es que la persona vive en una situación puente entre las dos culturas. Sin embargo, esta inserción múltiple puede ser positiva o negativa. Es negativa en el sentido de que difunde la identidad para que un individuo no se sienta parte de una u otra parte, es decir, de este o aquel grupo. Una persona puede no pertenecer a ninguno de los dos mundos. Es positivo, en el sentido de que afirma una identidad intermedia. Una persona en el puente también puede hablar a ambas culturas y a los habitantes de ambos lados. Tal es el caso de muchos latinos que prefieren las hamburguesas a los tacos o el idioma inglés más que el español.

Otra diferencia entre la hibridez y el discurso intelectual de Bhabha es que la hibridez no puede convertirse en un discurso altamente intrincado. También debe haber mucha precaución al dialogar con la hibridez ya que el debate puede convertirse en un discurso altamente etéreo sin tocar la realidad de lo cotidiano. No obstante, Bhabha demuestra cómo un espacio liminal es también un lugar creativo de innovación y esta energía creativa puede informar una hibridez emergente. Es acá donde ocurre el diálogo entre identidad y otredad.

En esta discusión sobre el mestizaje, incorporaremos al 'otro' en la discusión y comenzamos a explorar enfoques teológicos sobre la cuestión del otro, como el mulato, el zambo y las identidades amerindias. Esto nos proporciona una herramienta para comprender la dinámica entre estos grupos. La hibridez nos lleva al umbral donde interactúan la identidad y la otredad.

También existe la precaución de preguntar qué tan libres están estas personas en su agencia de hibridez. Parece que muchas veces en América Latina la libertad se promulga en forma de resistencia pasiva. La inmigración indocumentada es una forma de resistencia pasiva. Las personas y las comunidades se mueven al norte en silencio a través de grietas en la frontera y se esconden en guetos urbanos mientras ejecutan trabajos que nadie parece querer hacer. Esta no es más que una realidad que surge de lo cotidiano e informa al discurso sobre la hibridez. La hibridez debe reconocer las modificaciones y las voces heteroglósicas divergentes que surgen de la comunidad latina. También debe tratar de ser un puente que mueva a dos fuerzas opuestas, al diálogo.

Hibridez y globalización

Una de estas realidades es el proceso continuo de globalización y las condiciones que un capitalismo global está imponiendo al resto del mundo, como se si se tratara de una forma de neocolonialismo. Quiero sugerir que, desde una perspectiva latina, una de esas formas de resistencia al neocolonialismo es la migración indocumentada. Esta es una forma fenomenológica de resistencia y una forma de enfrentar las sofocantes experiencias de pobreza en el mundo de los 'Dos Tercios'. Las masas pobres improvisan a través de la migración. Los pobres saben todo sobre las riquezas de Europa y América del Norte porque están saturados con sus medios y reciben información de ellos a través de la tecnología. La informática ubica a las masas a través de los dispositivos móviles. La edad de la información y la propagación de la Internet hacen que dicha información esté fácilmente disponible en muchos países. Allá, los pobres consumen estas realidades, en las que no pueden participar. Es como si estuvieran parados frente a las vallas, mirando hacia adentro.

Para ser más claro, doy un ejemplo más vívido: hace poco, fui a un restaurante norteamericano de comida rápida en Tegucigalpa. Cuando me senté a comer, sentí tanta vergüenza al ver como los niños descalzos, con ropas sucias y andrajosas se apretaban la cara contra el cristal limpio y para pedir un bocado de comida. Un guardia de seguridad vestido con uniforme militar protegía la entrada del restaurante con una arma automática. El contraste era perturbador, nauseabundo en realidad. ¿Qué hacen estos pobres niños? ¿Cómo se las arreglan o cómo se convierten en actores de su realidad? Sin titubear, estos se vuelven a la violencia, al crimen o, simplemente emigran. La crisis de los niños inmigrantes en de la década de los 2010s es una expresión de esta realidad. En este tiempo, menores de edad continúan llegando a los Estados Unidos, huyendo de situaciones desesperantes, solo para encontrar el rechazo contundente de norteamericanos nacionalistas con mentes, corazones y puertas cerradas. Mientras tango la mayoría de las iglesias continúan guardando silencio.

La subcontratación del trabajo al extranjero también tiene consecuencias en estos países. Las empresas extranjeras invierten en mano de obra manual, como las maquilas en el norte de Honduras y las camaroneras en el sur de dicho país, pero estos intercambios son procesos unilaterales que no son permanentes. La mano de obra no se mantiene satisfecha, en categorías ordenadas. Tal tercerización del trabajo también tiene consecuencias abrumadoras. Por ejemplo, el trabajo va al extranjero, pero se espera que los trabajadores se queden quietos, lo cual no es nada simple.[26] Esta tercerización crea circunstancias tumultuosas y, la competencia laboral global crea situaciones

---

[26] Orlando Espín, 'Immigration, Territory, and Globalization: Theological Reflections', *Journal of Hispanic Latino Theology* 10 (otoño 2006), pp. 46-59 (pp. 52-53).

tempestuosas e inciertas para la mano de obra de los pobres. De esa manera, una empresa transnacional puede fácilmente trasladar la empresa a otro país donde la mano de obra cuesta menos.

La inmigración no debe verse ingenuamente hoy, como si se tratara del simple movimiento de personas de un lugar geográfico a otro, ni como el cruce de las fronteras nacionales.[27] Las personas emigran porque necesitan encontrar empleo para alimentar a sus familias, aliviar el hambre, educar a sus hijos, tener algún tipo de atención médica y poder retirarse durante sus años dorados.[28] Los inmigrantes desean trabajar y, no esperan que les regalen nada.

De esta misma manera, nos damos cuenta de que las fronteras existen, pero cada vez menos como barreras. Las fronteras son cada vez más porosas y, a menudo, desterritorializadas. La migración une a las personas. Es por esta razón que Orlando Espín cree que a la luz de tales circunstancias, necesitamos una eclesiología que tome en serio los problemas planteados por la migración y que construya una estructura eclesiológica completa desde la perspectiva de la migración.[29]

Visiones heteroglósicas en la hibridez

Un ejemplo de interpretación heteroglósica de los inmigrantes de los Estados Unidos, es el 'sueño americano'. Este concepto tiene algunas connotaciones interesantes en el idioma español. Al referirse a lo que la mayoría de los estadounidenses llaman América, estos usan el término Estados Unidos. Un estadounidense es un 'estadounidense'. Cuando se refieren a sí mismos, incluso en sus países de origen, se conocen a sí mismos como americanos porque se les enseña que ellos también viven América, o sea el continente americano. Por lo tanto, el sueño americano es también su sueño y se apropian de él. Después de todo, son de América Latina y como tal, americanos.

Una de las formas de participar en dicha sociedad es 'a la brava' o por la fuerza, sin consideración o sin circunspección sobre las consecuencias menores, como una multa o la amenaza de deportación. A causa de sus hijos hambrientos, cosechas fallidas y falta de empleo, el presente se convierte en un momento de acción. Los migrantes viajan

---

[27] Espín, 'Immigration, Territory, and Globalization', p. 53.
[28] Espín, 'Immigration, Territory, and Globalization', p. 53.
[29] Espín, 'Immigration, Territory, and Globalization', p. 53.

por zonas asoladas por el crimen. Son agredidos, violados o, mutilados por el infame tren llamado 'La Bestia' y atraviesan desiertos donde pasan hambre y sed al exponerse a una de las peores formas de iniciación al sueño americano en los Estados Unidos. Mientras tanto, las conexiones con la comunidad y la familia les dan esperanza porque conocen a otras personas que han tenido éxito en el norte. Han escuchado y visto que hay un camino posible de recorrer—y es al norte. Al caminar por los desiertos, para lograr el sueño americano, un sueño que saben que está a su alcance.

Más allá de delineaciones raciales

Otra área que podemos construir para conectar aquí es un movimiento de alejamiento del enredo original con esta idea con la noción de raza. Por ejemplo, ser latino no significa ser parte de una raza en particular. En el contexto de los Estados Unidos, debe sensibilizarse para incluir a muchos inmigrantes amerindios cuyas raíces se vieron truncadas por la experiencia colonial.

Muchas personas de México, por ejemplo, que son de herencia autóctona, son marginados por las estructuras sociales, incluso por otros latinos mismos. También, es común caminar por un vecindario predominantemente mexicano, en los Estados Unidos y escuchar sus idiomas, como Mizteco, Zapoteco y Chinanteco. En Nueva York, donde fui pastor, algunos aprendieron el idioma español hasta que cruzaron la frontera y comenzaron a vivir en los Estados Unidos. Tales descubrimientos revelan la realidad del sufrimiento de los pobres, indígenas y marginados, cuya única forma de esperanza es a través de la experiencia de la migración.

Cosmovisiones

La hibridez también está presente en su apropiación autóctona de los símbolos de su fe, como los santos, por ejemplo y, la Virgen de Guadalupe que forman parte de su cosmovisión.[30] Por lo tanto, esta cosmovisión debemos ubicarla y entenderla a la luz de sus circunstancias históricas. Debemos entender los matices en su identidad, especial-

---

[30] Daniel Ramírez, 'Call Me "Bitter": Life and Death in the Diasporic Borderland and the Challenges/Opportunities for *Norteamericano* Churches', *Perspectivas* 11 (otoño 2007), pp. 39-66 (p. 40).

mente aquella a la que Jorge J. E. Gracia describe como una identidad no vinculada a la raza o etnia, sino como existente en una red de relaciones.[31] En virtud de lo anterior, seguimos construyendo puentes con sus expresiones religiosas porque esto revela mucho sobre su cosmovisión y, en última instancia, sobre su identidad. Gracia afirma que la membresía en la categoría de hispanos o latinos no es de una certeza apodíctica.[32] Más bien, en América Latina es más o menos y, no necesariamente, un sí o un no. En segundo lugar, se trata de una realidad ontológica que consiste en una red de relaciones con muchas otras cosas.[33] El hecho de que uno hable español no lo convierte automáticamente en un latino. Muchos inmigrantes de segunda generación no hablan español en casa y esta diferencia crece con otras generaciones.

Esto revela que la naturaleza de ser latino es una proposición compleja. Es el resultado de muchas influencias, como la colonial, amerindia, africana, etc. Esta red compleja de relaciones es la que le da forma a esta identidad y no se limita exclusivamente al uso de un concepto de raza solamente. Las entidades históricas son el producto de procesos históricos en tiempos y lugares particulares, cuyas identidades están vinculadas al contraste en el que fueron producidas y dependen de ellas. Aquí observamos un amplio espectro de posibilidades a la luz de las circunstancias polarizadoras.

Hay intersecciones de multiplicidad, pluralidad y diferencia de una manera menos específica. Estos son muy relevantes en una discusión sobre la cosmovisión porque aquellos que ingresan a los Estados Unidos se involucran en el trabajo de improvisación, aprendizaje, adaptación y ajuste. El hilo colonial común puede servir para conectar a Latinos. Pero hay expresiones y experiencias diversas a nivel regional, internacional e intra-nacional. Por ejemplo, en el caso de Latinos algunos son mestizos o mulatos, y otros no. Algunos pueden ser hondureños, bolivianos, uruguayos, puertorriqueños o mexicanos; e incluso en el caso de Honduras, algunos pueden ser mestizos, zambos o amerindios, tal como los pech, tolupanes, lencas, miskitos o garífunas. Por lo tanto, podemos incluir varios factores oriundos de

---

[31] Jorge J.E. Gracia, 'Ethnic Labels and Philosophy: the Case of Latin American Philosophy', en Eduardo Mendieta (ed.) *Latin American Philosophy, Currents, Issues, Debates* (Bloomington, IN: Indiana University Press, 2003), 124-49 (p. 148).
[32] Gracia, 'Ethnic Labels and Philosophy, pp. 148-49.
[33] Gracia, 'Ethnic Labels and Philosophy, pp. 148-49.

América Latina que también tienen que ver con la emigración al norte. Acá también es importante considerar la vida de los pobres y sus movimientos migratorios, porque es muy probable que estos sean los que inician los movimientos migratorios a través de las fronteras físicas y nacionales.

Violencia

Si incorporamos lo cotidiano en esta hibridez, también debemos incluir discusiones sobre la violencia de América Latina y las víctimas de esta.[34] En el año 2012, Honduras tuvo la tasa de asesinatos más alta del mundo, casi tres veces más que el promedio internacional y casi veinte veces más que en los Estados Unidos.[35] El narcotráfico estaba en su punto más alto.[36] La gente ayudaba a los narcotraficantes porque estos pagaban un salario más alto que las empresas transnacionales que subcontratan mano de obra en sus países. El tráfico de drogas también brindó oportunidades de empleo en áreas muy empobrecidas donde ninguna compañía transnacional se atrevía a ir o, donde los empleos fueron trasladados a otra parte del mundo donde la mano de obra cuesta menos. También Honduras se ha desarrollado una cultura de pandillas (maras) que incrementan el crimen y la violencia. La corrupción de la policía y la corrupción del gobierno exacerbaron la situación porque la policía y algunos oficiales del gobierno fácilmente aceptaban sobornos. En el año 2011 hubo un escándalo donde se descubrió que la policía participó en crímenes violentos, dirigió redes de narcotráfico y eran miembros de pandillas violentas. La sociedad hondureña teme que el temor a la desestabilización social debido a la violencia, la impunidad y la participación de

---

[34] Diario La Prensa, 'María Otero: Ponerle fin a la impunidad es clave', *La Prensa* http://www.laprensa.hn/Secciones-Principales/Honduras/Tegucigalpa/ Maria-Otero-Ponerle-fin-a-la-impunidad-es-clave#.UFdIX0LffEU (accedido el 14 de septiembre, 2012).

[35] Diario La Prensa, 'La Violencia ha dejado 46,450 muertos en Honduras en los Últimos Once Años', *La Prensa* http://www.elheraldo.hn/Secciones-Principales/Al-Frente/La-violencia-ha-dejado-46-450-muertos-en-Honduras-en-los-ultimos-once-anos (accedido el 12 de marzo, 2012).

[36] Diario La Prensa, 'Honduras Continúa en la Lista Negra de EUA en Tránsito Ilícito de Droga', *La Prensa*, http://www.laprensa.hn/Secciones-Principales/Honduras/Tegucigalpa/Honduras-continua-en-lista-negra-de-EUA-en-transito-de-drogas-ilicitas#.UFdHskLffEU (accedido el 14 de septiembre, 2012).

las autoridades en la actividad delictiva cree un caos de graves proporciones.

En consecuencia, muchos de los que están bajo la influencia de la violencia, la inseguridad y la pobreza buscan una salida rápida y práctica. Muchos han elegido emigrar en busca de la paz relativa de su vecino del norte. Para entender a la inmigración indocumentada, se debe reconocer la disparidad social de los que están al sur de la frontera entre Estados Unidos y México y, las condiciones históricas que han causado un éxodo masivo de personas en busca de seguridad. Esta es una versión hondureña de la diasporización: una irrupción forzada en los Estados Unidos.

Agencia

Si vamos a seguir trazando la alteridad y el otro, debemos recapturar la noción de agencia. La deslumbrante desigualdad de dos grupos de personas encerradas en una relación de dominación sostenida y perpetuada por un sistema que opera tanto en el ámbito psicológico y simbólico como en el económico y estructural siempre es desafiante.[37] Tal es el caso de las personas indocumentadas. Esta están a merced de una circunscripción de tipo electoral que los convierte en 'chivo expiatorio' por los males económicos de la nación. Además, los políticos que buscan votos, tanto demócratas como republicanos en Estados Unidos, sin vergüenza los critican y estereotipan para ganar más votos. En consecuencia, una discusión del otro en hibridez nos desafía a establecer conexiones no jerárquicas y a fomentar las relaciones bilaterales. La esperanza de la teoría poscolonial, Prabhu, es que en lugar de vivir dentro de los límites creados por una visión lineal de la historia y la sociedad, nos volvemos libres para interactuar en igualdad de condiciones con todas las tradiciones que determinan nuestra situación actual.[38] Es tal y como cuando llegamos a un lugar a creamos espacio para reconocer la personalidad legítima y las tradiciones culturales del sujeto marginado a pesar de las diferencias, contrastes, disparidades o variaciones o, lo que caracteriza el centro de poder. Por lo tanto, debemos reconocer, validar y legitimar las raíces

---

[37] Prabhu, *Hybridity*, p. xiv.
[38] Prabhu, *Hybridity*, p. 6.

históricas y las tradiciones culturales del sujeto que ha sido marginado.

Si la hibridez es una dimensión que se puede aplicar a los pueblos latinos en los Estados Unidos, estamos viendo una comunidad alternativa con una comprensión variada pero legítima de lo que significa ser estadounidense. También debemos reconocer las grandes diferencias socioculturales, étnicas, raciales y clasistas en América Latina que han producido una gran afluencia de inmigrantes a los Estados Unidos. Estos inmigrantes producen diferentes interpretaciones del sueño americano y hacen frente a la democracia de diferentes maneras. La inmigración indocumentada es una expresión pequeña pero significativa de tal interpretación. Como tal, ha producido otras formas de convertirse en estadounidense. También debemos estar al tanto de los niños que van a la escuela durante toda su vida en el sistema estadounidense, solo para que más tarde se les niegue la oportunidad de continuar su educación o, simplemente mejorarse a sí mismos porque sus padres los trajeron aquí cuando eran bebés o niños pequeños. Esto niños juran lealtad a los Estados Unidos a diario, pero nunca tienen la oportunidad de vivir en libertad. Acá también debemos reconocer a las familias que son separadas por una política de inmigración absurda.

Espacio liminal

La hibridez también significa que puede haber una condición de estar a medio camino, entre, y no definido. Bhabha argumenta que las interpretaciones se mueven en algún lugar más allá del control, pero no más allá del acomodo.[39] A veces, este tipo de existencia puede conducir a un doble yo o una identidad fragmentada. Sin embargo, también puede ser un lugar donde las personas se convierten en puentes y pueden conectar con dos grupos culturales opuestos. Entonces hay una opción a tener una identidad difusa o de apegarse a esa identidad como una persona puente.

En el caso de muchos latinos, estos experimentan un sentimiento de pertenencia a ambos lados de la frontera estadounidense. Lo que muchos ciudadanos estadounidenses no se dan cuenta es que sus antepasados y su historia son sorprendentemente similares. Muchos

---

[39] Bhabha, The Location of Culture, p. 18.

europeos llegaron a este país con poco o ningún conocimiento de la lengua inglesa o la cultura estadounidense dominante y con poca o ninguna posesión para comenzar sus vidas de nuevo. Ellis Island en el puerto de Nueva York es un vívido recordatorio de esta realidad. Uno puede ingresar al museo y observar artefactos de los inmigrantes a finales del siglo XIX y principios del XX. También se puede ver la falta de educación que tenían estas personas y la pobreza de la que estaban tratando de escapar. También hubo restricciones nativistas impuestas a aquellos que vinieron a los Estados Unidos en busca de una nueva forma de vida.

Los pueblos de América Latina han tenido experiencias históricas a sus pares norteamericanos. No obstante, se están moviendo en un nuevo contexto y están creando nuevos espacios inspirados por la gran variedad cultural que traen consigo. La hibridez significa que creamos espacio para una sensación general de ser estadounidense, un sentido general de ser latino, pero también hay espacio para formas específicas de ser latino o latinoamericano. La hibridez nos lleva hacia este mundo viajero y hacia una sensibilidad hacia el otro.

Conclusión sobre este diálogo

La hibridez es una noción compleja que puede informar al desarrollo de una hibridez latinoamericana. Hemos visto que la forma en que percibimos al otro es una que ofrece solución a sus preocupaciones más primordiales. Hemos construido puentes desde un punto de vista latino y descrito sucesos similares en América Latina y los Estados Unidos. Sin embargo, sostengo que estos tienen experiencias bastante únicas del contexto teórico propuesto por Bhabha. Por lo tanto, se hace necesario diferenciar entre los términos *hybridity* e hibridez. Al entender este contraste, la hibridez puede permitirnos entablar una conversación y cultivar una interrelación entre el 'yo' y el 'otro' por medio de una experiencia única revelada por el mestizaje a través de lo cotidiano. Una ética de hibridez exige hospitalidad hacia el otro. También examiné cómo se desarrolla este intercambio con respecto al caso de algunos latinos en los Estados Unidos. Un diálogo entre el mestizaje y la hibridez nos permite crear espacios para aquellos que no encajan perfectamente en nuestras categorías, incluidos los inmigrantes indocumentados.

La hibridez también permite que las entidades dispares converjan y dialoguen. Además, nos permite dialogar de las comunidades latinas en los Estados Unidos en un sentido general. Crea una comunidad con una experiencia común de diasporización e hibridación de quienes ingresan a los Estados Unidos. También señala los factores neocoloniales creados por el capitalismo global que crean el tema de la inmigración indocumentada. Como tal, debe considerarse un factor importante en la identidad de la comunidad latina en los Estados Unidos.

La hibridez debe ser probada por la experiencia específica de América Latina y de los latinos en los Estados Unidos, porque es hacia la cual apunta el mestizaje. Por ejemplo, Bhabha señala algunas metáforas útiles y herramientas que podríamos usar, como la voz heteroglósica y la de ser personas puente. Sin embargo, su contexto y su discurso no son inmediatamente compatibles con América Latina. Lo que es más importante, lo repito con el fin de expresar claramente el punto, la hibridez debe basarse en lo cotidiano, de lo contrario la hibridez se convierte en un discurso muy intrincado sin participación en la vida de los pobres y marginados. La hibridez sirve como complemento a la discusión del mestizaje o como un calificador siempre presente para entender la condición del mestizaje y otras condiciones latinas y latinoamericanas. También nos permite dar un paso atrás y observar las variedades de experiencias en América Latina y nos permite demostrar esa diversidad. Esta diversidad nos permite pensar en términos matizados de relaciones interhumanas y de identidad en términos de una red de relacionalidad con grados de integración múltiple que acompaña a dichas experiencias. Estos son conceptos que ayudan a nuestra discusión sobre el mestizaje y ayudan a sensibilizar nuestra discusión sobre la difícil situación de los inmigrantes indocumentados en los Estados Unidos. La hibridez también es útil para tratar de llegar a un acuerdo con la hegemonía económica de los Estados Unidos y los factores de atracción y empuje que crea la inmigración. Estos son conceptos para el próximo diálogo y su futura adaptación.

Estos asuntos mueven la teología hacia una postura de diálogo y mutualidad. La hibridez nos lleva a examinar los principios del mestizaje-entremezcla, que finalmente revela tensiones entre el yo y el otro o, identidad y otredad. La hibridez, por lo tanto, es la experiencia y el movimiento entre la identidad y otredad (o alteridad).

Dependiendo de la experiencia, puede ser una danza delicada o una experiencia tumultuosa similar al movimiento incesante de los pistones en el motor de un automóvil. Esta dinámica también es parte de la sugerencia de Medina de mestizaje-entremezcla.[40] Las experiencias de hibridez se llaman encuentros, y pueden producir reencuentros, encontronazos y desencuentros. A continuación, propongo algunos términos que pueden ayudarnos a comprender la dinámica entre identidad y otredad y las relaciones resultantes de los encuentros entre ellos, que califican a una hibridez emergente. Éstos existen en tensión del uno al otro y siempre interactúan, se mueven uno hacia el otro o se alejan el uno del otro. La hibridez se relaciona con algo más que la mezcla racial que caracteriza a los pueblos latinoamericanos, es la mezcla de cosmovisiones.

Identidad, otredad y encuentros

La identidad se refiere al yo o al constructo conocido como el yo, o el yo social. Es un producto de la ubicación social y una construcción cultural. Es una conjunción de características compartidas de un individuo y un todo colectivo. Estas características tienden a compararse con o en contra del otro en su periferia. También se refiere a una conciencia de ser distinta, diferente o separada del otro.

La otredad es un término que puede ser usado como sinónimo con alteridad. La otredad puede ser una distinción realizada activamente por identidad o una distinción percibida pasivamente por la identidad. La otredad se percibe como incongruente, incompatible o fuera de lugar. En el peor caso, la otredad puede ser un competidor de la identidad y puede ser consecuentemente rechazada. Sin embargo, la otredad también presenta una oportunidad para el diálogo y para promover una mutualidad y relaciones justas.

Las interacciones entre la identidad y la otredad se llaman encuentros. Un encuentro puede ser positivo; puede fomentar un sentido de mutualidad o crear una sensación de antagonismo o angustia. Un encuentro es un término utilizado por los teólogos latinos para las reuniones teológicas y consecuentemente puede representar lugares de diálogo para construir entendimiento. Tal uso puede ofrecer connotaciones positivas en el uso del término. Además, un encuentro se

---

[40] Medina, *Mestizaje*, p. 134.

refiere a una experiencia. Los latinos recuerdan sus experiencias y la naturaleza de su relación con las personas. Las emociones que estas causan cuentan mucho. Es en la experiencia que la identidad y la otredad estas se encuentran. Tal experiencia crea recuerdos entrañables del otro y establece posibles interacciones futuras. No es simplemente un ejercicio intelectual, sino que se refiere al proceso de interacción holístico o integral. Los gustos, los sonidos, los olores, las emociones y las ideas se ponen en juego en un encuentro.

Los 'reencuentros' son interacciones continuas. Pueden ocurrir en una fecha establecida en el futuro o por casualidad. Además, una vez allí, también puede ser un regreso al pasado para revivir experiencias. También es una forma de construir puentes hacia adelante. Idealmente, comunica una relación continua y un diálogo continuo. Necesariamente, comunica la noción y la necesidad de amistad y fraternidad que debe caracterizar al proceso de hibridez.

Los 'encontronazos' se refieren a interacciones desordenadas. Su connotación más fuerte es el de una colisión. Puede referirse a un golpe fuerte. También se refiere a la sensación de desenmarañamiento y destrucción que pueden producir los encuentros. Un encontronazo puede producir daño a una o ambas partes que lo experimentan. Sin embargo, puede ser una oportunidad positiva para despertar a alguien. También puede indicar una dirección de cambio o puede crear más conflicto. En general, los encontronazos no tienen tiempo suficiente para la reflexión y, al igual que un barco, dejan una estela detrás de ellos. Similar a lo que queda en una colisión, uno debe juntar las piezas después de un choque o darle sentido al encontronazo. A veces los golpes son intencionales y hay víctimas. A veces los golpes son accidentales y hay malentendidos. Inevitablemente debe haber un proceso de diálogo pos-encontronazo para experimentar sanidad y para recuperar algún sentido de reciprocidad. El encontronazo más poderoso para los latinos sucedió en 1492, cuando Cristóbal Colón puso un pie en América.

El desencuentro se refiere al desacuerdo y la discordia. Esto es el resultado de una falta de comprensión, expectativas incumplidas, ofensas intencionadas o una falta de voluntad para cambiar. Puede representar una oportunidad perdida durante un encuentro. La voluntad es la clave para el diálogo y aquellos que no la demuestran o la resisten arriesgan perder una oportunidad de mutualidad a través de un desencuentro. Además, un desencuentro es una experiencia negativa de un encuentro. Sin embargo, uno nunca puede asimilar por completo el pensamiento o la personalidad de otra persona, por lo que existe la sensación de que debe existir una distancia o espacio saludable con la otra persona.

Estos términos enfatizan la relación y el deseo de construir relaciones justas. A través de la reflexión sobre estas experiencias podemos comenzar a matizar situaciones latinoamericanas y describir las consecuencias a partir de los encuentros que los primeros amerindios experimentaron en la tierra que establecieron incluyendo el encontronazo de 1492. Muchos autores creen que América Latina aún sangra por las consecuencias de este evento. Por lo tanto, en este estudio nos movemos hacia los encuentros y reencuentros de confesión que avanzan hacia la sanidad.

Los valores que deben entrar al mundo de la hibridez son los de fraternidad, hermandad y amistad. Esto se logra en un retorno a la teología, cuando el Espíritu Santo descentra el yo y nos aleja de nuestros impulsos de totalización y nos conduce hacia la hospitalidad a favor del otro. Finalmente, la hibridez debe seguir involucrando el mestizaje porque le da a la hibridez una base histórica necesaria. Además, la hibridez nos lleva a considerar la otredad y la identidad dentro del mestizaje. También nos permite considerar la identidad y la otredad fuera del mestizaje como la mulatez, las realidades amerindias, los caucásicos, los afroamericanos, los inmigrantes indocumentados y viceversa. Nos permite matizar los encuentros, reencuentros, encontronazos y desencuentros de los pueblos de América Latina o de los Estados Unidos a través de un diálogo entre identidad y otredad. La hibridez se convierte en un marcador de identidad y una metodología para un diálogo intercultural. Esto es lo que creo que Medina insinuó a través de los conceptos de mestizajes y mestizaje-entremezcla.

Hay tres direcciones a las que nos conduce la hibridez. En primer lugar, nos permite vislumbrar una red de relacionalidad que constituye a las comunidades latinas de Estados Unidos y la diversidad que existe en ellas. En segundo lugar, también nos permite pasar a interacciones más allá de la comunidad con otras realidades fuera de las comunidades latinas. En tercer lugar, también nos permite describir estos procesos mediante la descripción de los matices en la red de relacionalidad.

Reitero enfáticamente que si nos apegamos al concepto de la hibridez y lo usamos apropiadamente, permaneceremos anclados en lo cotidiano y en el mestizaje. No podemos escapar a la realidad de la gente que sufre de América Latina o, a la realidad visceral de los pobres urbanos que trabajan en los Estados Unidos. Lo cotidiano también es necesario para construir una auténtica teología latina. Este nos permite incluir a los pobres en nuestra teología. Además, la hibridez no debe colapsar en un sistema científico rígidamente cerrado con una cosmovisión científica igualmente cerrada y rígida. Las cosmovisiones de América Latina no permiten esto. Por esta razón, debemos permitir una dimensión informada por el Espíritu inmanente y trascendente de Dios, quien permanece activo en lo cotidiano, si queremos hacer uso correcto de la hibridez. Es a través de esta inclusión del Espíritu de Dios en lo cotidiano, que regreso a la teología a través de la metodología de la hibridez. Como hemos apuntado, el Espíritu Santo está activo en el espacio liminal, llamándonos activamente a la hospitalidad.

La hibridez nos lleva a la metáfora de los puentes como un lugar de intercambios. Estos puentes permiten una variedad de respuestas y matices para la asimilación y apropiación de ideas y la re-presentación de éstas. Tenemos identidad en un lado de este puente con otredad en el otro. El tráfico en el puente negocia los encuentros entre ellos. Por ejemplo, una persona que llega a los Estados Unidos, sin saber inglés y trata de vivir aquí, experimenta todo tipo de encontronazos. Más específicamente, un trabajador indocumentado experimenta todo tipo de presiones y tensiones por parte de la sociedad que lo rodea. Tales luchas incluyen relaciones de poder como cuando son empleadas por personas que ignoran el hecho de que estos no tienen la documentación adecuada y que también les pagan por debajo del salario mínimo por largas horas de trabajo.

La Hibridez construye puentes dentro de la comunidad latina y hacia el exterior de esta comunidad. Nos ayuda a entender a los indocumentados que hacen el viaje al norte. Abrimos más dimensiones que surgen de lo cotidiano que se abren para volver a presentaciones híbridas, como el sueño americano, o los muchos problemas que enfrentan las personas de América Latina a través de la violencia y la pobreza crónica. También nos permite incluir la cosmovisión de la hibridez en el discurso teológico, que contrasta con una cosmovisión científica cerrada y que contiene una narrativa de los valores y expresión pública extemporánea de las emociones.

La hibridez también nos permite entender las razones, los motivos y una explicación adecuada a la decisión de hacer el viaje, en primer lugar. Sus situaciones de violencia en sus países de origen alimentan un estado de desesperación que los impulsa a emigrar. Además, estos inmigrantes experimentan pobreza crónica, violencia y hambre. El atractivo de una vida mejor les permite viajar en busca del sueño americano. Cada vez que uno de ellos cruza la frontera, el sueño americano nace de nuevo.

Ahora pesemos en la forma en que esto puede facilitar la construcción de una teología a la luz de la inmigración indocumentada. Podemos considerar la difícil situación de los inmigrantes indocumentados, pero ahora debo consultar la forma en que el mestizaje se ha utilizado para construir una reflexión teológica. Desde allí presentaremos una perspectiva pneumatológica de los pueblos indocumentados.

6

Teología del Mestizaje, Hibridez y los Símbolos Religiosos

Si examinamos el mestizaje y percibimos a la hibridez como uno de sus principales componentes, debemos examinar también a los símbolos religiosos de la comunidad latina para entender en qué forma estos pueden informar a nuestra teología a través de la hibridez en la comunidad latina. Veamos algunas dimensiones de la teología latina de los Estados Unidos. Primero, observamos las interpretaciones católicas de la relación entre la Virgen de Guadalupe y Jesucristo. Para esto, estaremos siguiendo el ejemplo propuesto por Virgilio Elizondo. Inmediatamente después de examinaremos al mestizaje, cómo este describe a los símbolos religiosos de la comunidad. Tratando de ser fiel a la metodología de Elizondo, yo examino este marco desde la perspectiva de la comunidad pentecostal. En lo que sigue, hagamos un espacio para observar a los símbolos religiosos católicos y luego observemos las experiencias de la comunidad pentecostal. El objetivo de este estudio es proporcionar una teología emergente desde la comunidad pentecostal, a través de la hibridez.

Elizondo, en particular, se enfoca en dos símbolos poderosos. Primero, la Virgen de Guadalupe es un fenómeno interconectado con la veneración a María en toda América Latina. El segundo, es Jesucristo, la razón por la cual esta es considerada como teología cristiana. Examinemos estos puntos de vista y luego intentemos construir puentes para nuestra discusión sobre la hibridez. También incluiremos una interpretación evangélica, por medio de una relectura pneumática a dicha tradición, en particular y, haremos un aporte pneumático a esta discusión sobre la hibridez y el mestizaje. Además, estudiaremos a Sor Juana Inés de la Cruz, como una figura teológica que también nutre una hibridez emergente de América Latina. En mi caso particular, porque soy pentecostal, también establezco una conexión pneumatológica a través del Espíritu Santo. Veamos entonces, cómo es que Dios afirma la identidad del pueblo híbrido, a pesar de su ubicación al margen de la sociedad y, cómo es que el Señor se compromete con su lucha diaria en lo cotidiano, para reconciliarlos a pesar de su otredad.

La narrativa de la Virgen de Guadalupe

La Virgen es un símbolo religioso con el que muchos pentecostales no parecen estar muy familiarizados. En los círculos pentecostales dominantes, se la trata como una aberración de la fe cristiana. Para entender la función teológica de este símbolo, hagamos un breve resumen del evento de la Guadalupe. La inclusión de este resumen es para fomentar el diálogo y el entendimiento mutuo entre los católicos romanos y las comunidades pentecostales.

El contexto de esta narrativa es el año 1521, después de la caída del imperio Azteca ante España. Muchos aztecas se vieron profundamente afectados por esta ruptura en su cosmovisión humana y religiosa. Por ejemplo, la forma de vida de los nativos era considerada como inferior ante las costumbres de los conquistadores españoles. La situación era tan perjudicial para los nativos, que en 1527 Juan Zumárraga, el obispo de México, escribió una carta al rey de España describiendo el abuso, las matanzas y la violencia que ocurrían en aquella región. Zumárraga concluyó que si esas acciones violentas continuaban, la tierra misma iría a la perdición si Dios no intervenía.[1]

Al mismo tiempo, los sacerdotes católicos trataron de hacer un trabajo misionero contextual.[2] Fue a través de esos esfuerzos, como un nativo en particular, el-que-habla-como-un-águila, fue bautizado junto con su esposa. Este tomó el nombre de Juan Diego y su esposa María Lucía.[3] Las historias de Juan Diego indican que era un nativo

---

[1] Eduardo Chávez, Our Lady of Guadalupe and Saint Juan Diego: The Historical Evidence (Lanham, MD: Rowman and Littlefield, 2006).
[2] Ángel Vigil, *The Eagle on the Cactus* (Englewood: Greenwood Publishers, 2000).
[3] *Nican Mopohua* (1649). Department of Social Sciences, University of California San Diego. http://weber.ucsd.edu/~dkjordan/nahuatl/nican/Nican

pobre pero un cristiano devoto. Este asistía a la misa tanto los sábados como los domingos y pasaba la totalidad de los dos días en la iglesia. Juan Diego estaba profundamente involucrado en la vida de la iglesia. En una obra de Fortino Hipólito Vera, varios testigos dan fe de la vida devota y del testimonio positivo de Juan Diego.[4] Este vivió honestamente y fue calificado como una persona justa y recta. Además, muchos dan fe de que era un buen cristiano y que temía a Dios. Juan Diego tenía buena conciencia y siempre estaba presente en la misa. El se esforzaba mucho por vivir una vida santificada. Juan Diego también tenía una fe informada, hasta cierto, punto por la religión azteca y, tenía una fe que incluía una cosmovisión con señales y maravillas como parte de su nueva fe cristiana. En muchos sentidos era una fe híbrida que reconcilió su cosmovisión azteca, abierta a los milagros y prodigios de la fe cristiana.

El sábado 9 de diciembre de 1531, diez años después de la caída del imperio azteca, Juan Diego se dirigía a la misa, cuando escuchó un coro de pájaros cantando en la colina del Tepeyac. El Tepeyac en sí mismo tiene un gran significado, ya que era el lugar donde los aztecas tuvieron un santuario dedicado a Tonantzin, la diosa azteca protectora de la tierra y el maíz. Después de escuchar a los pájaros y subir la colina, con curiosidad, Juan Diego vio a una bella mujer vestida con atuendos tradicionales, que compartía su tono de piel y que hablaba en su lengua nativa, el náhuatl. La mujer le dijo a Juan Diego que ella era la Virgen Tlecuautlacupeuh. Como Juan Diego era un hombre bueno, con un alma pura, la Virgen lo había elegido para entregar un mensaje al Obispo de México, Juan Zumárraga. Debía pedirle al Obispo que construyera una iglesia en ese lugar, como un monumento de amor para el pueblo azteca, vencido, a quien ella específicamente identificó como su propia gente.

Juan Diego fue a entregar el mensaje al Obispo Zumárraga. Inicialmente, los asistentes del obispo no le creyeron y le dijeron que se fuera. Sin embargo, impresionados por su seriedad, le permitieron hablar con el obispo, quien fue amable con él, pero finalmente le

---

Mopohua.html (accedido el 29 de septiembre, 2011). Nican Mopohua is interpreted in English as: *here it is told*. Es la narrativa más antigua que todavía existe acerca de Juan Diego y *La Virgen de Guadalupe*.

[4] Fortinio Hipólito Vera, Informaciones sobre la Milagrosa Aparición de la Santísima Virgen de Guadalupe Recibidas en 1666 y 1723 (Imprenta Católica a Cargo de Jorge Sigüenza, 1889), pp. 21, 27.

dijeron que se fuera. No obstante, el obispo también quedó profundamente impresionado por la sinceridad de Juan Diego.

Juan Diego se fue preocupado por no haber cumplido su mandato. La Virgen se le apareció nuevamente y le dijo que volviera a hablar con el obispo. Una vez más, fue rechazado, pero esta vez, el obispo le dijo que le pidiera a la Virgen una señal. La Virgen se apareció a Juan Diego por tercera vez y le dijo que su tío enfermo sería sanado. También le aseguró que le daría una señal para el obispo Zumárraga.

El 12 de diciembre, la Virgen se apareció a Juan Diego por cuarta vez. Ella le indicó que fuera a la cima de la colina del Tepeyac. Una vez allí, Juan Diego encontró un ramo de rosas de Castilla, frescas, unas flores que solo crecían en el verano. Esta señal era importante porque encontró estas rosas en medio de rocas y los arbustos muertos durante el frío del invierno. No era el tiempo que la rosas florecieran. Juan Diego puso estas rosas en su tilma o atuendo nativo y las llevó al obispo. Esta tercera vez, los ayudantes del obispo insistieron en rechazarlo, pero luego vieron las hermosas rosas que llevaba. Trataron de tomar las rosas, pero cuando se abalanzaron para tomarlas de Juan Diego, estas desaparecerían. Impresionados por estos eventos, permitieron que Juan Diego viera al obispo Zumárraga.

El obispo también vio las rosas. Cuando llegó a ellos, la imagen de la Virgen apareció grabada en la tilma de Juan Diego. El obispo fue convencido por esta señal, se arrepintió de su incredulidad y ofreció hospitalidad a Juan Diego. Poco después, Zumárraga solicitó al rey construir una nueva iglesia dedicada a la Virgen en el cerro del Tepeyac.

Varios teólogos han examinado la historia de la Virgen de Guadalupe desempacando las capas profundas del simbolismo en esta historia. Primero, la Virgen de Guadalupe es un poderoso símbolo de resistencia para los mexicanoamericanos, porque afirma su existencia como pueblos mestizos. Ella es morena (o de piel oscura), en contraste con la religión europea de los españoles. Con este símbolo, los mexicanoamericanos pueden enorgullecerse de sus antepasados, ambos los amerindios y europeos. Incluso su nombre, Guadalupe, es una síntesis del español y el náhuatl. Cuando Juan Diego preguntó por su nombre, ella le dijo que era Tlecuautlacupeuh. Los españoles escucharon esto y les sonó similar al español, de Guadalupe. Esto fue simultáneamente importante para los españoles porque en Extremadura, España, ya existía una profunda devoción mariana por la Virgen de Guadalupe de Extremadura, una madona negra.

La teología y la Virgen de Guadalupe

En consecuencia, la Virgen se convirtió en un poderoso símbolo que descentraba tanto las cosmovisiones amerindias como las españolas. Ella afirmó la herencia amerindia, incluyendo su única medicina, arte, filosofía, comercio, educación, astronomía y agricultura.[5] Elizondo, en particular, cree que las formas de vida amerindias son más humanizadoras: enseñando la educación apropiada de los jóvenes, el respeto por los ancianos y sus costumbres, y el respeto por la dignidad del otro.[6]

En muchos sentidos, la Virgen era un símbolo cristiano con el que los vencidos aztecas podían identificarse. Hablaba su idioma, tenía el tono de su piel y vestía como ellos. También fue un puente desde el cristianismo a las costumbres que una vez conocieron y que ahora se consideraban inferiores. En contraste con el imperio y la figura de la autoridad, ella era una figura femenina, y una figura materna que nutría y consolaba a los aztecas caídos. Ahora también podrían esperar sanidades, señales y maravillas en esta nueva religión. Además, el Tepeyac era un lugar significativo que se había dedicado a la deidad femenina azteca Tonantzin. La aparición de La Virgen afirmó una cosmovisión abierta a señales y maravillas y, una que demostró la validez de sus caminos. Su aparición también confirmó una forma particular del cristianismo entre los nativos.

Otros autores, como Néstor Medina, recogen este símbolo y afirman sus raíces no europeas. Para Medina, la Virgen es el motivo teológico central, ya que es representativa de todas aquellas tradiciones que no reivindican ningún vínculo con las tradiciones europeas. En tal afirmación, Néstor Medina lucha por liberarse de lo que él llama pigmentocracia.[7] También se esfuerza por afirmar la dignidad y el derecho de cada grupo de personas a ser escuchados al considerar la identidad latina. Para Medina, la Virgen como símbolo demuestra que

---

[5] Elizondo, The Future is Mestizo, p. 35.
[6] Elizondo, *The Future is Mestizo*, p. 35.
[7] Medina, *Mestizaje*, p. 117.

para hacer teología también se debe involucrar a las tradiciones y raíces no cristianas, y cómo han moldeado el cristianismo latino.[8]

Además, La Virgen funciona como un símbolo positivo en el sentido de que ella abarca las fronteras como lo que marca las intersecciones de identidades, culturas, conciencia, cuerpos y pueblos — un lugar de hibridez.[9] En su apariencia, ella era relevante tanto para los criollos como para los aztecas. En lo que respecta a los españoles, ellos podrían identificarse con ella a través de su religión, su nombre y su historia de tradición.

Significado de Guadalupe para un punto de vista Pentecostal

En el pensamiento protestante, la mariología se ve con escepticismo, si no repulsión directa. Las apariciones, especialmente las de María, no son una parte significativa de la cosmovisión o imaginación protestante. En segundo lugar, la terminología de la aparición no es muy útil ya que connota una imagen fantasmal o el espiritismo. Por estas razones, gran parte del pensamiento protestante rechaza de inmediato esta apariencia. Sin embargo, en español, aparición comunica la idea de aparecer o, una visión de un ser sobrenatural. Es el mismo término usado en las Escrituras para Jesús cuando aparece a los discípulos mientras se escondían detrás de puertas cerradas por temor a los judíos en el Cuarto Evangelio. En español, también puede evitar una connotación espantosa y/o macabra.

Otra preocupación es que la mayoría de los autores que discuten sobre la Virgen no brindan una perspectiva pentecostal. Potencialmente, esto puede conducir a una ausencia pneumatológica en sus discusiones. Por ejemplo, Maxwell Johnson, un luterano, afirma que, si bien la virgen puede no ser necesaria, es un importante regalo de amor para los marginados y oprimidos.[10] Si bien los protestantes pueden descartar la aparición de inmediato, Maxwell Johnson cree que una mirada más de cerca a esta aparición puede arrojar observaciones importantes para la teología.

---

[8] Medina, *Mestizaje*, p. 117.
[9] Medina, *Mestizaje*, pp. 134-37.
[10] Maxwell Johnson, The Virgin of Guadalupe: Theological Reflections of an Anglo-Lutheran Linguist (Lanham, MD: Rowman and Littlefield, 2002), p. 4.

Johnson también nos proporciona un enlace pneumatológico al afirmar que el evento Guadalupe pertenece a una pneumatología popular.[11] La pneumatología popular, a su vez, es la epistemología y hermenéutica fundamental de la historia de Guadalupe.[12] Otro autor, Eduardo Chávez, afirma que la Virgen de Guadalupe es un regalo dado por el Espíritu Santo a la iglesia. Como tal, ella es parte de los milagros, talentos, profecías y carismas de la iglesia.[13]

Orlando Espín también menciona a la Virgen de Guadalupe como una expresión pneumatológica.[14] Para Espín, María no es igual al Espíritu Santo, pero de alguna manera está relacionada con la pneumatología.[15] Dios está activamente amando, aceptando y sosteniendo al mundo a través del Espíritu Santo. El Espíritu actúa maternalmente en el mundo.[16] Espín también afirma que la Virgen fue un poderoso mensaje profético para la iglesia. Ella afirmó la identidad azteca que estaba desmoronada en su contexto específico. Este énfasis en la profecía es también una dimensión pneumatológica. Es más que una predicción de eventos futuros. Es un mensaje de Dios hablando por justicia para los sufridos aztecas. Esta es una dimensión importante de la pneumatología que los pentecostales omiten. Si examinamos la historia de la Virgen de Guadalupe podemos obtener una apreciación de cómo Dios obra a través de esta visión para la reestructuración y la transformación de la sociedad colonial.

Por tales razones, es posible que los pentecostales interactúen e intersecten con la Virgen de Guadalupe tal como lo usa la Teología Latina Católica. La Virgen es un símbolo importante porque la aparición podría interpretarse como una visión generada por el Espíritu Santo de Dios. Particularmente en un contexto de sufrimiento y pobreza, los pentecostales comprenden que las visiones son parte del trabajo y la praxis del Espíritu Santo en sus comunidades, y una de las varias manifestaciones de los carismas de Dios.

En consecuencia, para los pentecostales, quizás el elemento más importante en el evento de la Guadalupe no está en la Virgen como símbolo; más bien, la importancia de este evento está *en la visión* y *a*

---

[11] Johnson, *The Virgin of Guadalupe*, p. 85.
[12] Johnson, *The Virgin of Guadalupe*, p. 85.
[13] Chávez, Our Lady of Guadalupe and Saint Juan Diego, p. xix.
[14] Orlando Espín, 'Mary in Latino/a Catholicism: Four Types of Devotion', *New Theology Review* 23.3 (August 2010), pp. 16-25 (pp. 24-25).
[15] Espín, 'Mary in Latino/a Catholicism', p. 25.
[16] Espín, 'Mary in Latino/a Catholicism', p. 24.

quién se les da la visión. En este movimiento teológico, el Espíritu Santo no solo está presente en solidaridad con Juan Diego y los pobres mexicanos subordinados a sus opresores, sino que el Espíritu también protesta contra la opresión de los pueblos híbridos: los mexicanos indígenas, no europeos y mestizos. El Espíritu está presente en la liberación del pueblo. La visión dada por el Espíritu Santo afectó profundamente y marcó la cosmovisión de Juan Diego y la del pueblo mexicano vencido. El Espíritu afirmó su identidad a pesar de su ubicación como otredad.

Es importante que Dios elije a una persona al margen de la sociedad. Además, a través de la inspiración del Espíritu, Juan Diego habla palabras de vida en nombre y representación de su comunidad, tanto oprimidos como opresores, aztecas y conquistadores. El Espíritu Santo afirmó la identidad de Juan Diego independientemente de una ruptura de la cosmovisión y su existencia en el vacío entre identidad y otredad. Juan Diego se convirtió en el portavoz elegido de Dios para dirigirse tanto a los mexicanos oprimidos como a sus opresores. Esto se retrata a través de obras de arte mexicanas en las que el obispo Zumárraga aparece arrodillado ante Juan Diego y su tilma. El significado del jefe de la iglesia católica arrodillado ante un campesino no puede ser subestimado. Otro concepto clave que los pentecostales pueden entender es la vida santificada de Juan Diego. Al llevar una vida santificada, como dan fe muchos testigos, Juan Diego se puso a disposición del trabajo al que el Espíritu lo llamaría a través de esta visión.

Por lo tanto, una posible interpretación de la historia de la Virgen de Guadalupe desde una perspectiva pentecostal apunta al Espíritu Santo que está trabajando continuamente inspirando individuos y comunidades y dando voz a los pobres, marginados y oprimidos. El mismo Espíritu que le dio voz a Juan Diego también afirma a quienes están al margen de la sociedad y los inspira a ellos y a sus comunidades dándoles espacio y una voz profética. Esta visión transforma cosmovisiones para que el individuo y la comunidad puedan vivir una nueva vida alterada y transformada en el poder del Espíritu. Esta es una dinámica que mantiene el dinamismo de otredad e identidad crucial para la hibridez. Por lo tanto, el Espíritu da visiones que generan múltiples símbolos para la comunidad de fe que los afirman a pesar de su ubicación en el espacio liminal entre dos mundos.

Inquietudes sobre el uso de la Virgen de Guadalupe

Sin embargo, los pentecostales tienen muchas preocupaciones sobre cómo la Virgen se incorpora a la reflexión teológica. La primera es la preocupación de muchos de que la devoción mariana linda con la idolatría. Esta es una preocupación para todos los pentecostales en América Latina. Otra dificultad teológica es una posible amalgama pneumatológica entre la Virgen y el Espíritu Santo, un paso que podría interpretarse como que significa que ella está reemplazando al Espíritu Santo. Otra dificultad es que ella representa una nacionalidad específica: México. Por lo tanto, ella no es un símbolo hondureño, ni un símbolo pan-latino. Aunque fue nombrada patrona de Nueva España en 1754, la patrona de América Latina en 1910 y la Madre de las Américas en 1959, existe un peligro inherente en el uso de este símbolo particular para abordar la hibridez de las comunidades latinas.[17] Potencialmente, la Virgen puede convertirse en un símbolo totalizador para las comunidades que ya hemos discutido son extremadamente diversas.

Otro problema desde una perspectiva pneumática es la institucionalización, totalización y cristalización de un símbolo inspirado pneumáticamente. Los símbolos que pueden descentrar al individuo también pueden volverse totalizadores. Por ejemplo, la Virgen puede ser un símbolo importante para reconocer y afirmar los pueblos híbridos de las Américas; sin embargo, tal símbolo no debe crear un sistema cerrado ajeno a las continuas labores, ejecuciones, manifestaciones y carismas del Espíritu Santo en la comunidad de fe. De manera similar, un problema recurrente con el evento de Guadalupe es cómo se recuerda. Esta remembranza puede tener tendencias totalitarias e idólatras.

Por estas razones, debemos criticar los símbolos totalizadores y las articulaciones institucionalizadas del pasado que pueden volverse idólatras. Esto significa que existe la posibilidad de continuas visiones contextualizadas y la posibilidad de las manifestaciones del Espíritu Santo fuera de un grupo cristiano específico. La particularidad de una visión sobrepasa las concepciones deterministas y fatalistas de la historia, creando libertad o liberación. Por lo tanto, es necesario articular visiones contextuales, pero no insistir en ellas o totalizarlas. Esta es

---

[17] Vigil, 'The Eagle and the Cactus', p. 6.

una forma de ver el trabajo del Espíritu en las comunidades pentecostales. En este sentido, el símbolo de la Virgen de Guadalupe es algo con lo que posiblemente se pueden relacionar. Una diferencia enorme puede ser que los pentecostales reconocen la posibilidad de nuevas visiones y manifestaciones recurrentes de los carismas del Espíritu de Dios.

Significado de Guadalupe a la luz de la hibridez

La Virgen de Guadalupe es símbolo de resistencia a la opresión. Ella toma la iniciativa de identificarse con los vencidos aztecas. Sin embargo, esta mantiene un equilibrio delicado entre el mundo español y azteca—forjando un movimiento perpetuo entre identidad y otredad. Su significado es que tanto los amerindios como los españoles podrían identificarse con ella. Ella era un puente intermedio o una conexión entre culturas. A través de una pneumatología emergente, podemos notar un vínculo entre cosmovisiones opuestas. Simultáneamente, ella afirma y niega. Ella afirma aquellos en los márgenes y niega las tendencias totalizantes. Por lo tanto, ella afirma ambas partes en conflicto en este espacio intersticial. Ella es a la misma vez española y amerindia. Es posible que una dimensión pneumatológica implícita conecte a ambas culturas y establezca un vínculo que nos llame a alinearnos en conexiones no jerárquicas y paternales, descentrando así las tendencias totalizadoras. Hay dimensiones afectivas pneumáticas que nos impiden totalizar a la Virgen. Por lo tanto, la hibridez en una luz pneumatológica que podría ayudarnos a recuperar las nociones de mutualidad mediante el uso del simbolismo y el lenguaje pneumatológico y la reflexión.

Jesucristo

En este punto, examino al Señor Jesucristo como el símbolo más importante para la reflexión teológica en la comunidad latina. En estudio proponemos un vínculo teológico en el que debemos ver a Jesucristo como mestizo. Esta perspectiva particular valora la encarnación de Jesús y su auto identificación intencional con los pobres, marginados y oprimidos en el contexto específico de Galilea, desde donde él se manifiesta como redentor. Virgilio Elizondo también especifica que Dios no puede ser conocido a menos que realmente conozcamos a Jesús, y para conocer a Jesús debemos entenderlo en el contexto histórico y la situación cultural de su propio pueblo como mestizo.[18] Esta es la clave teológica para redimir la identidad mestiza que caracteriza a la experiencia latina. Al observar al Jesús de la historia, lo liberaremos de las interpretaciones imperialistas, manipulaciones opresivas o de aquellos que ejercen el poder totalizador.

En el caso de la teología de la liberación latinoamericana, esta resalta la identificación de Jesús con los marginados y oprimidos, por medio de su encarnación en un contexto específico. Para los teólogos como Elizondo, el contexto de Galilea es estructuralmente paralelo a la ubicación de la comunidad mexicanoamericana en los Estados Unidos. Galilea era una ciudad marginal tanto para el centro (Roma) como para los márgenes (Jerusalén). Esto es paralelo a cómo los estadounidenses de origen mexicano son marginados por los angloamericanos y los mexicanos mismos. En segundo lugar, la intimidad de Jesús con Dios el Padre sirve como un ejemplo de cómo alinear las afecciones de la humanidad con la ortopatía (*ortopathos*) de Dios. Esta ortopatía no solo es un sentimiento, sino que también es un llamado a la solidaridad con los que sufren, los marginados y los oprimidos. Finalmente, el ministerio de Jesús en Jerusalén implica una postura de confrontación hacia estructuras sociales injustas y la posibilidad de acción o praxis para que el pueblo de Dios se posicione en contra de tal estructuración social.

Elizondo afirma, 'la identificación sistemática de Jesús con los pobres y los marginados de la sociedad podría darnos la pista necesaria sobre la importancia, el significado y la función de Galilea.'[19] El principio de Galilea permite a Elizondo establecer paralelismos entre la vida y el tiempo de Jesús con la vida y los tiempos de los mexicanoamericanos en los Estados Unidos.[20] Para Elizondo, esto funciona como una importante estructura paralela a los tiempos contemporáneos porque Galilea fue un símbolo de rechazos múltiples. Según esta terminología, los galileos fueron despreciados y rechazados por

---

[18] Elizondo, *Galilean Journey*, p. 50. Es importante observar que el uso de mestizo aquí también incluye el sexo femenino. Gramáticamente se usa en masculino aquí porque describe a Jesucristo, quien tomó la forma de un judío. Pero quiero notar que no excluye al sexo femenino.
[19] Elizondo, *Galilean Journey*, pp. 52-53.
[20] Elizondo, *Galilean Journey*, pp. 50-66.

varias razones.[21] Así que los pueblos híbridos atrapados entre dos o más culturas también encuentran múltiples rechazos concurrentes.

Acá es importante agregar que la discusión de Elizondo sobre Cristo y su familia, que huyeron a Egipto, a causa de la ira de Herodes, es muy importante. Esta es una rica fuente de reflexión para la comunidad marginada e indocumentada. Jesucristo se identificó con aquellos que cruzan desiertos y un río grande para buscar una vida mejor en otra nación. Este mismo Cristo entró a otro país, sin permiso, en busca de una vida mejor. Esta experiencia de Cristo habla a los inmigrantes indocumentados que experimentan separación familiar y cuyos hijos crecen en una cultura antagónica. Para el inmigrante indocumentado, él o ella puede saber que Jesús se preocupa por ellos.

Por su parte, los pentecostales suelen afirmar que este es 'mi amigo Jesús'. Este paso kenótico es importante para alinear la dimensión afectiva de las personas hacia Dios. Establece una relación divina-humana que no se detiene solo en una identificación con los pobres y oprimidos. Más bien, esta es una identificación que mueve a la humanidad a relaciones comprometidas con la otredad.

La identidad híbrida de Jesús comienza con su genealogía. El mismo era descendiente de algunas mujeres cananeas, como Ruth la moabita, Rahab la ramera y Betsabé, esposa de un hitita. Además, Jesús nos orienta a una ortopraxis. Esta es una de las fortalezas que Elizondo señala en su discusión. Por esta razón, también podemos incluir en nuestro alcance ministerial a una variedad de personas que estaban fuera de las leyes de pureza del templo y algunas completamente fuera de la nación de Israel. Por ejemplo, Jesús viajó a las ciudades fenicias de Tiro y Sidón (Mt 15:21) y ministró a una mujer sirofenicia (Mc 7:25-30; Mt 15:21-28). Jesucristo crea varias intersecciones con diferentes dimensiones sociales en su trabajo de teosis o santificación, de modo que no se trata solo de la piedad personal o ser nada más un simple moralizador. El habla en un tono heteroglósico cuando habla de su justicia. El término 'justicia', en español, puede significar justicia social y rectitud moral personal. De esta manera, Jesús nos llama a una relación apropiada con Dios y con nuestro vecino, el otro.

Por último, veamos que un tema importante en el Evangelio de Juan es del 'ahora y todavía no'. El tiempo de Jesús había llegado,

---

[21] Elizondo, *Galilean Journey*, p. 52.

pero al mismo tiempo aún no había llegado. Él repetidamente declara que su tiempo había llegado y que sin embargo todavía no había llegado, pero se acercaba la hora. Sin embargo, la primera vez que Jesús habla del cumplimiento de su *kairós* fue en Juan 12:23 cuando los griegos buscaban a Jesús. Esto tiene pleno significado cuando encontramos la inclusión de la otredad por medio de estos gentiles en el cumplimiento del tiempo *kairós* de Jesús.

Por lo tanto, Jesús vivió y ministró en el 'umbral', que es un lugar de convergencia, entre su identidad judía y su emergente conciencia mesiánica, que es una conciencia global. El *kairós* de Jesús tiene que ver con un reordenamiento relacional y una disposición que valora tanto la identidad como la otredad. La praxis de Jesús pasó por un patetismo que se relacionaba con los centros de poder (el centurión romano) y los márgenes (como la mujer sirofenecia). Ambos ejemplos señalan el cumplimiento del ministerio de Jesús más allá del judaísmo a los gentiles. Por lo tanto, Jesús no está rindiendo culto cuando dice que lo que le hayamos hecho al menor de estos, también le hemos hecho a él (Mateo 25: 40, 45). Jesús lo dice con plena autoridad porque, de hecho, se convirtió en el más pequeño entre la humanidad muriendo en una cruz. El realmente puede decir con plena autoridad que cualquier cosa que hagamos por los pobres, marginados u oprimidos, también le hacemos a él. Estos símbolos teológicos revelan la hibridez, una danza entre la identidad y la otredad como tema teológico. De esta manera, la historia latinoamericana apela a la persona y obra de Jesucristo como el que se identifica con sus realidades híbridas.

Sor Juana Inés de la Cruz: Hibridez y Mestizaje

Ahora examinemos la metodología de los escritos de Sor Juana Inés de la Cruz. Ella nos proporciona teología desde los márgenes al abordar la fe de su pueblo a través de poemas, obras de teatro y cartas que escribió durante su vida. A través de su lucha, demuestra una sensibilidad peculiar al desarrollo del orden social en Nueva España.

Michelle González afirma que la mayoría de las teologías contemporáneas ignoran u olvidan a Sor Juana Inés de la Cruz. Sin embargo, ella es precursora de las teologías latinoamericanas e hispanoamericanas en los Estados Unidos, incluyendo la teología de la liberación.[22] Sor Juana Inés de la Cruz fue una monja católica en el México colonial, quien escribió varios poemas, obras teatrales y obras teológicas. Sor Juana Inés de la Cruz demuestra una sensibilidad peculiar en su ubicación sociocultural específica, con el fin de explicar el evangelio a las personas en su contexto, de una manera que ellos lo puedan entender. Al hacerlo, afirmó a las personas en su contexto y su ubicación, fuera del centro del poder sociopolítico. En una cultura y sociedad con identidades fragmentadas, ella afirmó su ubicación de muchas maneras, para que aquel pueblo emergente pudiera apropiarse del evangelio.

En sus escritos tuvo encontronazos con el *status quo* católico de su tiempo. A temprana edad aprendió a leer y escribir. Su deseo era estudiar en una universidad. Sin embargo, su situación era una en la que solo tenía la opción de casarse o vivir como monja en un convento. Ella eligió este último, pero no renunció a sus estudios, ni a su vocación de escritora, lo cual era contrario al *status quo* antes mencionado. Sus poemas, dramas y prosa atrajeron mucha atención. Tal atención estaba fuera de lugar para una monja en el México colonial y en consecuencia chocaba con las expectativas establecidas por las autoridades eclesiales establecidas. Hacia el final de su carrera, la obligaron a renunciar a sus escritos y permaneció en silencio durante tres años, hasta su muerte. la narración de su biografía y las circunstancias que la llevaron a su muerte son temas de mucha discusión y especulación. Puede ser que la prohibición fuera tan duro, de parte de las autoridades eclesiales, que esta falleció a causa de un corazón quebrantado.

Sin embargo, quiero resaltar que ella escribió en medio de varias corrientes y encuentros contradictorios que competían entre sí en el México colonial. Su escritura incluye alusiones a estos conflictos a través de los diversos grupos de personas en México, como los españoles peninsulares, las tradiciones europeas, criollos, amerindios, negros y, la circunstancia particular de las mujeres en un mundo dominado por los hombres. Ella se identificó con una cultura mestiza emergente a pesar de que ella misma era criolla.[23] Sus escritos de su tiempo colonial criticaban el poder tradicional y autoritario tanto

---

[22] Michelle González, *Sor Juana: Beauty and Justice in the Americas* (Maryknoll, NY: Orbis Books, 2003), p. 8.
[23] Theresa Ann Yugar, 'Sor Juana Inés de la Cruz: Feminist Reconstruction of Biography and Text' (PhD, Claremont Graduate University, 2012), p. 36.

político como religioso. Como tal, fueron escritos de crítica social poderosas a favor de la gente de México. Ella emerge como una personificación de la actividad intersticial viviendo en el espacio liminal creado por esta hibridez.

Aunque podría destacar todas estas dinámicas en sus escritos, mi interés particular en Sor Juana de la Cruz tiene que ver con tales capas de corrientes culturales intersectando en sus escritos y produciendo una hibridez.[24] El hecho de que ella escribiera como mujer desde el punto de vista de una monja era un reto enorme porque cuestionaba a aquellos que ejercían el poder y exigía una humildad epistémica y una postura de apertura al otro. Ella favoreció un discurso teológico inclusivo y tolerante a la diferencia en un diálogo emergente entre la identidad y otredad.[25]

Donadoni y Houvenaghel describen varios niveles de hibridez en los escritos de Sor Juana Inés. Estas tienen que ver con la hibridez bíblica, la hibridez greco-romana y cristiana, e incluso el cristianismo español y las tradiciones europeas.[26] Donadoni y Houvenaghel afirman que la tradición judía se expuso a varias capitulaciones transnacionales que formaron y dieron forma a esta tradición específica a través de una hibridez.[27] También hay movimientos de hibridez en la identidad novohispana que ella está navegando a través de su fe. La hibridez de la nueva España fue un cristianismo híbrido traído por el conquistador español.[28] Su situación particular nos desafía a trabajar en contra status quo de opresión y marginación en contexto. Chanady escribe que Sor Juana Inés de la Cruz nos invita a una visión más verdadera del mundo dando más visibilidad a los grupos marginados.[29] Ella siempre fue sensible al otro pero no completamente distinta. En otras palabras ella era diferente, pero no irreconciliable para

---

[24] Donadoni y Houvenaghel, 'La hibridez de la tradición judeocristiana como reivindicación del sincretismo religioso de la nueva España: El divino narciso de Sor Juana', *Neophilologus* 94.3 (2010), p. 474.

[25] Lisa D. Powell, 'Sor Juana's Critique of Theological Arrogance', *Journal of Feminist Studies in Religion* 27.2 (2011), pp. 11-30 (p. 12).

[26] Donadoni y Houvenaghel, 'La hibridez de la tradición judeocristiana como reivindicación del sincretismo religioso de la nueva España', p. 474.

[27] Donadoni y Houvenaghel, 'La hibridez de la tradición judeocristiana como reivindicación del sincretismo religioso de la nueva España', p. 474.

[28] Donadoni y Houvenaghel, 'La hibridez de la tradición judeocristiana como reivindicación del sincretismo religioso de la nueva España', p. 459.

[29] Amaryll Chanady, 'La Hibridez como Significación Imaginaria', *Revista de Crítica Literaria Latinoamericana*, 24.49 (1999), pp. 265-279 (p. 268).

el otro.[30] Además, Sor Juana Inés escribió sobre el conflicto entre identidad y otredad en su contexto, que se expresaba en la diferenciación colonial entre los conquistados y los conquistadores.[31]

Loa al Divino Narciso

Un ejemplo de esta hibridez es su obra alegórica sobre Jesucristo, *El Divino Narciso*. Donadoni y Houvenaghel declaran: 'Sor Juana Inés de la Cruz reivindica la identidad del mestizo novohispano como una identidad también coherente, a pesar de las oposiciones internas que surgen dentro del proceso de la formación de dicha identidad'.[32] Luz Ángeles Martínez también describe diferentes discursos de esferas culturales diferentes o distantes que generan lo que ella llama sistemas de intercambio y mecanismos y estrategias de dichos intercambios.[33] Por ejemplo, La *Loa al Divino Narciso* usa símbolos e ideas que el pueblo azteca reconocía.

González afirma que este posicionamiento fue influenciado por la teología jesuita en el Nuevo Mundo. Los jesuitas enfatizaron el establecimiento de una relación entre las religiones indígenas y cristianas.[34] La relación se caracterizó por los intentos de descubrir las prefiguraciones del cristianismo en las prácticas y creencias indígenas.[35]

Sor Juana toma la espiritualidad del pueblo mexicano y combina varios elementos españoles que afirman un mundo emergente caracterizado por la hibridez y un mestizaje específico. Por ejemplo, en *Loa al Divino Narciso* hay dos personajes que representan la cosmovisión azteca o amerindia: Occidente y América. Estos personajes aún no se habían encontrado con Religión y Celo. Cuando abre el texto, América y Occidente adoran al Dios de las Semillas. En su cosmovisión este dios es el que sostiene el mundo. Están tan dedicados a esta deidad que le dan la mejor sangre de sus venas, o 'un sangriento sacrificio de sangre humana derramando' (versículos 35-45), una clara referencia al sacrificio humano que caracterizaba a la cultura azteca.

---

[30] Chanady, 'La Hibridez como Significación Imaginaria', p. 270.
[31] Chanady, 'La Hibridez como Significación Imaginaria', p. 270.
[32] Donadoni y Houvenaghel, 'La hibridez de la tradición judeocristiana como reivindicación del sincretismo religioso de la nueva España', p. 459.
[33] Luz Ángela Martínez, 'La Celda, El Hábito, y la Evasión Epistolar en Sor Juana Inés de la Cruz', *Revista Chilena de Literatura*, 81 (2012), pp. 69-89 (pp. 69-70).
[34] González, *Sor Juana*, p. 40.
[35] González, *Sor Juana*, p. 40.

También es interesante observar que estos personajes también están vestidos con atuendos nativos, y bailan al ritmo de tambores que celebraban la grandiosidad del Dios de las Semillas.

En medio de su celebración, la Religión entra junto con Celo. Estos representan a los españoles europeos que se encuentran con Occidente y América. Celo y Religión no solo están en desacuerdo en su relación con Occidente y América, sino que también chocan entre sí. Celo es masculino, contundente y competitivo, mientras que la religión es femenina, amorosa y reconciliadora. En este encuentro, Celo quiere obligar a Occidente y América a adorar al Dios cristiano. Occidente y América le dicen a Celo de que, si se ven obligados a adorar al Dios cristiano, que sus cuerpos tal vez podrían adorarle, pero que sus corazones y sus mentes no lo harían. Estos son poderosos desafíos para la idea europea del poder e introduce corrientes subversivas entre los nativos marginados (similar a la ambivalencia y pasividad agresiva de Bhabha).

También uno puede intuir las prohibiciones que experimentaba Sor Juana Inés desde que había entrado en un conflicto con la autoridad eclesiástica sobre sus escritos. Sin embargo, no hay duda, que este conflicto refleja el grito silencioso de los marginados y oprimidos frente al discurso totalizador, como el grito silencioso de los trabajadores inmigrantes indocumentados que conocen las leyes y sobre las cercas fronterizas que aún llegan. Por lo tanto, es claro que la resistencia y la subversión se personifican en Occidente y América. Resisten a pesar de la autoridad, pero no en desdén, ni por un deseo de originalidad, ni exclusivamente en interés propio.[36] Lo hacen por el bien de su civilización, su cultura y por supervivencia.

La religión contrasta fuertemente con Celo en su acercamiento a América y Occidente. Este conflicto es un tema recurrente en *Loa al Divino Narciso*. La Religión declara: 'Abandonen esta adoración profana…sigan la verdadera doctrina persuadidos por mi amor' (verso 110). Celo también quiere que abandonen esa adoración, pero el enfoque de Celo es muy diferente. En un momento, Celo declara:

---

[36] Benôit Monin and Kieran O'Conner, 'Reactions to Defiant Deviants: Deliverance or Defensiveness?' en Jolanda Jetten and Matthew J. Hornsey (eds.), *Groups: Dissent, Deviance, Difference, and Defiance* (Oxford: Wiley Blackwell, 2011), pp.261-280 (p. 265). Monin y O'Conner dan razones por las cuales los grupos disienten y derivan de las normas. Uno de los resultados es que aquellos observando se identifican los los disentores especialmente cuando la autoridad se percibe como injusta.

'¡Muere, América insolente!' (Versículo 205). Aquí es evidente que Celo empuña la espada, pero la religión tiene amor. La religión amorosamente pregunta: '¿Qué es este dios que adoras?' (Verso 249). Occidente y América describen el valor del Dios de las Semillas. Solo la sangre humana podría apaciguar a su dios (versículo 350).

En este momento Sor Juana Inés crea un movimiento reconciliador que construye puentes para posiblemente alinear dos corrientes contradictorias. Religión presenta la obra de Cristo en el ejemplo de la cruz, donde su cuerpo fue sacrificado y su sangre corrió para la redención del mundo (versículos 360-367). La contextualización de la religión y la construcción de puentes con Occidente y América, catárticamente los mueve al punto en que creen y son bautizados.

Al final de la *Loa*, Religión y Celo salen juntos con Occidente y América danzando al compás y son de los tambores salvajes que exclaman: '¡Bendito el día que llegué a conocer al gran Dios de las Semillas!' (Versículos 498-499). Este final encapsula el punto que Sor Juana Inés le hace a sus lectores. Todos los personajes salen al poliritmo de los mismos tambores, danzan en éxtasis y alaban al dios de las semillas. El dios de las semillas enmarca una nueva comprensión del Dios cristiano. En otras palabras, Occidente y América tienen una nueva comprensión del Dios cristiano condicionada por su comprensión del dios de las semillas. También se puede decir que el Dios cristiano ilumina su comprensión del dios de las semillas.

En otro movimiento importante, Celo y Religión también experimentan una transformación en el diálogo con América y Occidente. Religión y Celo también tomando características de la cultura y la cosmovisión de Occidente y América a lo largo de todo este proceso. Es importante notar que no son solo Occidente y América quienes han abrazado el cristianismo occidental. El resultado es una hibridez, y específicamente un mestizaje, en el que emerge una nueva identidad en diálogo entre identidad y otredad. Sor Juana Inés desafía nociones preconcebidas de pureza y difumina las líneas entre las dos civilizaciones.

En muchos sentidos en la *Loa al Divino Narciso* tenemos una celebración polirítmica de esta mezcla que es una condena a las ideologías de la pureza. Sor Juana Inés de la Cruz transgrede fronteras y revaloriza el escándalo de la impureza que desplaza la búsqueda de una identidad específica. Chanady afirma, 'la hibridez es una fuente de creatividad, de autenticidad, de renovación de esquemas esclerosados

… Nos fuerza a hablar de la frontera'. Ella describe la frontera como una herida abierta donde el Tercer Mundo se rebela contra el primero y sangra,[37] y antes que se forme una costra, se produce una hemorragia en contra de la sangre de dos mundos que se fusionan para formar un tercer mundo: una cultura fronteriza.[38] Esto es evidente en Sor Juana Inés de la Cruz. Hay una hibridez emergente que está en negociación o en movimiento. Está siendo pensada, definida y utilizada para repensar y redefinir una identidad o identidades latinoamericanas.[39]

Dimensiones liberadoras

En opinión de Yugar, Sor Juana Inés propone una cosmovisión alternativa como modelo para que los humanos vuelvan a conectarse con la naturaleza, la tierra, los árboles, las flores, el mar y las colinas.[40] Tal postura está llena de implicaciones políticas. La intención de la *Loa* de Sor Juana Inés era igualar cosmovisiones distintas en su ubicación social.[41] Sor Juana Inés afirmó una perspectiva antropológica cristiana mesoamericana que valora toda la creación de Dios como bella e intrínsecamente valiosa.[42]

González también destaca la importancia del contexto y la ubicación social.[43] Su tema central es un énfasis en el contexto contemporáneo y las luchas de los pueblos oprimidos.[44] Ella eleva la humanidad de las personas que no son consideradas como tal; es decir, aquellos seres humanos que la sociedad considera menos que humanos, porque esa sociedad se basa en privilegios e ignora a las masas olvidadas.[45] Sor Juana Inés de la Cruz aplica estas consideraciones a través de un énfasis en la belleza o la estética teológica.[46] Ella usa símbolos, imaginación, emoción y arte. En sus escritos uno encuentra una expresión o articulación del encuentro con lo divino.[47] Por su parte,

---

[37] Chanady, 'La Hibridez como Significación Imaginaria', p. 276.
[38] Chanady, 'La Hibridez como Significación Imaginaria', p. 276.
[39] Chanady, 'La Hibridez como Significación Imaginaria', p. 276.
[40] Yugar, 'Sor Juana Inés de la Cruz', p. 117.
[41] Yugar, 'Sor Juana Inés de la Cruz', p. 117.
[42] Yugar, 'Sor Juana Inés de la Cruz', p. 126.
[43] González, *Sor Juana*, p. 8.
[44] González, *Sor Juana*, p. 8.
[45] González, *Sor Juana*, p. 12.
[46] González, *Sor Juana*, p. 13.
[47] González, *Sor Juana*, p. 8.

González rechaza un racionalismo occidental que divorcia el contenido de lo estético. Esta, en cambio, a afirma que la teología perdió su belleza y por lo tanto también perdió su capacidad de reflejar la gloria de Dios.

Las prácticas religiosas populares demuestran el valor intrínseco de lo estético. Esto se demuestra en el catolicismo popular, un ejemplo del mestizaje en los Estados Unidos.[48] No se puede separar la recepción del amor de Dios de la encarnación sociopolítica de ese amor en la praxis social.[49] La belleza de Dios se revela en la cruz del sufrimiento y desafía las construcciones humanas de la belleza.[50] En la siguiente sección examinaremos cómo esta dimensión afectiva está fuertemente ligada a las reflexiones pneumatológicas de América Latina.

Conclusiones

He examinado tres ejemplos particulares de hibridez en América Latina. El primero es la Virgen de Guadalupe. Ella es un símbolo que invita al lector a examinar una identidad emergente como amerindia y española. Ella nos invita a valorar la cosmovisión azteca como un colaborador importante junto a la cosmovisión española para la formación de México. Notemos que una perspectiva evangélica puede verla como parte de las continuas manifestaciones del Espíritu Santo en la iglesia. Sin embargo, tal perspectiva debe permitir nuevas visiones en la comunidad, donde Dios todavía está operando y formando una nueva humanidad. No se debe colapsar en la idolatría.

En la teología latina, el símbolo de Jesucristo es extremadamente importante. Virgilio Elizondo demuestra esto en la forma en que incorpora la identidad mestiza en Jesucristo. Su identificación es redentora porque le da a la gente de las márgenes un sentido de valor. Su identificación también es transformadora porque les da a los marginados y oprimidos una visión para una vida mejor. También notemos que Jesucristo tenía un ministerio que se identificaba con la integridad de la humanidad. Se identificó incluso con aquellos que cruzan desiertos y masas de agua para llegar a un lugar mejor. Él demuestra patrones de hibridez ministrando a una variedad de personas.

---

[48] González, *Sor Juana*, p. 160.
[49] González, *Sor Juana*, p. 160.
[50] González, *Sor Juana*, p. 183.

En el caso de Sor Juana Inés de la Cruz, observamos una hibridez, y específicamente una perspectiva mestiza que utiliza la estética y los símbolos para transmitir su pensamiento. También vimos a Sor Juana Inés de la Cruz y su método en el que afirmó la identidad de los mexicanos en su contexto. A través de Sor Juana Inés de la Cruz no solo tenemos los símbolos, sino que también tenemos una forma particular de hablar sobre los símbolos. Ella usa el lenguaje afectivo para transmitir sus mensajes y pensamientos a su público, objetivamente. Este lenguaje afectivo se transmite a través de la poesía, obras de teatro, alegorías y música. Ella encarna la hibridez en sus escritos y como persona: una monja escribiendo en el México colonial.

Hemos dialogado extensamente con las perspectivas católicas. Examinamos algunos poderosos símbolos populares a la luz de la hibridez. Hemos observado varias dimensiones con las que algunos como yo, como pentecostales, podríamos identificarnos. Tales incluyen el trabajo del Espíritu, visiones, lenguaje afectivo y una identificación intencional con los pobres. Por estas razones, en siguiente capítulo, examinaremos a la pneumatología popular y a los pueblos pneumáticamente. Creo que hay material para contribuir de manera positiva a la discusión del mestizaje y consecuentemente a la hibridez.

7

Posibilidades Pneumatológicas

Introducción

He dialogado extensamente con la teología católica durante una buena parte de este libro. Ahora intentaré hacer un giro pneumatológico enfatizando la experiencia de los pueblos marginales pneumáticos, a los que también identificaremos como pentecostales. El propósito es describir el trabajo del Espíritu Santo entre aquellos pentecostales presentes en los Estados Unidos, desde su condición de inmigrantes. Estos viven en las partes más extremas de la sociedad y experimentan una hibridez emergente. Aunque tal vez no explícitamente, pero sí intuitivamente, los pentecostales han provisto apoyo, de muchas maneras, a aquellos que cruzan fronteras hacia el Coloso del Norte. Daniel Ramírez, por ejemplo, afirma que muchos de los inmigrantes que hacen el viaje son de tradiciones pneumáticas.[1] También recuerdo al lector, que Jaqueline Hagan estimó que casi el 25% de los inmigrantes que ella encuestó, eran Pentecostales.[2] A través del apoyo que muchas iglesias pentecostales les brindan, estos demuestran una hospitalidad profundamente arraigada en su tradición y, como tal, sus valores exhiben un carácter transnacional.[3]

---

[1] Ramírez, 'Call Me "Bitter"', p. 40. En este trabajo describe a muchos de los inmigrantes como carismáticos, un término que incluye a los Pentecostales Clásicos, evangélicos y católicos carismáticos. La terminología que usa es de *"pneumatic peoples"* o pueblos pneumáticos.

[2] Jacqueline Hagan, 'Faith for the Journey', en Daniel Groody and Gioachinno Champese (eds.), *A Promised Land, A Perilous Journey* (Notre Dame: University of Notre Dame Press, 2008), pp. 3-19 (p. 16).

[3] Ramírez, 'Call Me "Bitter"', p. 40.

Con el fin de proporcionar una visión pneumatológica y teológica para este libro, es importante afirmar que a los pentecostales no les interesa los símbolos *per se*, sino que más bien valoran una experiencia sin mediación con Dios, quien es el dador de estos símbolos. Dios revela su ortopatía (*orthopathos*) a través de estas experiencias, afirmando a estas comunidades y comprometiéndose con estas en lo cotidiano. Dios los habilita en su lucha por la supervivencia. El encuentro con el dador de símbolos y visiones pneumáticos es parte de este análisis de inmigración. El Espíritu Santo trabaja a través de una profunda dimensión afectiva para humanizar a los inmigrantes dentro de la hibridez emergente.

En este capítulo, fundamentamos la reflexión teológica desde una perspectiva Pentecostal, específicamente a través de la descripción del Bautismo del Espíritu y la vida carismática en el Espíritu Santo. En este capítulo exploraremos, críticamente, al avivamiento de Azusa Street. Pero bajo esta advertencia, no tomaremos a los sucesos de Azusa Street como utópicos; más bien, hay algunas consideraciones de importancia fundamental que debemos hacer del avivamiento que comenzó en la calle Azusa, de Los Ángeles. Esto es importante, si vamos a considerar la contribución pentecostal de Azusa a la teología desde lo cotidiano. En segundo lugar, hay oros ejemplos más allá de la Calle Azusa en todo el suroeste de los Estados Unidos, sobre movimientos transculturales y transfronterizos entre la movilización latina. Tampoco ignoraremos el gran avivamiento pentecostal que tuvo acontecimientos paralelos y simultáneos a través de los Estados Unidos, especialmente en la frontera con México, parecido a aquello que sucedió en la Azusa Street. Tal es el ejemplo del libro de Daniel Ramírez, *Migrating Faiths* (Fe Migrante), el cual señala que Azusa Street fue nada más uno de los muchos centros de avivamiento pentecostal latino en la frontera entre México y los Estados Unidos.

La razón por la que usamos a Azusa Street, como ejemplo, es porque intentamos aclarar que hubo pentecostales indocumentados presentes en ese avivamiento. Es importante que eliminemos la idealización o que tengamos una versión estéril de este avivamiento. El punto particular de la inmigración indocumentada en los Estados Unidos debería informar a nuestras historiografías y consecuentemente a nuestra teología. Los inmigrantes indocumentados son parte de los pobres y marginados cuya historia no se ha examinado detenidamente en la historia Pentecostal.

Identificación pneumatológica e hibridez en Azusa Street

Muchos historiadores y teólogos latinos han revisado al avivamiento de Azusa Street. Otra visita como esta puede parecer superflua para el lector. Sin embargo, este estudio, en particular, es único porque es consciente de la importancia para la hibridez por la presencia de inmigrantes indocumentados en la comunidad latina de Los Ángeles. Repito que en la calle Azusa, la presencia habilitadora del Espíritu Santo es una perspectiva teológica que debe considerarse en una teología relacionada con la hibridez y la espiritualidad de los inmigrantes que estuvieron presentes ahí.

Varios autores han explorado el avivamiento de Azusa Street desde una perspectiva latina. Gastón Espinosa, Daniel Ramírez y Arlene Sánchez Walsh, por ejemplo, describen una contradicción inherente sobre el trabajo del Espíritu en Azusa Street.[4] Teológicamente, el Espíritu parece estar haciendo una cosa; sin embargo, en la práctica, la experiencia de aquellos presentes, comparada con las ideas teológicas implícitas del avivamiento, no se arraigaron o transformaron el carácter distintivo de la iglesia. En lo que sigue discutir más de esta contradicción dialogando con estos autores.

Arlene Sánchez Walsh, en particular, ha examinado la interacción de la identidad étnica entre los pentecostales y cómo estos negociaron sus diversas identidades durante y después del avivamiento.[5] Ella concluye que muchos pentecostales tuvieron que elegir entre su propia identidad étnica o el 'americanizarse' para experimentar o entender su conversión.[6] La preocupación de Sánchez Walsh es cómo estos primeros pentecostales hispanos negociaban su identidad después de la experiencia del Bautismo del Espíritu, ante la presión evangélica y la presión sociocultural de Los Ángeles al inicio del siglo XX. Ella argumenta que para los mexicanos en Azusa Street convertirse en un

---

[4] Arlene Sánchez Walsh, *Latino Pentecostal Identity: Evangelical Faith, Self, and Society* (New York: Columbia University Press, 2003); Daniel Ramírez, 'Borderlands Praxis: The Immigrant Experience in Latino Pentecostal Churches', en *Journal of the American Academy of Religion* 67.3 (septiembre 1999), pp. 574-89 (p. 574); Gastón Espinosa, '"El Azteca": Francisco Olazábal and Latino Pentecostal Charisma, Power, and Healing in the Borderlands', en *Journal of the American Academy of Religion* 67.3 (septiembre 1999): pp. 597-616; Gastón Espinosa, 'The Holy Ghost is Here on Earth: The Latino Contributions to the Azusa Street Revival', en *Enrichment Journal*, 11.2 (primavera 2006), pp. 118-25 (p. 121).

[5] Sánchez Walsh, *Latino Pentecostal Identity*, p. 1.

[6] Sánchez Walsh, *Latino Pentecostal Identity*, p. 9.

cristiano Pentecostal significaba dejar de lado su propia cultura para convertirse en un estadounidense de la cultura Anglo.

Aunque es muy crítica con el avivamiento, Sánchez Walsh también describe algo implícito teológicamente en lo cotidiano, de este avivamiento que demostraba muchas promesas para sus participantes – incluso los inmigrantes. Al reflexionar en ello se puede notar una obvia contradicción en este avivamiento porque no se mantuvo fiel a su promesa o por lo menos a las teologías implícitas de lo que las personas estaban experimentando y predicando. El avivamiento produjo material para una reflexión teológica seria, y luego la rearticulación y reorganización teológica; pero, la realidad es que fue cuestionable en términos de cuánto cambio eclesiástico y teológico ocurrió durante y después del avivamiento. Por lo tanto, encontramos que el Espíritu proporcionó material pneumáticamente cargado para la acción-reflexión o la praxis. El Espíritu estaba trabajando en un umbral liminal e intersticial entre identidades culturales que eran rivales en la cultural de Los Ángeles. Lo más importante, el Espíritu estaba llevando a cabo una nueva obra que afirmaba a los marginados y oprimidos en Los Ángeles. La controversia está en si el avivamiento de la calle Azusa fue capaz de producir un cambio tangible en la praxis de la iglesia y en la cultura circundante de la época. Lamentablemente, la respuesta es que no fue así.

Por ejemplo, sobre las mujeres en la iglesia, Sánchez Walsh afirma que Azusa Street presentó una 'sumisión a una fuerza sobrenatural que afectó tanto a los hombres como a las mujeres y, que se arriesgó a democratizar los cargos de apóstol, profeta, evangelista, pastor y maestro, que hasta entonces eran dominados por hombres'.[7] La publicación impresa de Azusa Street por William Seymour presenta a hombres y mujeres ministrando, adorando y dirigiendo el movimiento juntos. Para el lector, con suficiente retrospectiva, parece que el Espíritu está cumpliendo la promesa de Joel 2:28-29 en donde hijos e hijas profetizarían y el Espíritu sería derramado sobre siervos y siervas. Sin embargo, Sánchez Walsh argumenta que la expresión emotiva del avivamiento y la forma en que las mujeres caían al lado de los hombres en el altar al experimentar el poder del Espíritu Santo fue desagradable para muchos evangélicos. Además, estas denominaciones e iglesias pentecostales al pasar los años han regresado a una

---

[7] Sánchez Walsh, *Latino Pentecostal Identity*, p. 5.

forma de gobierno pre-Azusa Street. Ahora, muchos se han dejado llevar por un fundamentalismo que frunce el ceño ante cualquier afirmación del liderazgo femenino.

El avivamiento de Azusa Street no solo valoraba a la mujer, sino que también hubo diferentes grupos culturales interactuando en el avivamiento. Frank Bartleman, en particular, afirmó que la línea de color (*color line*) se borró con la sangre de Cristo.[8] Sin embargo, esta declaración fue una ilusión idealizada a la luz de las realidades racistas enfrentadas por la gente de color en el avivamiento.[9] La atracción del pentecostalismo hacia las personas de color y la potencial mezcla entre las razas en las iglesias causaban mucha incomodidad entre los evangélicos. Consecuentemente, los primeros pentecostales anglos no reconciliaron efectivamente los sentimientos de superioridad euroamericana sobre aquellos hermanos afroamericanos y latinos.

No obstante, había una promesa pneumatológicamente implícita para la praxis, y este es mi interés. En la calle Azusa parece haber una hibridez producida por la experiencia del Espíritu Santo. Diferentes personas parecen entremezclarse en un espacio liminal santo relativamente libre de las presiones de la sociedad circundante. Ellos parecían tener una visión alternativa de lo que significa ser humano y miembro del Reino de Dios. Además, parece que estos fueron espacios donde los individuos estuvieron temporalmente libres de la esclavitud de barreras humanas superpuestas. Sin embargo, estoy de acuerdo con Sánchez Walsh cuando afirma que esta teología implícita no se afianzó durante los años consiguientes al avivamiento. En otras palabras, Azusa Street no puso en práctica los ideales teológicos inherentes revelados por el trabajo multicultural del Espíritu Santo en aquel evento.

Un repaso a Azusa Street a la luz de la *hibridez*

Estudiamos las contradicciones señaladas anteriormente, porque debemos mirar el avivamiento de Azusa Street con ojos críticos. En lo que sigue, destacaremos a las personas de color que se sintieron atraídas por el avivamiento de Azusa Street y, en especial, a los inmigrantes. En el recuento histórico que describe el avivamiento hay un poderoso dinamismo relacionado con el trabajo del Espíritu, en el

---

[8] Frank Bartleman, *Azusa Street*, reimpreso por Vinson Synan (Plainfield, NJ: Logos International, 1980), p. 59.
[9] Sánchez Walsh, *Latino Pentecostal Identity*, p. 6.

cual estos inmigrantes son aceptados y atendidos por Dios, pero que no logra afianzarse en la praxis diaria de la iglesia.

Un ejemplo de esta hibridez fue William Seymour, el líder en el avivamiento. Era un afroamericano y ciego de un ojo. En 1906, este fenómeno en Los Ángeles, era motivo de curiosidad ya que los afroamericanos eran excluidos de la sociedad, en general. Otra dimensión multicultural interesante es que los historiadores mencionan a la diversidad como si se tratara de diferentes nacionalidades presentes en el avivamiento: rusos, chinos, latinos, musulmanes y muchos más.

En el primer número de las publicaciones del avivamiento, el editor describe cuántos están 'hablando en nuevas lenguas, y algunos están en camino hacia campos extranjeros, con ese don de lenguas'.[10] Esta es una referencia a la *glossololia* y la *xenolalia*. El editor de los periódicos también afirma que 'este movimiento pentecostal es demasiado grande para ser confinado en una denominación. Este funciona al aire libre, uniendo a todos en un solo vínculo de amor, una iglesia, un cuerpo'.[11] También hay numerosos testimonios de católicos romanos y personas de diferentes denominaciones e incluso un musulmán que llega visita y recibe el don de lenguas.[12] Al comentar sobre esto último el editor dice: 'Dios no hace diferencia en cuanto a la nacionalidad', porque 'etíopes, chinos, indios, mexicanos y otras nacionalidades adoran juntos'.[13]

Testimonios Pentecostales Latinos de Azusa Street

Un examen más detallado revela la presencia de latinos en el avivamiento de la calle Azusa. En un caso particular, hay un testimonio que dice: 'un hombre de la parte central de México, un indio, escuchó a una hermana alemana hablando en su propio idioma y este apenas podía contener su alegría ... El único inglés que conocía era *Jesus Christ* (Jesucristo) y Hallellujah'.[14] Más tarde, el testimonio indica que este hombre testificó en su propio idioma sin complejos y el Espíritu también trabajó a través de él para sanar a una mujer que sufría del 'consumo'.[15]

---

[10] *The Apostolic Faith*, 1.1 (septiembre, 1906), p. 1.
[11] *The Apostolic Faith*, 1.1 (septiembre, 1906), p. 1.
[12] *The Apostolic Faith*, 1.1 (septiembre, 1906), p. 1.
[13] 'The Same Old Way', *Apostolic Faith*, vol. 1.1 (septiembre, 1906), p. 3.
[14] 'August 11th', *Apostolic Faith*, 1.1, (septiembre, 1906), p. 3.
[15] 'August 11th', p. 3.

Se puede hacer muchas observaciones interesantes con respecto a este testimonio. Por ejemplo, este era una persona mexicana que estaba participando libremente en una congregación de habla inglesa. Además, testificó en su lengua materna. Quizás este idioma fue uno de los muchos que se hablan en México, como el chinanteco o el mixteco. En mi opinión tal vez testificaba en su idioma porque podía haber otros como él, en esa reunión. Otro detalle peculiar fue que este hombre era de la parte central de México. En consecuencia, él no había nacido en los Estados Unidos. También fue descrito como un 'indio' o un nativo mexicano. Si él fue realmente amerindio, significaría que pertenecía a un grupo cultural que había experimentado la exclusión y la opresión en su propio país a través de la historia colonial de México. Tal vez se enfrentó a ese mismo desprecio en los Estados Unidos y tal vez experimentó una opresión paralela a lo que muchos como él enfrentan hoy en día. Pero he aquí está participando como un ser libre por el Espíritu de Dios.

Estos detalles son más importantes para esta discusión, de varias maneras. El contexto de la época es que el gobierno había aprobado la Ley de Exclusión de China (*Chinese Exclusion Act*). Las relaciones raciales y étnicas se tensaron. No obstante, este 'indio' era un extranjero que podía participar en el avivamiento de la calle Azusa, una señal que demostraba que el Reino de Dios trascendía todas las barreras. Además, Dios afirmó a este hombre independientemente de su idioma, raza, legalidad o indocumentado en la ciudad de Los Ángeles en 1906.

El Espíritu Santo que inspiró a esta persona creó una visión alterna para su realidad. Su vida era significativa y tenía propósito para Dios. Luego podemos ver cómo el Espíritu lo usó para sanar a una persona que sufría bajo la enfermedad. En un giro bastante radical de los acontecimientos, este puso las manos sobre aquella mujer para orar por su sanidad. No sabemos la raza de esta mujer; pero si resulta que era caucásica, esto podría haber sido un tabú social represible, pues durante este mismo período, unos filipinos fueron atacados a golpes porque se habían casado interracialmente.[16] La mujer también pudo haber experimentado un cambio crítico de su cosmovisión de diferentes maneras, también. Por ejemplo, el 'indio' la tocó, pero no

---

[16] Mae M. Ngai, *Impossible Subjects: Illegal Aliens and the Making of Modern America* (Princeton, NJ: Princeton University Press, 2004), p. 112.

fue un toque sexual. Más bien, fue un toque sagrado donde Dios provocó su sanidad divina, tal vez no solo por el estado físico, sino también sanidad emocional. Ella pudo haber recibido una visión disruptiva profética ante las metanarrativas del racismo y el etnocentrismo. El Espíritu Santo le dio a los 'indios' y a esta mujer visiones sanadoras que les llamaron a una vida nueva orientada hacia el reino de Dios.

Otra inclusión interesante en los documentos de Azusa Street es un artículo escrito en español, que se incluye en la segunda edición de la publicación impresa de William Seymour, *The Apostolic Faith*. Abundio L. López y su esposa Rosa de López incluyeron su testimonio en esta publicación de parla inglesa, en su idioma, el español.[17] En mi opinión es muy importante resaltar este hecho porque *The Apostolic Faith* era una publicación en inglés, pero este testimonio en particular se encuentra en medio de esta publicación en español. En lo que sigue cito esta publicación exactamente tal y como aparece en la publicación con errores ortográficos. Preservo el texto original tal como aparece para presentar la crudeza del mensaje:

> Soy testigo de el poder del Espiritu Santo, en perdon, en sanctificacion, y bantismo en fuego. Acts 1:8; Mark 16, 17, 18. Doy Gracias a Dios por esta combiscion y poder. Recibido de Dios conforme a sus promesas el os giara. John 1:13-14. Gracias a Dios por la ordenacion de ir a la Calle de Azusa a la Mision de Apostolic Faith. Old time religion llo y mi Espoza el dia 29th of May, 1906.
>
> Por sanctificacion en verdad y gracias a Dios por la dadiba del baptismo del Eptu Santo en fuego, 5th de June, 1906. No podemos expresar en nuestros corazones dia tras dia y monento tras momento usandonos el Sr como instrumentos para la salvacion y sanidad de almas y de cuerpos y de cuerpos tomos tes tizo de estas promesas marabillas y miligros, en el Espiritu Santo y son promesas para cada uno de los que a Dios lleguen por medio del Sr. J. Cristo ... Due Dios os Vendiga a todos ...[18]

---

[17] Abundio López, 'Spanish Receive the Pentecost', *The Apostolic Faith*, 1.2 (octubre, 1906), p. 4.

[18] López, 'Spanish Receive the Pentecost', *The Apostolic Faith*, 1.2 (octubre, 1906), p. 4.

Abundio y Rosa López eran obreros cristianos en Los Ángeles que asistieron al avivamiento buscando la santificación.[19] La pareja testifica de haber recibido el bautismo del Espíritu el 5 de junio de 1906 en las reuniones de la misión de Azusa Street. Testifican de perdón, santificación, poder y bautismo de espíritu. Su testimonio también se traduce luego al inglés. Dado que esta era una publicación en inglés, es sorprendente ver este testimonio impreso en español. Después de su experiencia, los López pasaron un tiempo en La Placita, una comunidad histórica mexicana en Los Ángeles.[20] Difundieron el mensaje de pentecostés en todo el sur de California y tal vez más allá, en México.

Hay más observaciones interesantes que se pueden hacer de este testimonio. En primer lugar, hay varios errores ortográficos que demuestran una falta de educación y escolaridad con respecto a la escritura en español. Estos podrían ser errores tipográficos, pero también pueden reflejar la educación de los pobres y marginados de América Latina o, como mínimo, de personas que no tienen una escolaridad adecuada, en español, en los Estados Unidos. La pareja López testifica que el Señor los está utilizando como instrumentos para la salvación. Dios estaba trabajando a través de ellos para llevar la salvación y la sanidad a 'almas, cuerpos y cuerpos'. La segunda mención de 'cuerpos' se incluye para testificar del trabajo corporativo que el Espíritu está haciendo en medio de ellos. Gastón Espinosa afirma que esto indicaba una gran preocupación por un ethos social en la visión temprana pentecostal de la calle Azusa.[21]

Por lo general, hay problemas cuando se combinan servicios e iglesias de dos diferentes contextos culturales y dos lenguajes diferentes. Sin embargo, esta unión en el Espíritu Santo fue quizás una expresión lúcida del cristianismo para la gente de la calle Azusa. Mel Robeck describe cómo personas de diferentes orígenes, incluido el liderazgo de la calle Azusa, con Rosa y Abundio López, pasaban

---

[19] Gastón Espinosa, 'Brown Moses: Francisco Olazábal and Mexican American Pentecostal Healing in the Borderlands' en Gastón Espinosa and Mario T. García (eds.), *Mexican American Religions: Spirituality, Activism and Culture* (Durham, NC: Duke University Press, 2008), pp. 263-95 (p. 266).

[20] Mel Robeck, The Azusa Street Mission and Revival: the Birth of the Global Pentecostal Movement (Nashville, TN: Thomas Nelson, 2006), p. 189.

[21] Espinosa, 'The Holy Ghost is Here on Earth,' p. 121.

tiempo buscando a Dios en el altar y en el aposento alto de la calle Azusa.[22]

Mi sugerencia es que estos tal vez tenían un modelo pneumatológico que potencialmente puede alterar y reconstruir nuestros modelos eclesiológicos. El editor de *The Apostolic Faith* testifica que 'si hubiera empezado en una buena iglesia, los pobres de color y los hispanos no lo habrían alcanzado [el Bautismo del Espíritu], pero gracias a Dios, comenzó aquí'.[23] Más tarde, el editor testifica nuevamente:

> Se nota cuán libres se sienten todas las nacionalidades. Si un mexicano o un alemán no puede hablar inglés, se levanta y habla su propia lengua y se siente como en casa porque el Espíritu lo interpreta a través su rostro y la gente dice amén. Ningún instrumento que Dios pueda usar es rechazado debido al color o la vestimenta o la falta de educación. Es por eso que Dios ha edificado su trabajo.[24]

También hay un testimonio del hermano y la hermana López 'ayudando a los mexicanos en el altar de la calle Azusa'.[25] Para Gastón Espinosa, este es un evento significativo porque una cosmovisión mexicanoamericana incluye la idea de sanidad divina y además, esto está íntimamente conectado con los espíritus y el mundo espiritual.[26] Azusa Street tenía una manera de afirmar esta cosmovisión. Otra historia en esta publicación cuenta el testimonio de Brigidio Pérez, un niño que hablaba español y que recibió su experiencia pentecostal. Este testificó cómo Dios lo estaba usando, ahora, en San Diego.[27] Su testimonio está impreso en inglés para los lectores. Y en un último ejemplo, Dios trabajó a través de otro indio mexicano y pobre a través del don de sanidad.[28]

Sánchez Walsh describe que Seymour y Bartleman notaron la diversidad de la misión y aquello funcionó a favor de Seymour.[29] El lenguaje celestial otorgado por el Espíritu era un regalo de arriba que les permitía comunicarse independientemente de su nacionalidad o

---

[22] Robeck, The Azusa Street Mission and Revival, p. 168.
[23] *The Apostolic Faith*, 1.3, (noviembre, 1906), p. 1.
[24] *The Apostolic Faith*, 1.3, (noviembre, 1906), p. 1. Traducción mía.
[25] *The Apostolic Faith*, 1.3, (noviembre, 1906), p. 4.
[26] Espinosa, "Brown Moses," p. 266.
[27] Espinosa, "Brown Moses," p. 266.
[28] *The Apostolic Faith*, 1.1, (septiembre, 1906), p. 2.
[29] Sánchez Walsh, *Latino Pentecostal Identity*, p. 16.

identidad étnica.[30] El pentecostalismo liberó a los inmigrantes de las limitaciones impuestas por las barreras del idioma y otros espacios cerrados.[31] Para Sánchez Walsh, los espacios cerrados se refieren a varias dimensiones de su cultura, pero más específicamente a la Iglesia Católica Romana.

Sin embargo, también argumentaría que hay muchas otras dimensiones a las que esto se puede referir. Uno de ellos podría haber sido su existencia en enclaves y guetos étnicos. Si podemos establecer paralelismos con el contexto contemporáneo, existen muchas fronteras y guetos impuestos por humanos desde los cuales esperamos ansiosamente el trabajo del Espíritu. En Azusa, la práctica glosolálica y el ministerio pneumatológicamente inspirado parecían trascender temporalmente los límites del lenguaje y las barreras culturales humanas. También el trabajo del Espíritu Santo afirmó la cosmovisión de la población inmigrante mexicana trabajadora que cree en un mundo dinámico espiritual. El Espíritu los llevó a espacios liminales de interacciones con el otro radicalmente diferente que, en mi opinión, es un proceso dialéctico característico de la hibridez.

El Espíritu posiblemente estaba guiando a la humanidad hacia la ortopatía de Dios. Esta ortopatía mantenía una tensión entre identidad y otredad debido a la alteridad de Dios, presente a través del Espíritu. Las lenguas eran una expresión de la otredad última, una protesta divina contra los discursos dominantes. Las lenguas representaban un movimiento intencional hacia la otredad para cambiar la identidad y posiblemente silenciar los discursos dominantes. El Espíritu de Dios atraía a la humanidad hacia un espacio liminal donde demostraba su interés e identificación con la otredad o alteridad.

Desilusión de Azusa Street

Lo que podría haber sido una promesa multicultural y multilingüe para la formación ética, eclesiológica, social y personal finalmente encontró una amarga desilusión en la calle Azusa. En el texto de *Azusa Street*, escrito por Frank Bartleman, hay un pasaje en particular que es inquietante. Él describe a ciertos mexicanos analfabetos pobres que habían sido salvos y bautizados en el Espíritu a quienes se les negó

---

[30] Sánchez Walsh, *Latino Pentecostal Identity*, p. 16.
[31] Sánchez Walsh, *Latino Pentecostal Identity*, p. 17.

deliberadamente la oportunidad de testificar. El liderazgo en la misión de Azusa Street 'los aplastó despiadadamente'.[32] Bartleman percibió que el Espíritu trató de obrar a través de ellos; sin embargo, se les negó esa oportunidad. Bartleman describió esta experiencia como 'asesinar al Espíritu de Dios'.[33] Para Bartleman, esto también era un marcado contraste con lo que originalmente había ocurrido en la calle Azusa y la razón por la cual la misión estaba 'cada vez más bajo cautiverio'.[34]

Para autores, como Daniel Ramírez, esto demuestra que lo que comenzó como algo prometedor, en última instancia, falló.[35] Para Gastón Espinosa, esta actitud condujo a una posición que muchos líderes religiosos tomaron con respecto a las relaciones étnicas y religiosas. Espinosa es muy descriptivo de la desconfianza que tenían los líderes mexicanos hacia las actitudes paternalistas o maternalistas de los líderes eurocéntricos. Esto condujo a la fragmentación de los primeros movimientos autóctonos pentecostales y condujo al establecimiento de denominaciones independientes y cerradas.[36] Espinosa afirma que, como consecuencia, líderes como Francisco Olazábal permanecieron cerrados a los de afuera y se comprometieron con su comunidad entrenándose y capacitándose en su propio contexto, evitando así, al paternalismo norteamericano.

Conclusiones sobre Azusa Street y la Hibridez

El avivamiento de la calle Azusa nos da dos dimensiones prometedoras. Primero, el Espíritu de Dios se manifestó como una presencia universalizadora sin importar la ubicación social del individuo.[37] En segundo lugar, los participantes del avivamiento experimentaron una hospitalidad que fluyó de una experiencia con el Espíritu de Dios. Esta experiencia afirmó su identidad y los participantes reconocieron la *imago Dei* del otro, independientemente de su lugar particular en múltiples incrustaciones.[38] A través de la otredad, en el espacio liminal, Dios afirmó la identidad y la otredad, invitándolos a mantenerse

---

[32] Bartleman, *Azusa Street*, p. 145.
[33] Bartleman, *Azusa Street*, p. 145.
[34] Bartleman, *Azusa Street*, p. 145
[35] Ramírez, 'Borderlands Praxis,' p. 574.
[36] Espinosa, '"El Azteca"', pp. 597-616.
[37] Ramírez, 'Borderlands Praxis', p. 578.
[38] Ramírez, 'Borderlands Praxis', p. 578.

en tensión, o en una hibridez informada pneumáticamente. La *glossolalia* sirvió como protesta contra las tendencias totalizantes y la opresión del otro. Tales reflexiones desafían las nociones preconcebidas de la personalidad, la eclesiología, la identidad personal, social y la identidad cristiana, lo que demuestra la necesidad de una hospitalidad inspirada pneumatológicamente, que continúe informando a la iglesia.

Amos Yong describe la importancia de una hospitalidad e inmigración de inspiración pneumática cuando afirma:

> No es de extrañar que seamos migrantes, atrapados en las migraciones del Espíritu. Sin embargo, simultáneamente, también somos inmigrantes, siguiendo las inmigraciones del Espíritu. Pero si el Espíritu inmigra a los corazones humanos, también nosotros, como epístolas vivientes, inmigramos a la proximidad de las vidas de los extraños, y allí buscamos echar raíces, no en el sentido de hacer de su mundo nuestro hogar, sino en el sentido de permitir que el evangelio florezca en lo profundo de los corazones y las vidas de nuestros anfitriones. Por lo tanto, el llamado del Espíritu es a la habilitación para tomar y dejar nuestros hogares y nuestras zonas de confort, para ser huéspedes de otros en lugares extraños, para que el Evangelio pueda convertirse en el hogar de todos nosotros. Aquí se realiza nuestra propia transformación, tocada a través de los Espíritu por las diferencias representadas en los corazones y las vidas de los demás. El Espíritu inmigra entre y a través de nuestra propia diáspora, cruza (emigración) y regresa de (inmigración) las fronteras y los márgenes que previamente nos habían dividido a 'nosotros'.[39]

Los inmigrantes siguen la dirección del Espíritu ya que están involucrados en la lucha por una mejor forma de vida en otro país. Establecen iglesias y comunidades de fe y contribuyen al estilo de vida de América del Norte. Tal perspectiva puede ayudarnos a descubrir al extraño en medio de nosotros de una manera nueva. El trabajo del Espíritu presenta una dimensión social inmediata de esta

---

[39] Amos Yong, 'The Im/migrant Spirit: De/constructing a Pentecostal Theology of Migration', en Peter C. Phan and Elaine Padilla (eds.), *Theology and Migration in World Christianity: Contextual Perspectives. Theology of Migration in the Abrahamic Religions* (New York: Palgrave Macmillan, 2013), II, pp. 133-53 (p. 150). Traducción mía.

experiencia de cruzar y regresar en identidad y otredad. El trabajo del Espíritu de Dios es movernos hacia el otro, abrir el espacio para una masa políglota, polifónica y contrapuntística de creyentes. Pentecostés presenta una oportunidad multicultural y multilingüe para una hibridación santa y santificada por el Espíritu de Dios.

En el siguiente capítulo también estudiaremos más acerca de lo cotidiano. En ese capítulo entrevistamos a inmigrantes, para entender su trayectoria y luego hacer más reflexiones teológicas desde lo cotidiano. Tal postura no es nueva. Isasi-Díaz hizo lo mismo cuando entrevistó a diferentes mujeres para entender los conceptos de lo cotidiano, la lucha y la teología mujerista. Acá haremos un esfuerzo para contribuir a la comprensión de la espiritualidad y la teología de los inmigrantes indocumentados haciendo una investigación similar a la de Isasi-Díaz, entrevistando a personas que luchan por la supervivencia.

8

Pentecostales en lo Cotidiano: entrevistas Catrachas

Ahora continuaremos esta presentación con un giro contemporáneo hacia lo cotidiano. La razón de esto es para buscar perspectivas pneumatológicas sobre la inmigración indocumentada. En esta sección entrevisto a hondureños (catrachos) en los Estados Unidos con el fin de comprender la experiencia indocumentada y finalmente hacer una reflexión teológica desde éste punto de vista. Debo decir que he pensado muy en serio al escribir esta sección porque el propósito de esta entrevista no es exponer a estas personas a ningún daño. Debido a su estatus migratorio particular en los Estados Unidos, las personas que confiaron en mí pueden estar expuestos a la deportación, la violencia e ideas racistas de exclusión contra ellos. Arriesgué mucho al decidir escribir esta porción, pero decidí tomar este riesgo porque creo que también podré proporcionar una comprensión más humanizada acerca de estos inmigrantes indocumentados. Por lo general, estos inmigrantes emigran a los Estado Unidos para vivir una vida mejor. La mayoría de ellos son personas honestas y trabajadoras que contribuyen a esta sociedad.

En el caso de estas entrevistas, intencionalmente cambié los nombres de estas personas para proteger sus identidades. Pude entablar una buena relación (rapport) con estas personas al no ser demasiado formal con ellos. Esta fue una clave para permitirles hablar, desahogarse, y así compartir sus historias. Estaban un poco inseguros de que yo los entrevistara, naturalmente. No obstante, una vez que tomaban confianza se les hacía fácil compartir sus historias.

Pude entrevistar a una diversidad de hondureños. Traté de ser lo más diverso posible entrevistando a hombres y mujeres, jóvenes y adultos, e incluyendo a inmigrantes recientes e inmigrantes establecidos. Todos tenían una cosa en común: llegaron a los Estados Unidos de manera indocumentada.

Quiero reconocer que no soy un etnógrafo, ni antropólogo, ni sociólogo. Sin embargo, trato de ser fiel a tales disciplinas. Por lo tanto, me esforcé para que mi proceso de entrevista fuera metódico. Primero, les pregunté a cada uno sobre su vida en Honduras. En segundo lugar, pregunté sobre su viaje a los Estados Unidos, incluso el proceso de decisión que tomaron para realizar el viaje. Además, les pregunté sobre su vida en los Estados Unidos. Estos, naturalmente, facilitaron respuestas sobre lo que aprendieron a lo largo de su viaje al norte y lo que esperan lograr en su nuevo país. Finalmente, les pregunté sobre su fe y la importancia de esta (si es que tenían alguna) para su viaje y su trabajo aquí. En el caso de la mayoría de las personas que entrevisté, vinieron de áreas rurales. No pude encontrar personas de la misma parte de Honduras de donde soy, Tegucigalpa. La mayoría de estos inmigrantes que entrevisté eran considerados campesinos en su país de origen.

María

En una de mis entrevistas, hablé con una señora que había estado aquí, indocumentada, durante más de 20 años. Su nombre, para esta entrevista, es María.[1] Cuando le pregunté sobre la vida en su país de origen, ella me contó su historia de cómo se crió en una granja: 'Nosotros teníamos una finca, sembrábamos muchísimo cacao'. Esto también refleja el hecho de que la vida agraria es una forma esencial de autosuficiencia en Honduras. En muchos casos, un año malo con poca lluvia o demasiada lluvia que provoca inundaciones significa hambruna para el próximo año. María vivía en una choza de madera hecha de tablones de madera y con tejas de arcilla. La casa tenía un piso de tierra, y todos compartían una habitación grande en la casa.

María describió la vida en la granja en el pueblo de La Pita. Ella es Piteña y la ciudad más cercana es Puerto Cortés. Como mujer, también tuvo que trabajar en el campo. Su familia tenía muchos tipos de

---

[1] María López, interview by author, 17/04/2010, notes, New York.

cultivos para tratar de mantener su forma de vida. Sin embargo, ella describe la gran cantidad de esfuerzo físico en su experiencia. Tenían herramientas limitadas y recursos limitados para ganarse la vida en una parte muy remota del país. Motivada para encontrar un mejor salario, María abandonó la escuela primaria en el quinto grado, para buscar empleo y ayudar a su familia.

Debido a sus circunstancias, trabajó para una familia adinerada como empleada doméstica. Su deseo de alivio inmediato de la pobreza y las exigencias de su trabajo influyeron en su decisión de abandonar la escuela. Ella describe cómo dejó su hogar para encontrar un trabajo para ayudar a mantener a su familia. Solo visitaba a su familia una vez por semana, durante un tiempo limitado, porque su aldea era muy remota. El transporte solo, al ir y venir, tomaba casi todo un día. María se quejó de la distancia que tenía que caminar desde el lugar donde el autobús la dejaba para llegar hasta La Pita. Le llevaba más de una hora caminar hasta su hogar.

María también explicó que a medida que pasaba el tiempo ella quedó embarazada. Esto le hizo dejar su trabajo ya que vivía con el padre de sus hijos. Tuvieron 3 hijos juntos. Tan pronto como nació su tercer hijo, el padre de los niños la abandonó. María estaba desconsolada ya que se quedó sola, para criar a sus hijos. Hasta el día de hoy ella nunca recibió ninguna ayuda de parte de él para sostenerla a ella o a sus hijos.

Ella volvió al trabajo doméstico para mantener a sus hijos. Los padres de María permitieron que los niños se mudaran con ellos y, estos también se convirtieron en mano de obra para cuidar los campos en La Pita. María describió su trabajo doméstico como humillante, a veces. Ella era una campesina y esta familia en particular la trataba con condescendencia haciéndola sentir inferior. Ella contó la historia de cómo al hombre de la casa le gustaba beber hasta altas horas de la noche. Muchas veces la despertaron y la convocaron desde su habitación para que fuera a comprarle más licor. Ella lamentó mucho las penurias que aguantaba al ser una peona para esta familia.

María continuó trabajando para esa familia hasta que encontró trabajo en la zona de libre comercio en Puerto Cortés. Aquí los inversionistas extranjeros llegaron a establecer compañías bajo el permiso del gobierno para emplear a trabajadores por salarios bajos y, a la misma vez, pagaban comisiones al gobierno. María terminó trabajando en una fábrica de textiles de una empresa extranjera en Honduras. Esta es una forma muy común de empleo en la costa norte de Honduras, ya que es un área con muchos puertos para barcos de gran tamaño que navegan hacia los Estados Unidos y otros países desarrollados.

María se convirtió en una maquinista. Su tarea era armar camisas. Más precisamente, su trabajo particular fue ensamblar las mangas de las camisas. A veces ella las inspeccionaba de cerca, descartando las que no estaban bien hechas. Este fue un trabajo decente, pero no era bien pagado. Durante este tiempo, tres de sus hermanos y una hermana emigraron a los Estados Unidos. Algunos obtuvieron una residencia en los Estados Unidos después de la Ley de Reforma y Control de Inmigración de 1986 (IRCA, por sus siglas en inglés) que otorgó la amnistía a miles de inmigrantes. Después de ganar la permanencia en los Estados Unidos, comenzaron a insistir en que se uniera a ellos en los Estados Unidos. Ella describió que no quería ir. Había escuchado historias tristes de inmigrantes que hicieron este viaje y como enfrentaban muchas dificultades al vivir en otro país. Pero lo que más le hacía titubear sobre esta decisión era que no quería dejar a sus hijos atrás. María describió cómo con el tiempo su hermano mayor le dio un ultimátum. 'Es ahora o nunca', dijo. Fue entonces cuando ella decidió irse a los Estados Unidos. María decidió ingresar a los Estados Unidos, sin inspección, debido a la situación de su familia en Honduras y al considerar las promesas de sus hermanos de una vida mejor a través del Sueño Americano.

María recuerda el día que se fue. Sus padres invitaron a todos los miembros de la iglesia a su casa y tuvieron una despedida especial ahí en su casa. Ellos invitaron al pastor de su iglesia local, una congregación pentecostal. Disfrutaron de una buena comida y oraron por ella y por su viaje, en el poder del Espíritu Santo. Ella relató cómo su padre la llevó a la frontera entre Honduras y Guatemala y la subió a un autobús dirigido a la ciudad de México. Su viaje fue difícil. María estaba preocupada porque en los puntos de control tenía que proporcionar la documentación correcta y no la tenía. En una ocasión, cuando le pidieron sus documentos de viaje, dice que fingió estar enferma. Una mujer mexicana compasiva convenció a la seguridad de que ella estaba demasiado enferma para hablar. Afortunadamente, se le permitió continuar su viaje. En la Ciudad de México se quedó con una familia que conocía a uno de sus hermanos que vivía en los

Estados Unidos. Estos compartieron hospitalidad con ella durante un mes.

Después de su estadía, tomó un autobús a Tijuana donde pasó por más dificultades. María describió cómo ladrones robaron todas sus bolsas del autobús. Todo lo que le quedaba era el vestido que llevaba puesto. En Tijuana ella tuvo que seguir a pie y le tomó cinco días, caminando, desde ahí hasta San Diego. Al llegar hasta allá llamó a su familia en los Estados Unidos, desde un teléfono público. Estos organizaron transportación desde San Diego a su ciudad actual para reunirse con sus hermanos y hermana.

A María le dio tanta alegría estar con ellos de nuevo, juntos. Todos ellos vivían en el mismo apartamento compartiendo los gastos. Durante este tiempo estuvo desempleada durante nueve meses. Ella no conocía el idioma y las costumbres de su nuevo entorno. En consecuencia, la forma de sustento de María era cuidar a los hijos de su hermana. Su hermana, a su vez, le pagaba $100 dólares en efectivo por semana. María usó ese dinero para mantener a sus hijos en Honduras. Finalmente, comenzó a buscar otra forma de empleo al darse cuenta de que $100 dólares por semana no era suficiente para sobrevivir y pagar las facturas en su nuevo contexto. Lo que ganaba en los Estados Unidos era más dinero de lo que estaba acostumbrada ver en Honduras, pero no podía creer cómo ahora el dinero no era suficiente para llegar al fin de mes. María encontró trabajo en la sección de delicatesen de un supermercado donde trabajó durante 19 años. Ella trabajó ahí envolviendo y pesando embutidos. Los dueños del supermercado eran italianos, por lo que aprendió a hablar italiano antes de aprender el inglés.

Empezó con un salario de $3 dólares la hora y trabajaba desde las 7 de la mañana hasta las 7 de la noche. Con una situación financiera más estable, comenzó a considerar el traslado de sus hijos a los Estados Unidos. 'No podían vivir sin mis hijos, ellos iban a sufrir mucho', dijo. Eventualmente, ella trabajó lo suficiente para ahorrar dinero y traer a su hijo, el menor de la familia. Más tarde ella ahorró suficiente dinero para traer a sus dos hijas. Esto era algo que anhelaba ya que tenía un contacto muy limitado con ellos. En ese tiempo no había teléfono en La Pita. Además, en aquellos días también era muy costoso hacer esa llamada telefónica, por lo que inicialmente la comunicación era solo a través de cartas manuscritas que a veces tardaban un mes o más en entregarse.

María relató que estaba muy feliz de reunirse con sus hijos, de nuevo. Lo primero que hizo fue ponerlos en la escuela. Lamentablemente, había muy pocos incentivos para ellos y muy poco apoyo para ayudarles a hacer la transición a esta nueva cultura. María contó la historia de cómo llevó a sus hijas a la escuela secundaria pública para inscribirlas y no había nadie que la ayudara. Ella no hablaba inglés y ninguno de los niños tampoco. Ella también se quejó de no recibir ayuda de los demás latinos en esa escuela. La imagen que surgió de María fue la de una mujer indefensa deambulando por la escuela con sus hijos tratando de comunicarse con extraños. Desafortunadamente, nadie entendió o trató de entenderla y, lamentablemente, nadie la ayudó. María describe que a pesar de su inglés quebrado logró que sus hijos se matricularan. Desafortunadamente, todos sus tres hijos abandonaron la escuela secundaria durante su primer año de estadía en los Estados Unidos.

Al escuchar su historia, me pregunto cuán listos estaban para esa experiencia, ya que en Honduras su hija mayor había abandonado la escuela antes del cuarto grado como su madre – para trabajar. Esto ya los colocó en desventaja al llegar a los Estados Unidos, porque inmediatamente fueron matriculados en *high school*. Esto, más la crueldad de los adolescentes hacia aquellos otros adolescentes que no encajan con sus gustos, probablemente los llevó a desertar sus estudios.

En general, María explicó que su familia tenía muchas dificultades para tratar de avanzar en este país. Ella quería que sus hijos estudiaran, pero nunca pudieron hacerlo. Cuando su hijo se retiró de *high school*, comenzó a trabajar en un taller de reparación de automóviles. Al principio él era el chico de la limpieza. Limpiaba todo y barría la tienda. Después de un tiempo, se le permitió arreglar una rueda pinchada. En el taller esto se convirtió en su trabajo hasta que lentamente le compañeros mecánicos le mostraron su oficio. Finalmente aprendió pequeñas partes del trabajo como mecánico. 'Ahora es un profesional mecánico, pero comenzó limpiando', dijo Marta con orgullo.

Al pasar el tiempo, sus hermanos y hermana comenzaron a tener sus propias familias. Luego, cada uno encontró su propio camino en este país. Sin embargo, sus hijos ahora viven con ella en el mismo apartamento. Aunque sus hijos tienen sus propias familias y crían a sus propios hijos, todos viven juntos. Así ellos comparten los gastos y las utilidades. También ellos crían a sus hijos juntos. Las habitaciones de la casa se dividen entre las diferentes familias. Diferentes familias se quedan en las diferentes habitaciones y como sus nietos han envejecido, a los mayores se les ha permitido tener sus propias habitaciones.

Su caso particular es interesante porque debido a dificultades financieras y bajos ingresos nunca procesó sus documentos. Por lo tanto, ella vive en la ambigüedad de estar aquí, pero a la misma vez no ser de aquí. Tiene una educación limitada y un inglés limitado, pero a pesar de esto su historia es una historia de triunfo. Dos de sus hijos han procesado algunos documentos con el gobierno de los Estados Unidos que les permite trabajar. Además, sus nietos son todos ciudadanos estadounidenses. Estos están todos en la escuela y su nieta mayor estaba en el Programa de Honores en su escuela secundaria y estuvo en el programa de Honores en la Universidad. Esto no significa que sus hijos hayan estado exentos de tragedias y dificultades, pues ellos también enfrentaron muchos problemas.

Cuando le pregunto sobre el futuro, María dice que su sueño es comprar una casa en Estados Unidos. Tal vez sus hijos podrían ayudarla. Ella no quiere pagar el alquiler toda su vida. Además, 'uno solo no se puede', dice ella. Ella nunca ha vuelto a Honduras. A ella le gustaría visitar, pero no quiere vivir allá. María exclama que las cosas siempre son terribles en Honduras. Todo es caro. La moneda se ha devaluado demasiado. Ella hace referencia que el valor del Lempira pasó de ser intercambiado de 2 por 1 dólar estadounidense a 20 lempiras por 1 dólar estadounidense.

Le pregunté por qué vino aquí. Ella dijo que vino, 'para mejorar y ayudar a mi familia, para que tengan un mejor porvenir'. Cuando le pregunté qué le diría a una persona que estaba pensando en venir a los Estados Unidos, afirmó: 'que lo piense bien, la pasada está terrible. Aquí solo se trabaja. La vida es muy difícil'. También le pregunté si estaba contenta con su decisión. Ella declaró, 'Mis hijos hicieron su vida, sus esposos trabajan, estamos más cómodos, no cómo Honduras. Estoy feliz, mi vida está hecha. Yo tuve un pasado muy triste, pero ya pasó'.

Su fe pentecostal ha sido muy importante para ella durante su estadía aquí. Ella ha sido miembro de la misma iglesia durante este tiempo. Durante los altibajos y durante las dificultades que enfrentaron sus hijos, la iglesia fue lo más constante en su vida. 'Jesús es todo para mí', dice ella. En Honduras, la iglesia era un refugio para ella. En segundo lugar, su fe fue un componente importante durante su viaje.

Ella dio un testimonio de cómo estaba perdida en Guatemala. Ella estaba escondida en un estacionamiento en una ciudad fronteriza. Después de orar por instrucciones, un niño apareció junto a ella detrás de un automóvil. Este niño le dijo cuánto costaría su boleto para su viaje e incluso le mostró en la moneda guatemalteca, el Quetzal, la cantidad exacta para pagar su boleto.

En los Estados Unidos, cuando sus empleadores no le daban un salario justo por su trabajo o cuando enfrentaba discriminación por parte de la sociedad en general, encontró un lugar en la iglesia que la acogió y la identificó como una persona bienvenida en el Reino de Dios. Ella ahora es una parte activa de la comunidad, pero su mayor tarea es ayudar a su familia a llegar a la iglesia. María ora por ellos, vela por ellos y sufre por ellos mientras hacen su camino en este país.

Una mirada humanizada a la situación de María revela a una mujer que ha experimentado la pobreza en su país y la pobreza en los Estados Unidos. Este vistazo también considera los factores que precipitaron su viaje – unos empujándola a salir de su país y otros atrayéndola a los Estados Unidos. Mientras estuvo en los Estados Unidos, ella participó en un proceso de hibridación. Al trabajar en el mismo lugar durante más de veinte años, se adaptó a su situación en particular, tomando las formas de su nuevo hogar. Su situación familiar es única ya que varios miembros de su familia extendida tienen ciudadanía estadounidense, mientras que ella no. Su fe ha sido extremadamente importante y ella le atribuye a esa fe, su paso seguro a través de la frontera y, el milagro de 'el niño que se me apareció', un enviado de Dios.

Isaura

Después le pregunté a su hija, Isaura, acerca de su experiencia.[2] Debido a la ausencia de su madre y a un padre que abandonó a su familia cuando ella tenía solo tres años, sus abuelos la criaron. Ella recuerda desde muy joven como plantaban y cosechaban el cacao. Sus tareas también incluían recolectar leña para el fuego, sembrar frijoles y maíz, cuando tenía solo siete años. Debido a las circunstancias, ella solo llegó al cuarto grado. Al abandonar la escuela, inmediatamente se fue a trabajar en una maquila que, según ella, era propiedad de 'chinos y

---

[2] Isaura Jiménez, interview by author, 17/04/2010, notes, New York.

coreanos'. Isaura recuerda que trabajó ahí durante dos años. Ella tenía trece años cuando su madre decidió traerla a los Estados Unidos y recuerda las dificultades del viaje al norte. A diferencia de su madre, le tomó nueve meses llegar a los Estados Unidos.

El viaje de Isaura fue una historia de sufrimiento. Viajó acompañada de su hermana menor y un primo, un joven adolescente. Numerosas veces fueron detenidos y enviados a la cárcel en México. Después de estos encarcelamientos, fueron deportados a Guatemala. Esto ocurrió varias veces. En Guatemala, ella recuerda su experiencia en un pueblo fronterizo. Ellos apenas eran niños que no estaban protegidos por ningún adulto. Consecuentemente, ellos eran extremadamente vulnerables en una tierra completamente ajena a ellos. Esta es la realidad de muchos niños que hacen el viaje al norte.

Isaura continúa relatando cómo dormían en las calles. En muchos casos no tenían comida y se vieron obligados a mendigar por sus comidas. Afortunadamente, ella también afirmó que había gente generosa que los alimentaba; sin embargo, a veces vagaban por las calles, hambrientos y dormían en estas mismas calles, hambrientos. Muchas veces fueron encerrados en cárceles y obligados a compartir una celda comunal con criminales endurecidos. No tenían idea de cómo contactar a su madre o a quién pedir ayuda en estos países. No tenían números de teléfono ni otras vestimentas. Se perdieron cuando eran niños en un país extranjero.

Después de unos meses viviendo en el ciclo de migración y deportación entre México y Guatemala, el primo de Isaura dijo: 'tengo un número en la mente'. Este joven recordó un número al que intentó llamar, esperando que fuera su familia. Isaura recuerda la alegría, el dolor abrumador y las emociones arremolinándose cuando el número al que llamaban era el de su madre. Habían pasado tres meses en su camino y su familia se sintió aliviada al saber de ellos. Su tío les preguntó en qué pueblo estaban. Afortunadamente, él conocía a un pastor pentecostal en esa pequeña ciudad ya que él mismo había visitado a la misma ciudad. Les dijo que buscaran la casa del pastor y que podrían quedarse allí con su familia.

En la casa del pastor fueron recibidos y se quedaron durante un mes. Durante este tiempo, se les enseñó que tenían que actuar y parecerse a los mexicanos para poder pasar por México hasta llegar a los Estados Unidos. La razón por la que fueron deportados varias veces era porque sonaban como hondureños. Con solo escuchar la cadencia y el acento en su español particular catracho, las autoridades podían darse cuenta que eran extranjeros. Esta es una de las razones para tantas deportaciones, el acento. Rápidamente, los niños aprendieron la jerga mexicana y las insinuaciones culturales de México.

Después de pasar tiempo con la familia del pastor, partieron en su viaje con más determinación. Sin embargo, su viaje fue extremadamente difícil y después de otros 5 meses deambulando por un país desconocido y siendo hostigados en México, finalmente cruzaron la frontera de los Estados Unidos. Isaura describe cómo ella y su hermana pequeña fueron hostigadas y avergonzadas por una cultura machista. Muchas veces fueron amenazadas y encarceladas. Ella reconoce que fueron niñas muy afortunadas, ya que muchas mujeres y niñas son atacadas sexualmente, violadas y explotadas durante este mismo viaje. Algunas de ellas nunca logran salir de las ciudades fronterizas y recurren a la vida esclavizada en burdeles para sobrevivir en ciudades como Tijuana y Nogales. Algunas desaparecen y nunca se vuelve a saber de ellas.

Isaura declaró que ella cruzó un río para llegar a los Estados Unidos. Se les dijo que se quitaran la ropa, que las metieran en una bolsa de plástico y nadasen al otro lado porque una vez en el otro lado la gente podría decir que habían cruzado la frontera nadando debido a su ropa. Los niños cruzaron sin saber nadar. Isaura recordó que sus pies nunca tocaron el fondo del río. Los niños tomaron de la mano a aquellos que sabían nadar hasta llegar a la orilla con seguridad. Una vez al otro lado, hicieron arreglos para reunirse con la familia. Eran vulnerables y jóvenes. Es una maravilla que hayan pasado 9 meses sin comida, sin dinero y sin ropa y, aún así, llegaron.

Una vez que llegaron a la ciudad de su madre, se inscribieron en la escuela secundaria. En cuanto a su experiencia, ella dice: 'No fue fácil. La propia gente le da las espaldas a uno'. Ella no sabía inglés y cuando ingresó a la *high school* en vez de un grado equivalente a su educación (cuarto grado), esta rápidamente abandonó sus estudios, durante su primer año. Isaura comenzó a trabajar en una fábrica de papel y terminó embarazada de su primera hija. El joven no se casó con ella y hasta el día de hoy nunca pagó ni un centavo de manutención infantil. Desde el momento en que tuvo el hijo ella trabajó para ayudar a su familia. Ella limpiaba casas, cuidaba niños y trabajaba en otros trabajos diversos.

Esto también se convirtió en un período de tiempo turbulento para su fe ya que recuerda haber descubierto cosas nuevas y las tentaciones que entraron con su nuevo contexto. Ella exploraba su nuevo entorno y lo comparaba con la vida de su país de origen. Sin embargo, ella recuerda que la iglesia pentecostal le proporcionó un refugio seguro. En su caso, ella describe haber sido bautizada con el Espíritu Santo. Un pastor visitante predicó el mensaje de pentecostés y ella recibió el bautismo del Espíritu. Ese día la marcó, ya que oró en lenguas toda la noche, hasta la mañana. Durante ese éxtasis ella oró por todos en su familia en lenguas. Mientras hablaba sobre esta experiencia, notó cómo esto se convirtió en un punto clave en su testimonio y, cómo se involucró más con la iglesia.

Al observar su narrativa, creo que la experiencia del Espíritu Santo le ayudó mucho a poner en orden su vida y sus pensamientos. También sirvió como una experiencia que reorientó su comprensión de sí misma, a la luz de su situación que vivía en este país. En su discurso en lenguas, ella no estaba limitada por el lenguaje humano o su falta de comprensión del idioma inglés. Ella se convirtió en una persona inspirada por el Espíritu Santo para participar activamente en su comunidad de fe. El Espíritu la llevó a una visión de reordenamiento para ella y su familia. Mientras hablaba en lenguas toda la noche, había tenido visiones para su familia y oraba por todos ellos: su madre, su hermano, hermana, su esposo y sus hijos. Ella ofreció diferentes oraciones por ellos intercediendo y ministrándoles. Esa experiencia marcó su vida para convertirse en parte activa de su comunidad de fe y, una persona valiosa, porque Dios la bendijo con esa experiencia pneumática.

Ella conoció a su esposo muchos años después de haber llegado a los Estados Unidos. Como él era ciudadano de este país, solicitó su permiso migratorio y ella está en el proceso de convertirse en residente permanente. Juntos tienen un hijo. Cuando le pregunté cómo sobreviven en los Estados Unidos, Isaura describe cómo su esposo y ella trabajan para completar el dinero que se necesita para el mes. Su trabajo favorito ha sido cuidar niños porque pudo ver crecer a su hijo mientras cuidaba a otros niños. Han enfrentado varias dificultades, particularmente con la situación económica actual en los Estados Unidos. También han recibido a un adolescente (su sobrino) cuya familia no lo quería. Actualmente trabaja en una delicatesen, como su madre. Su sueño es también tener su casa propia.

Ella les dice a los que están pensando en venir: 'Que no vengan. Que se queden allá'. También dice que las personas en su país de origen sueñan con la vida en los Estados Unidos. Creen que las cosas son fáciles, pero todo lo contrario, la vida aquí es muy difícil. Ella está asombrada de que nada es gratis y que nadie hace nada de gratis. Para finalizar la entrevista, le pregunté qué le permitió quedarse aquí y tener éxito. Ella dice: 'Siempre hemos estado en las cosas de Dios. Somos humildes, simples, pero desde que éramos niños estábamos en las cosas de Dios. Aprendimos a no beber ni fumar. Necesitamos tener modales y separar el tiempo para Dios'. También afirma que siempre soñó con estudiar y tener algo propio. Ella piensa que pese a la falta de oportunidades, quiere aprender a cortar el pelo y, finalmente, obtener un diploma y tener su propio negocio. 'Quiero mejorar', dice ella.

La experiencia de Isaura también es típica de la migración en cadena. Los familiares se fueron a los Estados Unidos y finalmente ella también hizo el viaje. La parte más difícil del viaje fue que ella era una niña. Varios cientos de niños son atrapados en la frontera, cada año. Muchos de ellos ni siquiera saben dónde viven sus padres. No pueden regresar a su país de origen, ya que es posible que ni siquiera sepan de dónde son allá. A veces las niñas son explotadas sexualmente, mientras que los niños son introducidos en el mundo del crimen organizado, las drogas y la violencia.

Otra situación típica es que Isaura tenía un trasfondo pentecostal en su nativa Honduras. Esto significa que a pesar de su percepción, que muchos como ella son criminales, ella es un ser humano con una fuerte experiencia y vida cristiana. Su historia particular merece una mirada más humana, ya que no es una delincuente, sino una madre, una cristiana fuerte y una persona que contribuye a la sociedad norteamericana. Su experiencia particular con el Espíritu de Dios la afirmó como persona y como miembra valiosa de su comunidad.

José y Silvia

Entrevisté a otro joven que hizo el viaje a los Estados Unidos a los dieciséis años.[3] Cuando le pregunté sobre la vida en Honduras, comenzó a describir su odisea hacia el norte. José creció en una parte

---

[3] José and Silvia Ferrera, interview by author, 20/04/2010, notes, New York.

muy remota de Honduras. Él nunca tuvo zapatos cuando estaba creciendo. Él y sus hermanos fueron apodados, 'los chuñas', que es una jerga hondureña para 'los descalzos'. La palabra, chuña, también es jerga para una persona sin medios, dinero o educación. Su familia era tan pobre que nunca tuvo zapatos.

José también compartió que solo llegó a segundo grado. Trabajó junto a su padre, quien a pesar de ser pobre logró trabajar y terminó teniendo varias vacas, algunos terrenos y caballos. Desafortunadamente, el padre de José murió cuando él era muy pequeño. Su madre sobrevivió vendiendo de todo. Finalmente se casó de nuevo, pero nunca tuvo los mismos recursos. José terminó viniéndose a los Estados Unidos cuando cumplió los dieciséis años. Dice que en Honduras tuvo que ausentarse de la escuela porque tenía que trabajar. No tenía tiempo para ir a la escuela, porque tenía que preocuparse por lo que él y su familia iban a comer.

A los dieciséis años, José viajó a través de México con su tío, que había viajado de ida y vuelta entre México y Honduras en numerosas ocasiones. Ellos evitaban todas las carreteras principales y dormían a campo abierto a veces entre el ganado. José cuenta que algunas veces se despertaron con sus cuerpos llenos de garrapatas. Junto con su tío progresaron bien hasta que llegaron a la frontera México-Estados Unidos. Ahí él fue encerrado por la Patrulla Fronteriza y obligado a presentarse a migración para una audiencia con un juez. Este juez lo dejó entrar a los Estados Unidos con la condición de que se presentara en el futuro a la corte de inmigración. José estaba muy feliz de que el juez le permitió quedarse en los Estados Unidos.

José describió sus primeros años en los Estados Unidos como muy difíciles. Consiguió un trabajo lavando autos. Aún era un adolescente y esto lo obligó a crecer muy rápido. Nadie lo apoyaba, ni los miembros de su familia, en la misma ciudad. Estaba presente aquí por su propia cuenta. Él vivía en lo que se consideraba como un gueto. Junto con una ola de inmigrantes, vio a la ciudad revitalizarse al recibir una ola de inmigrantes nuevos.

José cuenta que cierto día, el complejo de apartamentos donde vivía, se quemó. Él piensa que pudo haber sido por los traficantes de drogas que vivían en ese lugar. José mencionó que estaba feliz de que nunca se metió en esa forma de vida. Después de describir esto, José declaró que había visitado algunas iglesias evangélicas. También dejó claro que esto fue lo que probablemente le impidió participar en actividades ilícitas.

José trabajaba y ganaba poco dinero, pero como estaba soltero y rentaba un cuarto terminaba siendo mucho dinero. Desafortunadamente, llegó el día en que fue deportado. Dado que inicialmente se presentó al juez y este le permitió quedarse, su responsabilidad ahora era de presentarse a varias otras audiencias de inmigración. El único problema era que las citas estaban en Texas y lamentablemente él vivía en otro estado. Apenas ganaba el salario mínimo y no tenía ningún tipo de apoyo familiar para hacer un viaje hasta Texas. En consecuencia, él nunca se presentó a declarar ante el juez. En la ley de migración esto es lo peor que una persona puede hacer. Un día, las autoridades de inmigración se presentaron en su apartamento con una orden de arresto y deportación. José fue enviado de regreso a Honduras. No fue un proceso rápido. De hecho, vivió en instalaciones temporales de espera, durante meses, hasta que al fin llegó su turno de ser enviado de vuelta.

José tenía 20 años cuando fue deportado. A su regreso a Honduras, no encontró trabajo. La situación económica, estaba tan mal, como cuando se fue. Todos sus amigos de la infancia habían sido asesinados porque mientras él trabajaba en los Estados Unidos, estos ingresaron al mundo de las maras, o pandillas violentas, en Honduras. Ninguno de ellos sabía cómo salir de ese tipo vida. De hecho, hay un dicho entre ellos que cuando ingresan dicen: 'hasta la morgue'. Y así sucedió; todos murieron. José cuenta la historia de la subsistencia en Honduras. No tenía trabajo regular, pero de alguna manera había logrado ganarse la vida allí. Mientras tanto, se casó con Silvia.

Después de un tiempo, decidió viajar de regreso a los Estados Unidos junto con su esposa, ya que las cosas no estaban mejorando. Para hacer las cosas más urgentes para ellos, ella iba a tener un bebé. Ellos decidieron hacer el viaje al norte como José lo había hecho antes, con su tío. Ellos también evitaron las carreteras principales y tuvieron que caminar. Desafortunadamente, Silvia no pudo mantener el ritmo frenético necesario para evitar a las autoridades mexicanas. Los atraparon varias veces en México y repetidamente los enviaban de regreso a la frontera entre México y Guatemala. Después de cinco meses intentando cruzar a México sin éxito, regresaron a Honduras. Silvia perdió a su bebé debido al estrés y las condiciones hostiles del viaje.

José resolvió aún más ingresar a los Estados Unidos. El zarpó solo a los Estados Unidos y llegó por tierra en cuestión de días. Después de trabajar un tiempo, les pagó a unos coyotes para traer a su esposa desde Honduras. Algún tiempo después de su llegada tuvieron un hijo. Ahora José trabaja mucho y gana más que lo que tendría en Honduras. Viven con familiares cercanos, que también están tratando de forjar un camino, entre esta cultura hostil. Ambos José y Silvia ven a su hijo como su esperanza. Él es un ciudadano estadounidense y tiene recursos que ellos nunca tuvieron.

Al mismo tiempo, José está involucrado en una iglesia pentecostal. Su fe ha sido un sustento importante. Silvia comenzó a asistir a su congregación actual cuando descubrió que estaba embarazada con su hijo. Para ella esta fue una experiencia especial ya que le pidió a Dios un parto seguro para este hijo. Después de un embarazo difícil, dio a luz a su bebé. Ella le da crédito a Dios por permitirle tener un parto seguro. Silvia también explica que ha experimentado sueños y visiones que le fue dados por el Espíritu Santo. Por ejemplo, José y Silvia relataron como Dios intervino en sus vidas en una ocasión. Alrededor de las dos de la mañana, Silvia tuvo un sueño en el que Dios la instaba a despertarse porque toda su familia se estaba ahogando. Se despertó y fue a la cocina donde había una fuerte fuga de gas proveniente de la estufa. Abrieron las ventanas y llamaron al propietario para arreglar el problema. A través de esa experiencia, José y Silvia ambos le dan crédito a Dios por salvar a su familia ya que la fuga de gas podría haber causado una explosión en su apartamento.

José y Silvia representan a muchos jóvenes que hacen este viaje. La mayoría de los inmigrantes en los Estados Unidos tienen entre 16 y 34 años, de edad. Ellos tienen muchas esperanzas en este viaje. En su caso, les costó mucho. Pagaron un alto precio por inmigrar y perder a un niño en el camino. Esto es muy común ya que el viaje está lleno de peligros. Uno solo puede maravillarse de su condición en pobreza en su país ya que estaban dispuestos para arriesgar todo al salir al Norte. Su experiencia incluye familiares que son ciudadanos plenos en los Estados Unidos. Trabajan, rinden culto y hacen sus vidas en su nuevo hogar, Estados Unidos. Su congregación es una fuente de afirmación cultural y al mismo tiempo les sirve como un lugar para interactuar con su nuevo entorno.

Características Generales

Una mirada a las vidas de los inmigrantes indocumentados revela la necesidad de humanizar el discurso anti inmigrante. Una de las dimensiones más importantes del viaje son los factores que los empujan a salir de su país y aquello que los atrae hacia los Estados Unidos y, por lo tanto, influyen mucho en su decisión de emigrar. Hay muchas razones por las cuales las personas hacen su viaje al Norte. La inmigración no se puede resolver a través de una simplificación excesiva, o estereotipos y prejuicios con respecto a las personas que hacen este viaje. Al describir ciertas características demostradas a través de estas entrevistas, espero humanizar el discurso sobre la inmigración. Cada persona tiene una historia que contar y merece que se le escuche. Ellos también afirman la máxima: por cada uno que deportan, cinco más vienen con él. Existe la sensación de que no importa lo que haga el gobierno de Estados Unidos o cuán estricto se vuelva con inmigrantes. Lo seguro es que más inmigrantes continuarán llegando en busca de esperanza.

Transición Agraria a Industrializada

También hay otros temas que fueron muy comunes entre sus experiencias. Primero que nada, estos hondureños tenían poca educación. De todos los que entrevisté, el nivel más alto al que llegaron fue el sexto grado. En una sociedad profundamente arraigada en la cultura de la información, ellos son personas que pueden no tener las herramientas necesarias para sobrevivir en lo que demanda el libre comercio. Esto no es de su propia elección. Ellos vienen de un país agrario en donde uno no necesita educación para trabajar en el campo. Muchas personas minusvaloran la educación porque su pobreza demanda que trabajen los campos para sus cultivos. En el caso de una de las personas que entrevisté, Juanito, su familia le dijo que dejara de ir a la escuela cuando estaba en segundo grado. Desde esa edad temprana, dedicó su vida a trabajar en el campo. Así es como se ganaba la vida trabajando en los campos para el beneficio de su familia. Aquí hace el mismo trabajo que hacía en su país de origen, pero ahora lo hace por un salario mucho más alto. Sin embargo, ha aprendido muchas cosas nuevas, incluidos los beneficios de las computadoras, aparatos móviles y la última tecnología. Así que son personas con la capacidad de aprender y superarse. Juanito en este país posee una computadora y es capaz de operar estas tecnologías con facilidad. El hecho de que no tenga educación formal no significa que no pueda aprender nada nuevo. Ellos se adaptan activamente. Hay un dicho en Honduras que describe esta dexteridad, 'son vivos'.

Otra característica de estas personas es su ingenio. Aunque tienen una educación limitada, encuentran muchas formas creativas de ganarse la vida. En Honduras, muchas de las mujeres eran trabajadoras domésticas. Con el tiempo, algunos de ellas inician pequeños negocios como una microempresa. Muchas mujeres tienen una pequeña cocina donde venden comida. Aquí en los Estados Unidos, estos inmigrantes encuentran trabajo donde pueden. Su percepción general es que toman los trabajos que nadie más quiere hacer.

En general, uno puede encontrar muchas cosas en común en sus historias. De alguna manera, sus vidas se volvieron difíciles y su modo de subsistencia, tal como la agricultura, se hizo insostenible. Entonces, en cierto sentido, ellos fueron expulsados de sus pueblos, ciudades y comunidades — y eventualmente de su propio país. En Honduras, puede haber una sensación de fatalismo, por tanto, ellos saben que su situación no podría empeorar. Su experiencia en los Estados Unidos, les ha llevado a un sentido de oportunidad muy tenaz. Están decididos a salir adelante y encontrar muchas maneras de mantenerse a sí mismos, a sus familias inmediatas y a sus familias extendidas, a pesar de las limitaciones de trabajo impuestas por el gobierno de los Estados Unidos.

Mientras que muchos estadounidenses tienen el problema con la decisión moral de violar las leyes de inmigración del país, los movimientos teológicos como *Sanctuary* (santuario) ayudan a esclarecer los problemas morales involucrados al emprender ese viaje. Por ejemplo, *Sanctuary* proporciona el recurso de lo cotidiano al observar los factores que los empuja y hala. También nos llama a considerar las realidades históricas que precipitan a este tipo de inmigración. En segundo lugar, *Sanctuary* también nos ha informado que la inmigración es una decisión moral compleja. Un estudio de Honduras demuestra que los inmigrantes toman una decisión basada en las realidades contextuales que alimentan su deseo de sobrevivencia. Cualquier discusión que no considere la inanición, la pobreza masiva y la violencia de la que estos inmigrantes escapan, no está considerando la humanidad o la *imago Dei* básica de estas personas. A la luz de la pobreza aplastante donde algunos de ellos enfrentan el hambre a diario muchos de ellos tomaron la decisión responsable de emigrar. Sus condiciones empobrecidas adquieren una nueva urgencia a la luz de las difíciles situaciones en las que trabajan en arduos empleos con bajos ingresos o cuando son oprimidos por sus patrones. Ellos tienen motivaciones legítimas al tomar su decisión de irse. Preferirían trabajar en un empleo de bajos ingresos en los Estados Unidos para la supervivencia de sus familias.

Finalmente, *Sanctuary* también nos ha dado la idea de que estos inmigrantes experimentan un intercambio. A la luz de la experiencia hondureña, varias personas pueden ser indocumentadas por un largo período de tiempo. Esto revela que tienen hijos y/o familiares que tienen ciudadanía estadounidense, pero debido a razones financieras o la falta de oportunidades, es posible que no hayan procesado sus documentos. Esta es una situación muy común.[4] Esas personas han experimentado una hibridez caracterizada por la incrustación múltiple en la que viven y cooperan en la forma de vida de América del Norte, pero la falta de documentación los aleja de esta forma de vida. La hibridez nos hace conscientes de que han experimentado intercambios y se han acomodado de una forma u otra al estilo de vida de América del Norte. Su experiencia de hibridez los ubica en una encrucijada con culturas circundantes. Ya sea que vivan en un vecindario negro mayoritario, o en un vecindario puertorriqueño mayoritario, o en un vecindario blanco mayoritario, etc., estos se adaptan a estas formas de vida y producen variedades de hibridez.

El Viaje

El viaje siempre es difícil, ya que México también está experimentando tiempos turbulentos y violentos. Muchos de estos inmigrantes de Centro América son asaltados, asesinados o retenidos rutinariamente, por dinero.[5] En la violencia más reciente, 72 inmigrantes fueron masacrados en Tamaulipas, México, porque se negaron a trabajar

---

[4] Matthew Soerens y Jenny Hwang Yang, *Welcoming the Stranger* (Downers Grove: Intervarsity Press, 2009), p. 39.

[5] 'Identificadas 31 Victimas de Masacre en Tamaulipas', *Terra*, http://www.terra.com.mx/noticias/articulo/948152/Identificadas+31+victimas+de+masacre+en+Tamaulipas.htm (accedido el 26 de agosto, 2010).

como mulas de drogas. A menudo son llevados a sufrimiento extremo y padecen injusticias innombrables.

Particularmente para mujeres y niños, este es un viaje peligroso. Algunas de las mujeres que entrevisté, dolorosamente compartieron sus historias de haber sido atacadas sexualmente, incluso por sus supuestos cuidadores americanos. En un caso, una joven compartió cómo fue violada en una cárcel en México. Es un milagro que no se convirtiera en una desaparecida o que no terminara en un burdel. Los coyotes, bandidos, pandillas y maras hacen de este un viaje especialmente peligroso para mujeres y niños. Las mujeres y los niños son los inmigrantes más vulnerables. Estos sufren a manos de adultos corruptos. Un joven que entrevisté dice que no ha tenido noticias de su hermana desde el momento en que hizo el viaje a los Estados Unidos. Han pasado más de una década y nadie sabe de su paradero. Muchas familias cuentan la historia de los parientes que hicieron el viaje y nunca más se supo de ellos. Las razones de tales desapariciones siguen siendo misterios sin resolver. En casos trágicos, se los puede encontrar como cadáveres anónimos en las tierras fronterizas de los Estados Unidos y México.

El sueño o la pesadilla Americana

Para aquellos que llegan a los Estados Unidos, su perspectiva está llena de expectativas. Pronto, sin embargo, se dan cuenta que deben trabajar duro para lograrlo en este país. El dicho estadounidense que algunos citaron es aquel que dice: 'no hay almuerzo gratis'. Ellos saben que en este país se trabaja por todo. Además, ellos tienen la responsabilidad de enviar dinero a sus familiares en sus países de origen. Al conversar con algunos de ellos, estos me contaron que envían ciento cincuenta dólares por semana, otros alrededor de cuatrocientos al mes. No hay un monto fijo y cada uno envía montos diferentes. Algunos dijeron que solo querían venir por un mes o dos; sin embargo, terminaron quedándose sin saber cuándo iban a regresar. Muchos de ellos dijeron que su intención original no era quedarse. Sin embargo, se han quedado en los Estados Unidos indefinidamente. Saben que sea como sea en este país van a tener trabajo y prefieren el flujo de cash, aunque sea limitado, ante la opción de no tener ninguno.

Además, tienden a establecerse alrededor de comunidades latinas establecidas, de las cuales también enfrentan la exclusión debido a su estatus 'ilegal'. Otros latinos los excluyen en lugares como las escuelas. También existe el problema del etnocentrismo entre los latinos. Hay una tensión especialmente contra aquellos que han llegado recientemente. En la escuela, esto significa que los jóvenes inmigrantes suelen sufrir marginamiento, al hacerles sentir que realmente no pertenecen allí. Por estas y otras razones, es posible que prefieran abandonar sus estudios y trabajar en lo que es una realidad práctica y visceral.

Aunque tienen sueños, estos parecen posponerse y, a menudo, no se cumplen hasta que la segunda o tercera generación crezca en los Estados Unidos. La mayoría de ellos expresaron que querían volver a casa y no querían una estadía prolongada aquí. Algunos de ellos querían una educación para ellos o para sus hijos. Pero los sueños siempre han carecido de sustancia. Carecen de recursos, educación o conocimiento para hacer estos sueños posibles. Por esta y varias otras razones, se sacrifican mucho en el trabajo y la vida. Algunos trabajan todos los días de la semana, sin descanso. Muchos no saben el camino a seguir porque nadie les ha dedicado el tiempo o la energía necesaria para mostrárselos.

La decisión de emigrar

El típico mensaje de los entrevistados, para todos aquellos que desean venir a los Estados Unidos es: 'Que se queden. Pero si se vienen que vengan listos. La gente piensa que la vida aquí es fácil. No lo es. Aquí está lleno de tiempos difíciles. Nada es gratis aquí. No hay tiempo. El paso que lleva la vida es fuerte. Enfrentamos muchas dificultades'.[6]

También hacen eco de un tema común que si tuvieran la oportunidad de decirles a los estadounidenses por qué vinieron, dirían que vinieron aquí para trabajar, no para quitarles nada o para drenar el sistema. De todas las personas a las que entrevisté, la mayoría trabajaban y se ganaban la vida con sus propias manos. Todos dijeron que vinieron a trabajar y para mantener a sus familias. Hubo algunos hogares que eran de madres solteras. En consecuencia, se vieron

---

[6] María López, interview by author.

obligadas a depender de los subsidios del gobierno. Pero en general, esto siguió siendo una minoría relativamente pequeña.

Su decisión de emigrar revela la naturaleza de su toma de decisiones. Están orientados al grupo o comunidad y, dispuestos a sacrificarse por sus familias, inmediatas y extendidas. La inmigración indocumentada a muchos les permitió crear una visión alternativa de la vida. No es solo un paisaje de sueños atrapado en expectativas poco realistas, sino un mundo que involucra la realidad concreta, con toda su visceralidad.

La praxis y la acción adecuadas a veces requieren a la inmigración. En un mundo con pocas o ninguna opción, es una decisión valiente enfrentar lo que nadie quiere enfrentar. Es el colmo de la autodeterminación cruzar fronteras y enfrentar la discriminación para mejorar la calidad de vida. Una discusión extensa sobre la inmigración indocumentada no es para relativizar la moralidad o una cuestión de ética, porque estas personas entienden que se trata de una cuestión de vida o muerte. Cada vez que uno de ellos cruza la frontera, el sueño americano nace de nuevo.

Ahora podemos ver los problemas, que los expulsan de América Latina y nosotros debemos comprometernos para trabajar por la justicia. Podemos buscar problemas y racismo incipiente y los ajustes que deben hacer ingresar a los Estados Unidos. También podemos tratarlos como hermanos o hermanas y no solo como infractores de la ley. Debemos escuchar sus historias. Por ejemplo, uno de los problemas que desencadena la inmigración a los Estados Unidos es la violencia y la inestabilidad de los países. Esto también debería incluir más investigación sobre los efectos del tráfico de drogas en Centro América. Honduras, por ejemplo, se encuentra en un estado de inseguridad en el que delincuentes y asesinos violentos disfrutan de una morbosa impunidad. En 2011 hubo varios intentos de intimidación en los periódicos al ser tiroteados sus sedes, al azar. También hubo asesinatos de abogados y jueces en el país. Tales condiciones conducen a un miedo subyacente general y hace que la posibilidad de permanecer en los Estados Unidos sea más atractiva. En 2011 se descubrió que Honduras era la nación más violenta del mundo.[7] Un

---

[7] 'Global Study on Homicide 2011: Trends, Contexts, Data', United Nations Office on Drugs and Crime, http://www.unodc.org/documents/data-and-analysis/statistics/Homicide/Globa_study_on_homicide_2011_web.pdf (accedido en enero 2012).

periódico hondureño, *La Prensa*, estima que 500,000 hondureños viven bajo la amenaza de extorsionadores.[8] El mismo periódico también publicó una historia en la que Chamelecón, una ciudad cercana a San Pedro Sula, es un pueblo fantasma debido a la violencia.[9] La mayoría de sus residentes han emigrado y han dejado propiedades y casas en mal estado.

Material teológico para reflexión

Estas experiencias plantean posibles temas para la discusión teológica. En primer lugar, hay preguntas sobre el macrocosmos de su existencia en los Estados Unidos. En el texto bíblico encontramos el ejemplo del Dios de los pobres que sacó a su pueblo de Egipto cruzando el desierto hacia la Tierra Prometida. Dios moraba con estos inmigrantes. De una manera paralela, en nuestro contexto, los indocumentados son algunos de los pueblos más marginados y oprimidos sobre la faz de la tierra. Dios dijo muchas veces: no opriman al extranjero (*alien*) porque ustedes mismos fueron extranjeros. Lo que vemos en el Antiguo Testamento es un llamado repetido para recordar el estado y la ubicación social de donde salieron los israelitas. De otra manera paralela, muchos cristianos de América del Norte han olvidado que son descendientes de aquellos que llegaron a este país en maneras similares.

En segundo lugar, también hay muchos temas que hablar sobre la lucha y la supervivencia, como dijo Ada María Isasi-Díaz. Por ejemplo, el tema de la globalización debe ser considerado en lo que se refiere a la justicia social. Debemos ser solidarios con los pobres, buscando salarios justos y el comercio justo. En Honduras, a medida que caen los precios del café, el cacao y el banano, al ver que sus cosechas no ajustan para el diario vivir, estos catrachos deciden emigrar. La inmigración es un fenómeno relacionado con la inflación y el aumento del costo de la vida. No se puede juzgar a estas personas sin considerar el contexto del que provienen. Una vez más, los factores

---

[8] 'Hay Medio Millón de Hondureños Secuestrados por Maras', in *La Prensa*, http://www.laprensa.hn/Secciones-Principales/Honduras/Apertura/Hay-medio-millon-de-hondurenos-secuestrados-por-maras (accedido el 7 de mayo, 2013).

[9] 'La Guerra Volvió a Chamelecón', http://www.laprensa.hn/Secciones-Principales/Honduras/Apertura/La-guerra-volvio-a-Chamelecon-las-maras-rompen-la-tregua *La Prensa* (accedido el 7 de mayo, 2013).

que los empuja y que los hala causan éxodos en masa de América Latina a las naciones del Norte. Nuestro mundo está más interconectado que antes. También deberíamos reducir la injusticia así como las distancias se han reducido.

En tercer lugar, debemos considerar la experiencia de la inmigración teológicamente. Para algunos de estos inmigrantes, la decisión de salir de su país significa un viaje a través el desierto. Ahí enfrentan a un ambiente difícil, donde pueden morir de sed o de hambre. Estos también lidian con dificultades, como coyotes depredadores. Más aún otros son víctimas de secuestros, violencia, violaciones e incluso esclavitud. Sin embargo, el viaje a los Estados Unidos vale la pena a pesar de tantos riesgos. En medio de estas dificultades estos inmigrantes tienen un sentido perdurable de esperanza. Aún como extranjeros soportan una opresión sofocante en los Estados Unidos y se ganan así una vida nueva aquí. Sin embargo, estas dificultades no se comparan con la realidad que han dejado atrás, ya que han sido personas marginadas y en cierto sentido crucificadas. Por lo tanto, nada puede ser peor de lo que ya han vivido. Para ellos el mundo nuevo está lleno de esperanza.

Un hilo común final en estas entrevistas fue la presencia de la religión pneumática entre estos inmigrantes. La mayoría de estos inmigrantes eran católicos o pentecostales. Particularmente en el caso de los pentecostales, la visión de su fe no era una oferta religiosa de otro mundo, sino de un Dios que les dota de visiones alternas de la vida y que se relaciona con su sufrimiento. El es un Dios que cura sus enfermedades y heridas, ya sea por el trauma de vivir en comunidades oprimidas o tener que dejar sus familias o comunidades atrás. Dios es solidario con el sin número de dificultades que experimentan en el viaje y, porque tienen que adaptarse a una nueva vida en los Estados Unidos. Los entrevistados fueron participantes activos en sus comunidades de fe. Estas son comunidades en las que se les afirma y en las que se estos convierten en participantes activos independientemente de las cosas que la sociedad dice sobre ellos.

En un caso especial, la Hermana Petra testificó de cómo Dios usó su vida.[10] Ella es una creyente que ha experimentado el bautismo del Espíritu. En una ocasión, ella describió cómo fue contratada para limpiar una casa. Al pasar el tiempo, se dio cuenta que el padre de

---

[10] Petra Ramírez, entrevista por el autor, 10/11/2010, notes, New York.

esta familia tenía cáncer. Con su español limitado, ella le preguntó si podía orar por él. Desesperado y sin soluciones, el caballero permitió que Petra orara por él. Al pasar el tiempo gradualmente mejoró y fue declarado libre de cáncer por la comunidad médica. Petra describe cómo más tarde encontró Biblias y materiales devocionales en ese hogar. En una ocasión, el señor de la casa comenzó a tener un estudio bíblico semanal en su hogar. Ella ya no trabaja limpiando casas. Pero recuerda cómo Dios usó su vida para ministrar a una persona, quien simplemente pudo haberla visto como una simple 'trabajadora'.

En los próximos capítulos exploraremos teológicamente, cómo se da este tipo de experiencia que los pentecostales vinculan con el Espíritu de Dios.

Conclusión

Hagamos un resumen de dónde hemos iniciado y cómo hemos llegado hasta este punto, en esta reflexión teológica. Primero, reconozco que Virgilio Elizondo fue el primero que hizo la valiosa contribución del mestizaje, utilizándolo como la clave para entender a la gente mexicana-americana. Esta contribución luego fue incorporada para describir la vinculación teológica de los Latinos en los Estados Unidos. Más tarde, María Isasi-Díaz introdujo el concepto de lo cotidiano como un valioso recurso teológico. Esto le permitió ampliar el concepto de mestizaje, permitiendo que otras personas, grupos y nacionalidades se refieran a la comprensión de una identidad colectiva latina.

Luego, demostré cómo en esta identidad pan-latina hay una tensión de identidad y otredad característica de la hibridez. Esto revela tensiones en múltiples incrustaciones dentro de lo que se considera como el *locus teologicus* del pueblo latino. La hibridez es un principio metodológico que revela la tensión entre identidad y otredad. También es una cuestión de identidad que revela la naturaleza de la existencia en este un espacio intersticial. He examinado esta tensión particular que surge de una comprensión de la hibridez: los inmigrantes indocumentados.

Al ver estas situaciones extremas, cualquier discusión sobre hibridez, mestizaje o mestizajes debe incluir siempre un movimiento de ida y vuelta entre el centro y las márgenes, identidad y otredad. Esto nos ayuda a entender cómo ser mestizo y otros grupos al margen del mestizaje, como los indígenas, y/o también los campesinos de América Latina, quienes, a su vez, también pueden componer a los indocumentados en los Estados Unidos. Esta exploración del mestizaje y la consecuente hibridez emergente ha revelado tensiones que deber ser matizadas por la interacción entre identidad y otredad.

La hibridez, según se considera a partir de la experiencia de los indocumentados, revela que estos no solo son incomprendidos, sino que también son un pueblo violado y, otros teólogos dirían crucificado.[11] Detrás de la percepción de ignorancia y anarquía de la cultura dominante, subyace una profunda frustración de las consecuencias del legado colonial: violencia, opresión, abandono, pobreza y explotación. Elizondo afirma sobre los latinos que: 'la aceptación y la resistencia pasiva son las únicas formas de sobrevivir al presente'.[12] Yo agregaría a su punto, que una resistencia activa incluiría la inmigración — tanto documentada como indocumentada. Una vez, en los Estados Unidos, la única opción para que los inmigrantes sobrevivan y se preparen para una liberación definitiva, es aceptar su situación tal como es y aprovecharla al máximo.[13] Aceptar la situación no significa que les guste o que lo disfruten; es simplemente una manera de sobrellevarlo para sobrevivir.[14] Finalmente, el trabajo del Espíritu en medio de ellos no puede estudiarse fuera del contexto de la pobreza, la violencia y el sufrimiento asfixiante y deshumanizante. Cualquier intento de hablar teológica o políticamente de su situación sin entender estas cosas de su realidad, no tiene sentido.

---

[11] Elizondo, The Future is Mestizo, p. 29.
[12] Elizondo, *The Future is Mestizo*, p. 29.
[13] Elizondo, The Future is Mestizo, p. 31.
[14] Elizondo, *The Future is Mestizo*, p. 31.

9

Reflexiones Pneumatológicas a la Luz de la Hibridez

Introducción

El recuento del capítulo anterior nos permite atar cabos sueltos y entender hacia dónde vamos con este estudio. A la luz de las entrevistas anteriores, examinaremos una teología emergente de lo cotidiano. Consideraremos especialmente el mestizaje y la hibridez en la vida de estos individuos y comunidades de fe. Mi interés particular está en la obra del Espíritu Santo en los espacios intersticiales. Espero que podamos establecer una construcción teológica emergente a partir de las vidas de los inmigrantes indocumentados pentecostales. Su fe y su ubicación particular, son recursos útiles para la reflexión teológica.

Resumen y localización actual

Mi punto de partida es el mestizaje. Es el término teológico más importante para la comunidad latina en los Estados Unidos porque sirve como *locus teologicus* de la comunidad. Sobre su fundamento en lo cotidiano podemos hacer trabajo teológico para las personas latinas. En los Estados Unidos, este paso nos permite entrar en un proceso de praxis (reflexión y acción) a la luz de las experiencias de lo cotidiano.

También observo que, si el mestizaje es nuestro punto de partida, debemos reconocer algunas de sus fuerzas y deficiencias si continuamos usándolo como un adjetivo general para los latinos en los Estados Unidos. Primero, puede ser un término que se esfuerza por lograr una armonía, que puede y no puede, contener toda la experiencia latina como tal. Como hemos visto, América Latina es extremadamente diversa. Las personas que ingresan a los Estados Unidos desde Latinoamérica son igualmente diversas. El mestizaje habla de una comunidad y de sus experiencias, pero no trata exhaustivamente a todos los latinos en los Estados Unidos o la gente de América Latina. Esto revela una necesidad continua de matizar su tensión intra-latina e incluso las tensiones desde el centro latino, a los que están fuera de esta comunidad. Los latinos son diversos de tal manera que el mestizaje puede obstaculizar nuestra discusión porque se puede referir a una pequeña porción de tipología racial o experiencia socioeconómica y genera dificultades al tratar de usarlo como un marcador de identidad.

En segundo lugar, otro inconveniente del mestizaje es que ha sido utilizado por las teologías predominantemente católicas y se ha vinculado más fuertemente a la experiencia mexicanoamericana, en los Estados Unidos. Sin embargo, es un concepto que estoy tratando de expandir a través de la participación pentecostal y desde el punto de vista de varias nacionalidades diferentes, presentes en los Estados Unidos. En otras palabras, trato de entender el mestizaje de una manera no tradicional, tales son los ejemplos de las presentaciones de Néstor Medina y Manuel Vásquez. Esto también es relevante porque los salvadoreños ya están superando a los cubanos en términos de población en los Estados Unidos. Según las mismas estadísticas, los dominicanos también superarán a los cubanos muy pronto. Si vamos a trabajar para la comunidad y estamos en diálogo con la gran diversidad que abarca la terminología latina, debemos reconocer a otros latinos en los Estados Unidos, de los cuales no se habla.

Esta salvedad es necesaria, para referirme a los siguientes puntos. Primero, algunos lugares no tradicionales incluyen el pentecostalismo y la inmigración indocumentada. El pentecostalismo está sub-representado en la comunidad religiosa y en las discusiones sobre el mestizaje. En segundo lugar, me preocupa la omisión de los inmigrantes indocumentados en esta teología. Ambos se mencionan mínimamente y deben desarrollarse orgánicamente, en teologías, utilizando el mestizaje. En el clima político actual, la inmigración indocumentada, en particular, es uno de esos temas polarizadores que merece mucha más discusión que la retórica actual que se le aplica.

Por estas razones apremiantes, seguí la discusión de Isasi-Díaz sobre el mestizaje y cómo ella amplió este término teológico para incluir ambas a la mulatez y la teología mujerista en la reflexión teológica latina. Ella señaló la importancia de lo cotidiano para construir teología, desde o para la comunidad latina en los Estados Unidos. Al ampliar su significado, demostró una gran conciencia de la diversidad dentro de los latinos en los Estados Unidos. También deseo seguir este ejemplo para comprender por qué muchas personas de América Latina, pueden ingresar a los Estados Unidos, sin la documentación adecuada.

A pesar de las ideas por la lucha y la supervivencia que surgen de lo cotidiano, creo que los teólogos latinos deben incluir la inmigración indocumentada como un tema pertinente que surge de este lugar. Podemos discutirlo sin colapsar el argumento en discusiones políticas sobre los derechos y la ética. Creo que al matizar el mestizaje podemos obtener una mejor comprensión de la comunidad latina y una mirada humanizadora de aquellos que ingresan a los Estados Unidos, sin la documentación adecuada. Además, la inclusión del mestizaje nos conduce a un análisis robusto de esta realidad, teológicamente. Creo que es importante, porque si examinamos la inmigración indocumentada vemos la gran disparidad y el sufrimiento de los pobres en América Latina. También, nuestra reflexión teológica debe relacionarse con las continuas experiencias de marginación humana en los Estados Unidos.

Si miramos esta experiencia y el trabajo de la iglesia, en medio de tal existencia en los márgenes de la sociedad norteamericana, notamos una fuerte presencia cristiana entre esta gente, en ambos contextos, entre la iglesia católica y los movimientos pentecostales. Esta presencia cristiana debería conducir a una teología robusta que surja desde lo cotidiano. En lo que sigue, propongo una teología emergente que se mueve entre los temas pneumatológicos de la inmanencia de Dios y la trascendencia de Dios como una matriz para la acción-reflexión. Al hacerlo, tomamos lo cotidiano inspirado por el mestizaje, en serio.

En muchos sentidos, conduce a una revisión de los atributos divinos muy similar a la obra de Samuel Solivan en *El Espíritu, Pathos y Liberación*. En su libro, Solivan deja espacio para la experiencia latina de la marginación y la ortopatía de Dios. El critica fuertemente la formulación tradicional de la impasibilidad de Dios. Creo que a la luz de lo cotidiano y los encuentros entre indocumentados y pentecostales, esto necesariamente incluye también una tensión entre la inmanencia y la trascendencia de Dios. El diálogo entre estas dos categorías, nos permite notar que estas reflejan tensiones entre identidad y otredad o, una forma de hibridez que podría servir como modelo para una relación justa.

En esta coyuntura también enfatizo al pentecostalismo. El pentecostalismo ha crecido significativamente en América Latina y creo que, en lugar de competir con este fenómeno, la Iglesia Católica debe dialogar con los pentecostales. Ambos deben participar en un diálogo ecuménico conjunto. Tal alternativa lleva a una perspectiva pneumatológica de ver a Dios como el dador de símbolos y visiones. El es quien despierta el llamado profético a trabajar por la justicia en medio de los pobres, marginados y oprimidos.

Una crítica común del uso del mestizaje es la falta de inclusión de contextos diversos. Por ejemplo, Manuel Vásquez, Miguel De La Torre y Néstor Medina critican fuertemente el uso del mestizaje, porque fue utilizado como una metanarrativa de construcción nacional que sistemáticamente destruyó cualquier apariencia de alteridad. Dicha crítica es una de las razones principales por la que estos autores prefirieron usar terminologías más inclusivas, como los mestizajes, el mestizaje-entremezcla o la hibridación que viaja a través del mundo (*world traveling hybridity*). Estos buscan reconocer las tensiones intralatinas, así como las dimensiones alternativas de América Latina, que surgen de un análisis del mestizaje. La tendencia es a analizar y explorar la red de relacionalidad que caracteriza a los latinos en los Estados Unidos y construir puentes desde un pasado colonial común.

Hibridez

En última instancia, estas preocupaciones requieren una teología más matizada y un mayor grado de diálogo y comprensión inter-latina. También creo que estos teólogos hacen un llamado para una examinación crítica del mestizaje-mezcla, que veo como una preocupación significativa de la hibridez. Anteriormente, hicimos un llamamiento al uso del término hibridez propuesto por Vásquez, para discutir una hibridez latinoamericana o latina. Este argumenta que la hibridez revela la tensión del yo y del otro o lo que llama identidad y otredad. También habla de la dinámica entre identidad y otredad. Esta dinámica está integrada en los orígenes de América Latina y califica la forma en que las identidades emergen o se construyen. Es una interacción dinámica e interactiva por diferentes encuentros, reencuentros, encontronazos y desencuentros.

Una vez más, estos términos enfatizan la relación y el deseo de construir una mutualidad justa. Los valores de la amistad, fraternidad, hermandad y hospitalidad mueven a la hibridez en la dirección de una relacionalidad justa. A través del trabajo del Espíritu Santo, estos valores pueden acercarnos hacia una postura de sanidad entre individuos y comunidades que existen juntos en contraste y competencia a la vez. Tales ejemplos son los ricos y pobres, los que tienen y los que no, el inmigrante indocumentado y el ciudadano completo.

Hibridez e *hybridity*

Debido a esta gran preocupación por el otro, decidí entablar una conversación con una hibridez latina informada por las discusiones sobre la hibridez poscolonial. No absorbo este término sin la crítica respectiva. Estos dos existen en tensiones similares, pero son diferentes e independientes. Observamos que existen variedades de hibridaciones que surgen de diferentes contextos y que deben discutirse. Por lo tanto, nuestra discusión sobre la hibridez nos lleva a descubrir las tensiones intra-latinas y las tensiones que van en direcciones hacia afuera de la comunidad latina, hacia otras variedades.

No estoy eliminando el mestizaje. Creo que la comunidad latina teológica debe continuar involucrando al mestizaje, porque le da a la hibridez, una base histórica necesaria. El mestizaje nos fundamenta en lo cotidiano. Y de nuevo, observe que no me limito a traducir el término *hybridity* al español. Lo he calificado con mestizaje y, como tal, se basa en las realidades latinoamericanas y lo cotidiano. El uso de la hibridez nos lleva a considerar otredad e identidad dentro del mestizaje. También nos lleva a considerar identidad y otredad fuera del mestizaje, como mulatez, realidades amerindias, los caucásicos, afroamericanos, etc. La hibridez nos permite observar y matizar los encuentros, reencuentros, encontronazos y desencuentros que caracterizan a los pueblos de América Latina. Por lo tanto, la hibridez se convierte en un marcador de identidad y una metodología para un diálogo intercultural. De nuevo, esto es lo que creo que Medina insinuó a través de mestizajes y mestizaje-mezcla.

Para comprender el proceso de relacionalidad dialogué con la hibridez de Bhabha, para obtener una perspectiva del espacio intersticial que conduce a interpretaciones y reinterpretaciones de los discursos dominantes, por parte de los que están al margen del poder. Una mirada a la teoría de Bhabha sobre la hibridez nos permite involucrar y matizar aún más los intercambios culturales y descubrir los diferentes significados que surgen del diálogo intercultural. También podemos matizar las formas de resistencia que caracterizan a aquellos en los márgenes de la sociedad. Esto nos permite comprender la acción subversiva de cruzar un límite sin la documentación adecuada. Bhabha no es más que una variedad de las hibrideces, con la que podemos dialogar.

Repito este último pensamiento sobre la hibridez. Si la aceptamos debemos permanecer enraizados en lo cotidiano. No debemos escapar de la realidad de la gente que sufre, en América Latina o, de la realidad visceral de los pobres, en las grandes urbes que trabajan en los Estados Unidos. Lo cotidiano es un elemento esencial en la construcción de una teología latina justa, precisamente porque incluye a los pobres. Además, la hibridez no puede convertirse en un sistema científico cerrado, con una cosmovisión científica cerrada y rígida. Debemos permitir una dimensión informada por el Espíritu inmanente y trascendente de Dios, activo en lo cotidiano, si queremos hacer uso de la hibridez. Es a través de esta inclusión del Espíritu de Dios en lo cotidiano que regreso a la teología a través de la hibridez.

La hibridez nos conduce a explorar a los inmigrantes indocumentados que hacen el viaje al norte. Nos volvemos sensibles a situaciones que surgen de lo cotidiano y representaciones híbridas, como la forma en que interpretan el Sueño Americano y, la pobreza crónica que sofoca la vida de los pobres. De esa manera, nos esforzamos por incluir estas experiencias en nuestras construcciones teológicas.

Hibridez, símbolos y visiones desde lo cotidiano

En mi regreso a la teología, seguí el ejemplo que algunos autores latinos hacen al enfocarse en la religión popular y los símbolos de la comunidad. Hicimos un análisis del mestizaje y su papel en la interpretación de la Virgen de Guadalupe y de Jesucristo. Dios se identifica con aquellos al margen de la sociedad y los pueblos híbridos latinoamericanos. La identificación de Dios a través de Jesucristo es redentora y transformadora. En la Iglesia Católica, la Virgen de Guadalupe es un símbolo pneumatológico profético que afirmó la cosmovisión emergente de los vencidos aztecas. En Jesucristo, tenemos al Salvador del mundo que vivió, trabajó y ministró entre los miembros más extremos de la sociedad. Su trabajo también incluyó a aquellos, más allá de su propia etnia, los gentiles. Incluso Jesucristo se identificó con inmigrantes que ahora ingresan por la puerta trasera de los Estados Unidos, a través de desiertos abrasadores y el Río Grande, ya que él mismo fue un refugiado en Egipto.

También analicé a una autora, en particular, que capturó los intereses de la hibridez, en Sor Juana Inés de la Cruz. En muchos sentidos, ella es precursora de las teologías de la liberación. Su uso particular del *Loa al Divino Narciso* refleja una conciencia híbrida que reconcilió las cosmovisiones amerindias y europeas. Solo podemos preguntarnos cuánto más pudo haber escrito si los que estaban en el poder no la hubiesen censurado. Ella nos muestra que el lenguaje de la hibridez va más allá de las categorías simplistas, de una o dos categorías, para aquellos que son a la vez un poquito de aquí y un poquito de allá. Nos llamó a crear categorías mucho más inclusivas y justas.

Un punto de vista híbrido, desde una perspectiva pentecostal, también revela capas de una pneumatología popular. Algunos autores describieron a la Virgen de Guadalupe como un símbolo inspirado pneumatológicamente, en que el Espíritu Santo está presente en lugares híbridos y realidades híbridas. Aquí traté de crear un puente al pentecostalismo, debido a que la mayoría de la literatura para la comunidad latina proviene de la perspectiva católica, quise dar un paso ecuménico y examinar qué aspecto tiene la hibridez como algo que surge de lo cotidiano, desde una perspectiva pentecostal. Para abrir la identidad a otredad analizamos la obra del Espíritu Santo. Este descentra la identidad para darle voz a la otredad y así permitir un auténtico diálogo.

Por estas razones, examiné el avivamiento de Azusa Street. Creo que Azusa Street es un lugar que nos permite ver la incomodidad y los encuentros de los primeros pentecostales y, cómo el Espíritu de Dios estaba trabajando ahí. Azusa Street podría haber sido potencialmente una viñeta sobre la hibridez como una realidad liminal donde el Espíritu Santo entra en la vida de los marginados y oprimidos de la sociedad. Sin embargo, la experiencia de la Calle Azusa colapsó en una desilusión y una decepción, porque esta Gestalt para la reflexión teológica se estancó. Azusa no cambió la dinámica del paternalismo presente en la misión pentecostal norteamericana.

También describí a Azusa Street, porque es un lugar al que muchos pentecostales de América del Norte se refieren para describir su teología y, quería destacar que era un lugar donde algunos inmigrantes indocumentados estaban presentes, contaminando de esta manera un lugar prístino para los pentecostales anglos. También quiero dejar en claro que no fue el único lugar donde fue así, ya que el Suroeste norteamericano experimentó un transnacionalismo, desde abajo, donde los inmigrantes cruzaron la frontera entre Estados Unidos y México de muchas otras maneras. De Azusa también uso la terminología evangélica, porque esta terminología construye puentes con los evangélicos derechistas en los Estados Unidos, que no entienden o no desean entender el fenómeno de la inmigración indocumentada. Examiné a los pentecostales para establecer que los latinos también estaban presentes en el avivamiento de la calle Azusa y, para proponer teorías de lo que experimentaron a través de la hibridez, en el poder del Espíritu. También examino el avivamiento porque muchos pentecostales parecen tener una versión aséptica de la crudeza experimentada en la calle Azusa. El Espíritu Santo estaba trabajando en un lugar de encontronazos, como en el ejemplo del indio de la parte central de México, que fue un participante activo en el avivamiento.

Es posible ver que los inmigrantes indocumentados también han sido parte de la herencia pentecostal y evangélica. Daniel Ramírez describe una hospitalidad de hecho y una frontera muy ambigua en la que las personas de ambos lados de la frontera se cruzan en los países de los demás. Tales movimientos caracterizan al cristianismo del sudoeste de los Estados Unidos.[1]

Consecuentemente, quise presentar una hibridez pneumatológica emergente y lo que parecía hacer o podría haber hecho potencialmente para los participantes que resultaron ser inmigrantes latinos. Hay testimonios escritos en español, en los documentos de Azusa Street, así como descripciones de mexicanos amerindios que participaron junto con las personas de habla inglesa, en el avivamiento.

Mi conclusión es que la calle Azusa demostró ser muy prometedora para rearticular pneumatológicamente las construcciones eclesiológicas, en una imagen del Reino de Dios. El Espíritu activamente abrazó, transformó y habilitó a las personas y comunidades, a pesar de las divisiones culturales y socioeconómicas. Sin embargo, esta

---

[1] Ver artículo por Daniel Ramírez, 'Call Me "Bitter"'.

potencialidad siguió siendo energía no utilizada o potencial desperdiciado. Quizás fue demasiado radical para la gente del avivamineto de la calle Azusa. Las críticas de Sánchez-Walsh pueden cuestionar qué tan libres fueron estas personas durante y especialmente después del avivamiento. La evidencia es que podríamos eliminar la obra del Espíritu de Dios con nuestras divisiones culturales, constructos eclesiológicos y modelos paternalistas de misión, resultantes del avivamiento. En otras palabras, este fue un desencuentro. Quizás volver a visitar el avivamiento y considerar lo que el Espíritu estaba haciendo puede ayudarnos a reconstruir nuestras eclesiologías y nuestras concepciones de la otredad. El trabajo del Espíritu debe reorientar nuestros afectos y nuestra praxis para producir una teología de la hospitalidad.

Para construir tal teología hice mi propio giro hacia lo cotidiano. Quería examinar una de las experiencias más marginales en la sociedad norteamericana, la inmigración indocumentada. Entrevisté a inmigrantes indocumentados que eran miembros de iglesias evangélicas en los Estados Unidos. La razón por la que los entrevisté fue para obtener un sentido de su hibridez y de su experiencia en las márgenes de la sociedad.

La mayoría de los entrevistados ganaba menos del salario mínimo. Algunos trabajaban doce horas o más al día sin recibir remuneración por sus horas de sobretiempo. La razón por la que nunca informaron esto fue porque no querían perder sus trabajos. José, a quien también mencioné en el capítulo anterior, trabajó de doce a catorce horas por día, siete días a la semana, y nunca recibió ni un centavo del pago de horas extras. Este es un hilo común para muchos de estos trabajadores. Conocí a jornaleros de diferentes nacionalidades que a veces dedicaban un día o una semana de trabajo a los contratistas, que los abandonaron a un lado de la carretera, en lugar de pagarles. Esto conduce a condiciones de angustia constante donde la tentación para muchos es automedicarse con drogas, como la marihuana y el alcohol. Algunas de las personas que entrevisté experimentaron depresión severa. Un hombre llamado Jairo, por ejemplo, llevó una vida de embriaguez e intoxicación hasta que encontró la salvación en una iglesia pentecostal. Esto es lo cotidiano. Este es el lugar donde surge nuestra reflexión teológica.

Para Jairo, en medio de la complejidad de su situación, el cristianismo se convirtió en su fuente de apoyo. El Espíritu Santo afirmó su humanidad. En sus congregaciones, estos inmigrantes se sentían como en casa, en una tierra extraña. La iglesia se convirtió en un lugar para las lágrimas, milagros y los gemidos indecibles. El servicio de adoración fue un lugar de esperanza que los afirmó a entender que fueron creados a la imagen de Dios. Por lo tanto, ahí experimentaron la inmanencia del Espíritu de Dios a través de la convicción, la regeneración, la santificación, la sanidad, los milagros y en el hablar en lenguas, a pesar de su ubicación social. Este mismo Espíritu Santo dio a luz nuevas visiones en sus vidas que finalmente alteraron las cosmovisiones y dieron lugar a un nuevo sentido de la personalidad. Él estuvo presente a través de la dotación de poder y las manifestaciones carismáticas, con el fin de ayudarlos a sobrevivir en un contexto que les había sido antagónico. A pesar de las diferencias culturales, el Espíritu los afirmó en su totalidad y los llevó a un lugar donde podrían comenzar a desarrollar relaciones justas con sus pares norteamericanos.

Por ejemplo, Isaura mencionó cómo abandonó la escuela y cómo su novio la abandonó cuando ella estaba embarazada a los dieciséis años. Ella estaba sin trabajo y completamente deprimida. Sin embargo, en medio de su angustia, tormento y pecado, la iglesia se convirtió en un lugar de refugio para ella. En lugar de ser condenada, encontró a Dios en el momento más desesperado. Ella sintió la convicción de Dios y aceptó a Jesús como su Señor y Salvador. Más tarde, ella recibió el Bautismo del Espíritu para que su vida se convirtiera en un recipiente para ser utilizado en la vida de la iglesia. Cuando recibió el bautismo del Espíritu, oró en lenguas, por toda su familia y por toda su iglesia. Ella se convirtió en un improbable profeta y portavoz de Dios. Esta ahora tiene una perspectiva de esperanza cuando una vez hubo desesperanza. Este es un ejemplo de la reconstrucción de la vida en el nivel humano más básico que ocurre en los guetos de América del Norte a través del poder del Espíritu Santo.

Pneumatología

Es aquí donde propongo que las realidades estudiadas en esta obra no pueden permitir una pneumatología centrada en una presencia simbólica etérea; más bien, la pneumatología debe explorarse a la luz de la hibridez. Una teología latina debe comprometerse con el trabajo del Espíritu en lo cotidiano. Una contribución única del pentecostal es la teología del Espíritu Santo, que contribuye al compromiso de trabajar entre los marginados y oprimidos de la sociedad. El Espíritu descentraliza nuestra identidad y mantiene nuestras marchas hacia el servicio a los pobres. El Espíritu demuestra su cuidado por los pobres, incluyendo a las personas que han sido marginadas por los encontronazos y desencuentros de la hibridez.

Para los pentecostales, la pneumatología se desarrolla en acción y praxis. El pastor o la pastora, es una persona de acción que raras veces tiene el tiempo adecuado para estudiar. Del mismo modo, su teología implícitamente está orientada hacia la acción. Por ejemplo, en el Nuevo Testamento, el Espíritu está asociado con la acción, considerado como el dedo de Dios (Lucas 11:20). Esta es una metáfora que implica acción.

La declaración programática de Jesús en Lucas también revela marcadores programáticos para la obra del Espíritu (Lucas 4: 18-20), en la cual el Espíritu mueve a Jesús a la acción. En Marcos el Espíritu impulsó a Jesús al desierto. Pablo también usa palabras que indican acción al hablar sobre el funcionamiento del Espíritu en la vida de los cristianos. Por ejemplo, *charismaton*, *diakonion*, *energematon*, *energon* y *phanerosis*, son todas palabras que implican algún tipo de acción por parte del Espíritu de Dios (1 Corintios 12). Cada vez que vemos al Espíritu Santo en el Nuevo Testamento, este involucra a *energon* y *phaneron*. El Espíritu no puede permanecer alejado de lo cotidiano—él lo llena. El Espíritu no es un ser estático, alejado del contexto social concreto. Más bien, él es Dios en acción en un contexto concreto.

El Espíritu Santo mora en el espacio intersticial y en las realidades liminales de la hibridez, moviendo a la humanidad a participar de la obra de Dios, en el umbral y las tensiones entre identidad y otredad. Debemos recordar que este espacio intersticial es un lugar de creatividad o destrucción. Puede ser positivo o negativo. Puede afirmar identidad o puede difuminar identidad. Puede crear un encuentro que nos mueva a una comprensión mutua o un desencuentro que resulte en consecuencias adversas.

Por ejemplo, la identidad de los inmigrantes se negocia en espacios liminales. María, a quien conocimos en el capítulo anterior, trabajó en un trabajo marginal, por salarios por debajo del mínimo. Sin embargo, no permitió que esto la detuviera de participar en esta sociedad. Ella se dio cuenta del hecho que ella es hija de Dios. Ella se convirtió en una parte importante de su congregación al apoyarla y a las personas en ella a través de muchos medios. Otra mujer, Petra, se convirtió en intercesora en su iglesia. Esta cree que puede cambiar la historia a través de la oración. Ella también cree que el Espíritu Santo le ha facultado para ser testigo de Cristo, sin importar a dónde vaya. Aunque ella limpiaba las casas para ganarse la vida, pudo orar por uno de estos propietarios y Dios lo sanó. Es una reminiscencia de la niña esclava que le contó a Naamán sobre el profeta en Samaria (2 Reyes 5: 1-4). Esta chica era una persona marginal en la sociedad siendo esclava y se acercó a una de las personas más poderosas del imperio, Naamán, el comandante del ejército más poderoso de su tiempo.

En este espacio intersticial de encuentros, el Espíritu está trabajando para llevar a las personas al conocimiento de Dios. Los lleva a la salvación, reorienta los afectos de la humanidad y los santifica para que puedan construir una relación entre identidad y otredad, orientada según la ortopatía de Dios y su Reino. El Espíritu Santo también da visiones que cambian la vida y la afirman a través de los símbolos proféticos emergentes y los dones carismáticos. Como hemos notado, en el caso de los católicos, puede ser a través de símbolos poderosos o una visión como la Virgen de Guadalupe. En el caso de los pentecostales, puede ser a través de la poderosa experiencia del bautismo del Espíritu. El Espíritu es *fons vivus*, *ignis* y *caritas*. Nos proporciona una experiencia poderosa, con elementos nutritivos y catárticos.

En el caso de Isaura, esta habló en lenguas toda la noche y profetizó sobre las personas de su familia y su congregación. Ella tuvo una experiencia poderosa donde el Espíritu cambió radicalmente su vida.

Podemos afirmar que en el lenguaje de la hibridez, el Espíritu inmanente descentra la identidad y la orienta hacia una mutualidad justa con la otredad. Es esta conciencia de Dios, o conciencia del Espíritu, la que inicia un proceso de reorientación de la vida humana. El Espíritu forma, moldea y actúa sobre el sujeto humano concientizándolo, transformándolo, y santificándolo. Sin embargo, esta inmanencia está en tensión con la otredad divina. De alguna manera, la otredad de Dios está ligada a la trascendencia de su propia naturaleza. Esta trascendencia indica que Dios es santo. Con esta tensión, con la trascendencia divina, uno evita domesticar al Espíritu o hacer de él un espíritu (minúscula) nada más. Además, el Espíritu nos descentra a través de su inmanencia y luego nos llama a contemplar su otredad precisamente porque él es Dios. En otras palabras, Dios entra inmanentemente en relación con el ser humano, luego, el ser humano simultáneamente contempla la santidad y la gran diferencia entre él y Dios o, la trascendencia de Dios. La acción de Dios en el mundo es aquella en la que se acerca, pero al mismo tiempo nos recuerda cuán santo, especial y distinto es. En esto, Dios actúa sobre el mundo humano para moverlo hacia sus propósitos.

Esto demuestra una relación entre dos dimensiones del Espíritu que permanecen en tensión—él es inmanente. Sin embargo, el Espíritu también trasciende a la humanidad. El ser humano es altero al extremo, comparado a él. Esta otredad o trascendencia requiere una relación justa y derecha con él, porque no puede ser domesticado o hecho aséptico comparado a la humanidad. La identificación de Dios en la obra del Espíritu sirve como un llamado para alinearse con la voluntad de Dios y para someterse al Espíritu en la santificación. El se acerca y se identifica con la humanidad. Siente el dolor de la humanidad. Se identifica con empatía con la humanidad. Esta inmanencia también nos recuerda que la santidad y la santificación no son inalcanzables. Esta tensión inmanente-trascendente es importante en la formación de una concientización pneumatológica.

Esta tensión nos da un modelo ortopático que debemos seguir en nuestra relación con Dios y, como consecuencia, influye en las relaciones interpersonales. Somos hermanos y hermanas en Cristo. Dios nos da una nueva ciudadanía. Su Reino nos llama a un orden de vida diferente, en el cual nos movemos unos a otros, amándonos unos a otros. Del mismo modo, dejamos espacio para la trascendencia del otro para establecer una mutualidad justa, donde valoramos el desarrollo y la integridad del otro.

Tensiones Reveladas por el Espíritu

Teológicamente, esta es una gran paradoja. Dios es trascendente y santo, completamente otro y altero para la humanidad. Pero la experiencia pentecostal revela que él es relacional, cercano e inmanente a la humanidad. A través de su inmanencia, se identifica con nosotros y nos atrae hacia él. A través de su trascendencia, él revela que no somos iguales a él y, por lo tanto, debemos navegar nuestra relación con él con temor y temblor (Filipenses 2:12). Esta trascendencia también proporciona el terreno de transformación en la humanidad. Es una fuente de teosis o santificación. A medida que Dios se acerca a la humanidad, nos hace conscientes de nuestra propia otredad y nos lleva a una relación justa con él. Esto tiene consecuencias positivas para nuestra relación con nuestros vecinos.

La misma condición de experimentar el Espíritu de Dios tiene varias dimensiones redentoras. En Jesucristo, Dios hace un movimiento kenótico a través del cual experimentamos las cualidades redentoras de la acción de Dios en el mundo de hoy. Simultáneamente, también podemos experimentar dimensiones redentoras a través de un trabajo kenótico similar por parte del Espíritu Santo al entrar en la esfera humana, en lo cotidiano. Esta inmanencia es resaltada por pentecostales en todo el mundo, porque Dios no abandona su creación.

Inminencia

Exploremos un poco más sobre la inmanencia de Dios, experimentada por los pentecostales y su experiencia con el Espíritu a fin de informar a esta pneumatología. El Espíritu como *fons vivus* comienza la peregrinación espiritual cuando vierte su *caritas* en nuestras vidas. Este amor se convierte en la fuente, el motivo y el poder de vivir en el Espíritu.[2] El bautismo del espíritu y el don de lenguas, en particular, proporcionan una experiencia con el Dios inmanente. En nuestro lenguaje de hibridez, el Espíritu se mueve en formas polifónicas y políglotas que hacen que las obras del poder de Dios sean significativas para los oyentes como una experiencia polifónica de naturaleza intersubjetiva.[3] Lo que aparece como una diferencia intersubjetiva que es confusa y no inteligible requiere una referencia, que es parte de la jurisdicción del Espíritu Santo.[4]

En tal movimiento, el Espíritu descentra la identidad humana y la atrae hacia la otredad de Dios. El revela su santa identidad que abarca a nuestra otredad, rota. Dado que Dios se ha vaciado y se ha acercado a la humanidad, su llamado a su pueblo es a moverse en una comunidad orientada hacia la reconciliación; primero con su Santa Otredad presente en nuestro medio y, segundo, con la otredad de nuestros vecinos. Entonces, pentecostés trata de la inclusión y la afirmación en Cristo, independientemente del idioma, la raza o el credo.[5] Esto

---

[2] García-Johnson, The Mestizo/a Community of the Spirit, p. 77.
[3] García-Johnson, The Mestizo/a Community of the Spirit, p. 77.
[4] García-Johnson, The Mestizo/a Community of the Spirit, p. 77.
[5] García-Johnson, The Mestizo/a Community of the Spirit, p. 80.

incluye la ubicación social, el estado documentado o no documentado de los inmigrantes. La obra de identificación del Espíritu es poderosa y revela la gracia de Dios. Sin embargo, el trabajo del Espíritu no se detiene en la mera identificación. El trabajo de Dios se involucra en teosis o santificación. El trabajo de Dios resulta en que la humanidad se involucre en su trabajo en la tierra, produciendo una experiencia en la que somos conscientes de nuestra diferencia intersubjetiva y, nos movemos hacia el bien social.

Estoy hablando de santificación en varios planos. En español, por ejemplo, el lenguaje de la santificación no se relega a simples términos espirituales, donde el papel de la comunidad cristiana es convertirse en simples moralizadores. Ser justo ante Dios tiene connotaciones personales y sociales. Anhelar santidad, es anhelar la justicia. En una voz heteroglósica híbrida, este término conlleva simultáneamente connotaciones personales de rectitud ante Dios y connotaciones políticas o sociales en términos de justicia. Aquí el individuo mira hacia la santidad y la otredad de Dios, pero no permanece en un estado de especulación espiritual, aislado en absoluta pureza moral. Por contraste, el individuo se mueve para llorar y actuar por su pueblo o nación, sus vecinos, los pobres, las viudas, el huérfano, el extranjero, el inmigrante y otros al margen de la sociedad. Lo divino entra al mundo de los pobres, los indocumentados y vilipendiados. En el caso de María, Isaura, José y Silvia, vemos que Dios derrama su amor en sus corazones y estos se mueven hacia una relación personal con Dios y con sus semejantes, independientemente de su ubicación social. El Espíritu nos mueve a establecer una relación justa con los marginados sociales.

Transcendencia

Daniel Castelo nos hace conscientes de las preocupaciones sobre la inmanencia de Dios.[6] Reconozcamos estas preocupaciones y veamos cómo estas sirven en un modelo de hibridez considerando la identidad y la otredad. Castelo nos advierte que la transigencia del Espíritu, es una dimensión necesaria que debe combinarse con su inmanencia.[7] Creo que esta es una dimensión de la relacionalidad de Dios, que

---

[6] Daniel Castelo, The Apathetic God: Exploring the Contemporary Relevance of Divine Impassibility (London: Paternoster, 2009), pp. 14-15.
[7] Castelo, *The Apathetic God*, p. 39.

refleja la de otredad en hibridez. Un énfasis en la otredad de Dios, en la trascendencia, nos invita a una relacionalidad justa. Por ejemplo, la inmanencia de Dios no acaba colapsándose en y con la creación. En consecuencia, no somos panteístas. Tampoco un individuo puede usar una experiencia carismática con el Espíritu Santo para justificar sus propios caprichos. Por ejemplo, los círculos pentecostales son infames por decir cosas como: 'Dios me lo dijo'. Algunas veces hay individuos que atribuyen sus sentimientos fugaces a Dios. Una visión auténtica de la trascendencia de Dios se relaciona con la otredad divina, ya que su voluntad es separada y distinta a la de la humanidad.

Esto es lo que mantengo en tensión con la inmanencia de Dios y, juntos son una poderosa dimensión redentora que debe ser recuperada en la teología. Castelo también se esfuerza por mantener a Dios como un co-sufridor impasible que no colapsa como Dios en el mundo.[8] Jesús y el Espíritu sufren y, como escribe Castelo, este es un acto de solidaridad que es esperanzador, redentor y glorifica el amor de Dios por la Creación.[9]

Su trascendencia también nos mueve a una forma de vida diferente: la santidad de Dios y una orientación según su Reino. Dios santifica a la humanidad al llamarnos hacia esta trascendencia donde los humanos viven de acuerdo con un Reino que no es de este mundo. Nos invita a relaciones interpersonales santas y santificadas en él. Esto, a su vez, nos permite establecer conexiones análogas hacia otredad, experimentada entre los seres humanos. Nuevamente, es una tensión que conserva una gran visión, tanto de su inmanencia como de su otredad.

Mayra Rivera, por ejemplo, afirma que la trascendencia sirve como una forma de modelar la interacción interpersonal e intercultural, porque es un espejo de la relación entre Dios y el ser humano.[10] Esta nos permite mantener la reverencia y el respeto por el otro. También afirma que muchas teologías enfatizan una u otra, trascendencia o inmanencia.[11] Por ejemplo, Rivera declara que la teología de la liberación pone demasiado énfasis en la inmanencia de Dios, empobreciendo también nuestras ideas de santidad, moralidad, otredad y

---

[8] Castelo, *The Apathetic God*, p. 138.
[9] Castelo, *The Apathetic God*, p. 138-39.
[10] Rivera, *The Touch of Transcendence*, p. 19.
[11] Rivera, *The Touch of Transcendence*, p. 19.

relaciones interpersonales.[12] Por otro lado, esta critica la ortodoxia radical como poniendo demasiado énfasis en la trascendencia de Dios.[13] Esto crea problemas para la teología y en consecuencia también entre las relaciones interpersonales. Estos reflejan distanciamiento, frialdad y falta de compromiso social.

Para Rivera, la trascendencia divina es necesaria para asegurar que Dios es Dios.[14] Dios no puede ser reducido a un ser cognoscible finito. Sin embargo, llevado a su extremo, un énfasis excesivo en la trascendencia suspende la vida incorporada, la autoexpresión, la sexualidad, la experiencia estética y las comunidades políticas humanas. Rivera afirma que una visión correcta de la trascendencia divina mantiene el valor relativo de las criaturas.[15] Esta suspensión es una espada de doble filo, puede hacernos devaluar nuestras condiciones terrenales o hacer que mantengamos su valor relativo en contra de la nada.[16] La trascendencia de Dios debe equilibrarse con la inmanencia de Dios. Pero la precaución es que un énfasis excesivo en la inmanencia tiende a reducir a Dios y su creación a algo que los constructos humanos pueden comprender completamente o reducir a categorías dentro de los sistemas sociales.[17]

De esta manera, este equilibrio dinámico entre la trascendencia y la inmanencia de Dios mueve a la humanidad a participar en Dios y llevar una relación con él. Nos abrimos a lo que está más allá de nosotros mismos, a través de un movimiento de identificación y diferenciación presente en identidad y otredad. A la luz de la hibridez, nos abrimos más allá de nuestra propia identidad para avanzar hacia la Otredad de Dios y la otredad de nuestros vecinos. La orientación del desarrollo de la creación hacia Dios proviene de lo que está más allá de ella misma—Dios y su naturaleza divina. Nos mueve hacia una justicia heteroglósica que incluye las direcciones sociales hacia y con los alteros seres humanos sin importar lo que pueda diferenciarnos. La apertura a los demás, promueve una autocrítica y evita la auto absolutización.[18] En virtud de esto, sugiero que el Espíritu Santo y la experiencia de Pentecostés, también son recursos valiosos para

---

[12] Rivera, *The Touch of Transcendence*, p. 19.
[13] Rivera, *The Touch of Transcendence*, p. 19.
[14] Rivera, *The Touch of Transcendence*, p. 19.
[15] Rivera, *The Touch of Transcendence*, p. 19.
[16] Rivera, *The Touch of Transcendence*, p. 19.
[17] Rivera, *The Touch of Transcendence*, p. 37.
[18] Rivera, *The Touch of Transcendence*, p. 37.

discutir identidad y otredad a la luz de la inmanencia y la trascendencia del Espíritu Santo.

El Bautismo del Espíritu Santo

El Bautismo del Espíritu es un evento, por excelencia, que demuestra la tensión teológica entre la inmanencia y la trascendencia.[19] Naturalmente, esto es similar a las tensiones en la hibridez entre la identidad y la otredad. Los humanos están ubicados en lo visible y creado, mientras que Dios es Santo, Otro y trascendente.[20] Sin embargo, Dios hace su trabajo en nosotros cuando experimentamos al Dios trascendente a través de su Espíritu inmanente.[21] Esta es una tensión que sirve como modelo para comprometerse con otredad, porque Dios es inmanente al mundo humano y no solo infinitamente trascendente y Santo, Otro.

El evento de Pentecostés, en el segundo capítulo de Hechos, revela que la naturaleza de la comunidad cristiana es de diversidad y heterogeneidad.[22] El Espíritu divino y el Otro Santo entran en la vida de la comunidad identificándose con ellos y habilitándolos con poder. Sin embargo, la comunidad está siempre consciente de la trascendencia del Espíritu. En medio de esta diversidad, Dios nos llama a una ética social diferente. A través de esta experiencia, el Espíritu Dios capacita a la iglesia para vivir una relación cruciforme y, simultáneamente nivela todo el posicionamiento humano en las escalas sociales. La comunidad del Espíritu debe ser un lugar de transformación comunal en el cual el Espíritu de Dios continúa transformando nuestra cultura, no redimida.[23] El Espíritu Santo ayuda a nuestra discusión de hibridez, ya que la iglesia puede convertirse en una comunidad del Espíritu formada por un paradigma eclesiológico capaz de abrazar la heterogeneidad y fluidez de la vida cultural y los poderes inventivos del Espíritu de Dios.[24]

El énfasis en la pneumatología puede contribuir a una teología de la hibridez, al invitar a la iglesia a un diálogo ecuménico, exponiendo-

---

[19] García-Johnson, *The Mestizo/a Community of the Spirit*, p. 95.
[20] García-Johnson, *The Mestizo/a Community of the Spirit*, p. 95.
[21] García-Johnson, *The Mestizo/a Community of the Spirit*, p. 95.
[22] García-Johnson, *The Mestizo/a Community of the Spirit*, p. 97.
[23] García-Johnson, *The Mestizo/a Community of the Spirit*, p. 97.
[24] García-Johnson, *The Mestizo/a Community of the Spirit*, p. 97.

nos a la experiencia niveladora del Espíritu. Este siempre señala a Jesucristo y a la cruciformidad centrada en él, como se demuestra en Hechos, capítulo dos. Esta cruciformidad nos desafía a mantener nuestra unión a pesar de la diversidad y multiplicidad de nuestras comunidades polígotas latinas.[25]

Estos son conceptos que pueden ayudarnos a dar voz a las preocupaciones pneumatológicas en lo que respecta a los pentecostales y, en última instancia, a la liberación de los oprimidos. En la voz heteroglósica híbrida, el tema de liberación está íntimamente ligado a las liberaciones internas y externas que el Espíritu brinda a los individuos y las comunidades y, a las cualidades ortopáticas que conducen a ortopraxis. Por ejemplo, a nivel de devoción personal, Dios trae una nueva vida marcada por la libertad de los vicios, el pecado, la opresión espiritual y la injusticia moral. Simultáneamente, Dios produce su Reino marcado por la liberación, en un ambiente de injusticia política, opresión social, estructuras del pecado e injusticias sociales.

El Bautismo del Espíritu es también una puerta de entrada para experimentar nuevas visiones y la construcción de nuevas cosmovisiones para la comunidad de fe. Este es, también, el caso de los inmigrantes indocumentados en la iglesia. A través de la experiencia del Espíritu, estos experimentan nuevas visiones. Dios revela nuevas realidades para los que están al margen de la comunidad. Esta visión no es solo una imagen o visión extática, sino también un arquetipo que altera la vida e introduce una nueva visión sobre la cual se modela la vida en el futuro. Dios presenta a su pueblo una nueva alternativa para su situación actual. Por ejemplo, en el capítulo anterior, Isaura, a pesar de ser una madre soltera, se convirtió en una profeta de Dios. También se le presentó una nueva realidad y una nueva dimensión para vivir. Ya no estaba condenada, sino que se convirtió en parte de la comunidad. Su vida adquirió un nuevo sentido de valor a través de una visión nacida de Dios.

Tal visión no es solo una imagen mental, sino la capacidad de pensar sobre el futuro de manera diferente y con esperanza. Dios nos da un futuro preferido. De nuevo, no es solo un estado trascendental o una experiencia mística extática, sino una nueva vida firmemente enraizada en lo cotidiano, como una alternativa a la forma en que son las cosas del mundo. Isaura ya no es rechazada ni condenada al

---

[25] García-Johnson, *The Mestizo/a Community of the Spirit*, p. 86.

ostracismo. En cambio, ahora es ciudadana de un reino diferente y vive de acuerdo con ese reino. Su vida está llena de potencialidades que marcarán una diferencia en ella. Dios está de su lado. Ella tiene una cosmovisión alterada. Ella está hecha a semejanza de Dios y hará todo lo posible para aprovechar al máximo su situación actual.

Un interjuego final: El patetismo de Dios y su inmutabilidad

Una última tensión que esta pneumatología nos lleva a considerar es la pasión e inmutabilidad de Dios. El libro *Spirit, Pathos and Liberation*, de Samuel Solivan, es significativo para entender una perspectiva pentecostal del trabajo del Espíritu. Su entendimiento es que Dios está íntimamente presente en la comunidad de fe. Debo decir en este punto que algunos teólogos están preocupados por la dirección que Solivan conduce a sus lectores, particularmente en lo que se refiere a la impasibilidad de Dios.[26] Sugiero que la inmutabilidad de Dios y la pasibilidad de Dios deben mantenerse en tensión. Todo lenguaje es antropomórfico y, en cierto sentido, está limitado en la forma en que representa a Dios, porque usa elementos humanos para describir a Dios. El problema que ven en el lenguaje al explicar la pasión de Dios es que reduce a este a un ser caprichoso y volátil. Sin embargo, Dios no actúa desde su pasión, sin restricción o autocontrol. Si bien las ideas de Solivan son valiosas, no podemos dejar de lado la doctrina de la impasibilidad de Dios. Sin embargo, ahora describo el patetismo (*pathos*) de Dios, o su pasibilidad.

Empatía, patetía, y pasibilidad

La importancia de la ortopatía (*orthopathos*) es que, en esta, el Espíritu Santo revela que Dios no es apático; más bien, él está profundamente involucrado en los asuntos humanos.[27] La comprensión de Solivan del patetismo de Dios está enraizada en los profetas del Antiguo Testamento. Este declara que los profetas revelan que Dios ha comprar-

---

[26] Daniel Castelo, 'A Crisis in God-talk? The Bible and Theophany', *Theology* 105.858 (2007), pp. 411-16.

[27] Samuel Solivan, *The Spirit, Pathos, and Liberation* (Sheffield: Sheffield Academic Press, 1998), pp. 50-52.

tido con nosotros la expresión de la pasión.[28] Además, Dios se conmueve por nuestro quebrantamiento.[29] Por lo tanto, Dios también se une a la lucha de los pobres, marginados y oprimidos. Dios es apasionado.[30] Por su parte, Elaine Padilla también sostiene que el *ruach* hebreo es una palabra onomatopéyica, que denota fuertemente la pasión de Dios.[31] La pasión está en su naturaleza. Por lo tanto, es un asunto de profundo interés para la comunidad latina, hablar sobre el Espíritu de Dios como el que expresa este patetismo, en su inmanencia y su identificación con la Creación.

La discusión sobre orthopathos se relaciona con su inmanencia. Permite a estos autores recuperar el sentido de la solidaridad de Dios con los pobres, marginados y oprimidos.[32] De esta manera, el sufrimiento de los pobres se convierte en un recurso de liberación en lo que se refiere a la comunidad latina.[33] Solivan afirma: '*Ortopathos* es esa percepción, esa autocomprensión que infunde en los oprimidos la fuerza para superar la deshumanización de sus condiciones diarias'.[34] Además, Jesús mismo tuvo una conciencia ortopática, informada por el Espíritu Santo. Esto es clave en el giro pneumatológico que estamos generando.

Además, el Espíritu Santo hace un giro y movimiento liberador que transforma a la víctima y sus circunstancias. Para Solivan, Dios se aleja de una apatía o desinterés para involucrarse en y con el orden creado. El llama a la humanidad a dejar la apatía para participar en la liberación, debido a la presencia del Espíritu Santo. Primero, el Espíritu está en el mundo y en nosotros; él es inmanente. En segundo lugar, el Espíritu produce fe como conocimiento que es tanto cognitivo como afectivo.[35] Es a través del Espíritu que Dios corrige una bifurcación entre la razón y la experiencia del ser humano. Por lo tanto, Dios corrige la tendencia a permanecer en la apatía hacia el sufrimiento. A la luz de lo que nos ha precedido, el Espíritu entonces reorienta al pecado a través de la Gestalt de ortopatía, en las vidas de

---

[28] Solivan, *The Spirit, Pathos, and Liberation*, p. 56.
[29] Solivan, *The Spirit, Pathos, and Liberation*, p. 60.
[30] Elaine Padilla, *Passionate God*, (PhD, Drew University, 2011), pp. 83-84.
[31] Padilla, *Passionate God*, p. 83.
[32] Solivan, *The Spirit, Pathos, and Liberation*, p. 60.
[33] Solivan, *The Spirit, Pathos, and Liberation*, p. 61.
[34] Solivan, *The Spirit, Pathos, and Liberation*, p. 62.
[35] Solivan, *The Spirit, Pathos, and Liberation*, p. 62.

los individuos y las comunidades. Esta ortopatía se relaciona directamente con la liberación heteroglósica de la humanidad.

El trabajo del Espíritu de Dios en la vida de los inmigrantes indocumentados que he entrevistado nos invita a verlos de una nueva manera. Son conciudadanos de un reino diferente. Son personas que han sido tocadas por el dedo de Dios. Son seres humanos que han experimentado la gracia del Espíritu Santo y que experimentan una nueva ciudadanía no limitada por las fronteras humanas. La ortopatía de Dios trabaja para liberar a los marginados, no solo por indignación con la forma en que dan las circunstancias, sino a través de una experiencia transformadora con el Espíritu de Dios que lleva a la acción tangible. De nuevo, esta es una perspectiva heteroglósica del concepto de liberación.

Revisemos este punto de nuevo. En la liberación pentecostal, el Espíritu inspira y está presente en el individuo a través de manifestaciones carismáticas. El individuo experimenta la libertad espiritual y se libera de sus ataduras personales, cadenas, las influencias demoníacas, el pecado y la autodestrucción. Simultáneamente, la liberación lleva consigo fuertes dimensiones políticas y sociales. Comunalmente, el Espíritu mueve a los creyentes hacia el trabajo de la justicia mediante el compromiso cristiano con las estructuras sociales y en sus comunidades.

En este movimiento, el trabajo del Espíritu no se reduce a un individualismo narcisista; por el contrario, el Espíritu nos empuja hacia la vida comunitaria con una convivencia inter/multicultural del Espíritu Santo. Simultáneamente, en lugar de solo pensar en evitar el pecado personal o colapsar al otro extremo de enfocarse en las estructuras del pecado, el individuo y la comunidad de fe están orientados hacia una relación justa con Dios y con el prójimo. En lo cotidiano, el Espíritu mueve a la comunidad de fe hacia la misericordia y una liberación heteroglósica. Esta dimensión crea un nuevo patetismo orientado hacia la vida en el Reino de Dios y una nueva cosmovisión.

Esta ortopatía está informado por otras fuentes: las Escrituras, la tradición cristiana, la concienciación socioeconómica, las relaciones familiares y las experiencias personales de los creyentes.[36] El Espíritu Santo no está relegado exclusivamente a una cualidad etérea, sobrenatural o fantasmagórica; tampoco el Espíritu se refiere al simple

---

[36] Solivan, *The Spirit, Pathos, and Liberation*, p. 62.

sentido del latín, animus, espíritu o actitud. Más bien, el Espíritu es la misma Persona del Dios relacional que está involucrado en inspirar y crear visiones y cosmovisiones alternativas, en el contexto de la realidad visceral y lo cotidiano de los pobres, marginados y oprimidos.

Tensiones con la inmutabilidad e impasibilidad

Nuevamente, Castelo da varias razones por las cuales la teología debe preservar un sentido del patetismo o pasibilidad de Dios junto con su inmutabilidad o impasibilidad, incluso cuando se ha popularizado valorar la pasibilidad y el patetismo de Dios en la teología y la práctica contemporáneas.[37] La advertencia de Castelo es interesante ya que él es un teólogo pentecostal latino, como Solivan. Pero uno de los peligros que señala Castelo es que Dios se convierte en una simple proyección humana.[38] También afirma, si Dios está sujeto a las mismas cosas que los humanos, la conclusión es que él no es divino.[39] Castelo propone que preservemos la ortodoxia e inmutabilidad de Dios, en lo que él llama *theopathos* (teopatetismo o teopatía).[40]

Para Castelo, Dios es la fuente de todas las cosas, incluidas las emociones.[41] Castelo es capaz de equilibrar este patetismo sin colapsar en una apatía que es insensible al sufrimiento del mundo, como los inmigrantes indocumentados y los que pasan por la injusticia. Su preocupación para preservar la impasibilidad de Dios es que, si él se caracteriza por ser simplemente y, solo como nosotros, entonces es un Dios víctima de la condición caída del mundo.[42] Similar a mi preocupación por la trascendencia, Dios no se derrumba en el pecado o en un estado pecaminoso, porque si Dios sufre como nosotros, ¿qué esperanza tenemos entonces? Si Dios no está más allá de nuestras pruebas inmediatas, ¿qué recurso tenemos?[43]

A través de Cristo y mediante el Espíritu, Dios entra en la historia humana. El es el Paracleto, Dios con nosotros. Sin embargo, el hecho de que él todavía sea Otro nos da un recurso para actuar en el poder del Espíritu. El sufrió como nosotros, pero tiene la capacidad de

---

[37] Castelo, 'A Crisis in God-talk', p. 412.
[38] Castelo, 'A Crisis in God-talk', p. 412.
[39] Castelo, 'A Crisis in God-talk', p. 413.
[40] Castelo, 'A Crisis in God-talk', p. 413.
[41] Castelo, 'A Crisis in God-talk', p. 413.
[42] Castelo, 'A Crisis in God-talk', p. 414.
[43] Castelo, 'A Crisis in God-talk', p. 414.

moverse y de habilitarnos de poder, más allá del sufrimiento. Él nos da una nueva identidad, nos fortalece, nos transforma y nos da nuevos propósitos.

Castelo también afirma que la cultura judía estaba más preocupada por las cuestiones de interrelación y relación, que por lo que las cosas son ontológicamente en sí mismas.[44] Esta es la tensión que uno ve con las comunidades pentecostales del Espíritu. Dios se relaciona con nosotros y solo a través de esa relación podemos conocerlo tal como es. Estas tensiones no permiten que la teología y la práctica se estanquen. Más bien nos llaman creativamente hacia la transformación, la santidad y la justicia social. La trascendencia y la inmanencia se mantienen juntas, paradójicamente de una manera elegante.[45]

Ortopatía y la manera de Ser

A través del Espíritu, los individuos son sujetos de la historia y también son la voz, los pies y las manos de Dios en el mundo. El Espíritu Santo nos guía a una concientización profunda y nos reorienta hacia una dimensión afectiva que es íntimamente personal, pero está profundamente relacionada con la transformación social. El énfasis pneumatológico puede ayudarnos a recuperar importantes motivos teológicos en una discusión sobre la hibridez. El Espíritu nos orienta hacia la ciudadanía y un desarrollo ético.[46] Estas dos dimensiones son nuevas visiones que reorientan sus cosmovisiones.

Ciudadanía

Esta idea de ciudadanía también está relacionada con nuestra discusión sobre la hibridez. Las personas mestizas y mulatas no son ciudadanas y experimentan alienación de varias maneras. En algunos casos, a tal grado que se perciben como no humanos o como completamente irreconciliables.[47] Sin embargo, Dios les da la ciudadanía verdadera a los marginados y oprimidos. Como ciudadano, cada persona

---

[44] Castelo, 'A Crisis in God-talk', p. 414.
[45] Castelo, 'A Crisis in God-talk', p. 416.
[46] Dario López, *Pentecostalismo y Transformación Social* (Buenos Aires: Kairós, 2000), p. 13.
[47] De La Cadena, '¿Son mestizos los híbridos?', p. 54. Su análisis nos ayuda porque nos habla de la no-ciudadanía de los pueblos mestizos de Perú.

es valiosa a los ojos de Dios. El o ella pueden contribuir como un participante activo de la comunidad.

La ciudadanía es un tema repetido en todo el Nuevo Testamento, ya que hubo una interacción dinámica entre el judaísmo versus el romanismo o, los extranjeros versus los ciudadanos. Estas interacciones tienen muchas implicaciones ortopáticas para nosotros. Es en este contexto de conflicto entre nacionalidades, Pablo describe cómo el Espíritu es el que otorga una verdadera ciudadanía. En Efesios 2:18-19, Pablo escribe que los creyentes tienen acceso a Dios el Padre, en Cristo, a través del Espíritu. Inmediatamente después, les dice a sus lectores que esto es lo que los hace ciudadanos plenos del reino de Dios. En consecuencia, esta idea de una nueva ciudadanía adquiere implicaciones políticas a la luz del sufrimiento y las injusticias que estas personas sufren como no-ciudadanos o como personas marginadas en el Imperio Romano. A través de un movimiento liberador, el Espíritu otorga una verdadera ciudadanía. Estos nuevos ciudadanos también son sujetos activos de la historia, ya no son simples objetos de la historia. A través de un encuentro con el Santo Otro Dios, las personas de fe son ciudadanas y parte de la familia de Dios. Estos pierden su vieja ciudadanía o identidad y las características de esa cultura y adquieren una nueva ciudadanía o identidad y, una nueva cultura, o una nueva identidad a la luz de la otredad de Dios.

Este motivo teológico también describe una reorientación hacia la ciudadanía. Esto significa que los individuos existen en una tensión entre el Reino de Dios y el de los reinos terrenales. Sus comunidades deben involucrarse en la sociedad estableciendo el Reino de Dios en sus contextos. Por ejemplo, los cristianos de América del Norte deben esforzarse por recibir no solo a sus hermanos y hermanas indocumentados, sino también a los cristianos de todo el mundo. Las estructuras denominacionales estadounidenses deben reconocer a la iglesia internacional y, que hay personas dotadas del Espíritu (entre ellas, el sexo femenino, también) que son capaces de liderar fuera de un país específico. A través del Espíritu, los marginados y oprimidos se convierten en sujetos de la historia, en contraste con ser no-personas y extranjeros. En la comunidad de fe, experimentan la dignidad de ser reconocidos como personas creadas a la imagen de Dios.

La ciudadanía también está relacionada con algunos de los afectos humanos más profundos. La ciudadanía a menudo va de la mano con el patriotismo y, en algunos casos, con el etnocentrismo y el racismo.

La experiencia del Espíritu, por lo tanto, reorienta la comprensión de ciudadanía del individuo y la comunidad. Su nueva ciudadanía significa que son administradores de sus sociedades terrenales. Esto conlleva una idea de responsabilidad social y deber cívico porque tendrán que dar cuenta de su conducta terrenal en otro reino. En lugar de conducir al escapismo, debe llevarlos a involucrarse en las estructuras opresivas de la sociedad.

En muchos sentidos, los inmigrantes indocumentados en la iglesia nos llaman a volver a analizar nuestras nociones de ciudadanía, como cristianos.[48] Existe una necesaria alienación por la cual los individuos aprenden a encontrar y narrar sus vidas dentro de una historia más amplia que incluye la iglesia y la Biblia. El hecho de que los inmigrantes indocumentados sean extranjeros en la sociedad y al mismo tiempo extranjeros en el mundo, crea dos tipos de alienación simultáneos que producen una imagen de la vida cristiana, que es un retrato de lo que significa ser un miembro del Reino venidero de Dios.[49]

Esta doble alienación produce una vida cristiana que está siempre consciente de la verdadera ciudadanía cristiana. No se debe desconectar de la acción en la tierra, sino que debe ser más consciente de la importancia de establecer el Reino de Dios en la tierra. Además, esto conlleva a una desvinculación radical con los sentimientos patrioteros ya que el creyente ahora se preocupa por el trabajo de Dios en la tierra. Vivimos en una tensión entre los reinos humanos y el reino venidero. Por lo tanto, los cristianos somos responsables de lo que sucede aquí ya que nuestras vidas deben estar en tensión con la nueva vida que está por venir.

Este es el caso de las personas que he entrevistado. Saben dónde reside su verdadera ciudadanía. Ya sea que sean deportados o si se aprueba una amnistía, continuarán viviendo para Dios. De esta manera, sus iglesias funcionan como comunidades de afirmación y como comunidades de resistencia. Cuando nadie se preocupaba por ellos, estos individuos encontraron aceptación en las iglesias. Por lo tanto, viven en y comparten un espacio sagrado donde pueden accionar y vivir libremente, a pesar de las restricciones de la sociedad en su entorno.

---

[48] Daniel Castelo, 'Resident and Illegal Aliens', *Apuntes* 23.2 (verano, 2003), pp. 65-77.

[49] Castelo, 'Resident and Illegal Aliens', p. 66.

Desarrollo ético personal verdadero

Por último, señalo la transformación social de individuos y comunidades. Darío López declara: 'Los proyectos [pentecostales] tienen como horizonte la transformación integral de las relaciones humanas, del contexto familiar y social de las personas involucradas en estos espacios de la dignidad humana'.[50] Estos son lugares donde se afirma una nueva ciudadanía en el poder del Espíritu. López dice: 'se afirma, promueve y defiende la dignidad intrínseca de todos los seres humanos como creación de Dios'.[51]

Este auténtico desarrollo ético personal está relacionado con un modelo de santificación que deja espacio para una experiencia de crisis con el Espíritu de Dios y una que está abierta a la obra terapéutica del mismo Espíritu. De nuevo, las personas ahora son sujetos de la historia y también son la voz, los pies y las manos de Dios en el mundo. El Espíritu trabaja para generar una profunda concientización y reorientación en dimensiones afectivas que son íntimamente personales, pero también profundamente relacionadas con la transformación social.

Creo que una razón por la cual los pentecostales no han escrito prolíficamente sobre esto es porque su constitución es principalmente de los pobres de la sociedad. Como tales, no tienen la oportunidad de escribir o discutir su teología. Las aberraciones que vemos, como el evangelio de la prosperidad, son en realidad una porción mucho más pequeña de su pensamiento, de lo que indican los estereotipos. Desafortunadamente, aquellos que se adhieren a tales aberraciones usualmente tienen mucho más control de los medios y son el rostro que proyecta a los pentecostales.

Conclusión

Este último capítulo ha sido una expresión teológica de la inmigración indocumentada y del trabajo del Espíritu Santo en espacios liminales a través de la hibridez. En muchos sentidos, ha nacido de mis experiencias directas con estas personas y como pastor involucrado en sus vidas. Creo que muchos pentecostales han querido estudiar y escribir sobre sus comunidades, pero muy pocos han tenido la

---

[50] López, *Pentecostalismo y Transformación Social*, p. 25.
[51] López, *Pentecostalismo y Transformación Social*, p. 28.

oportunidad. Mi preocupación ha sido comprender su ubicación social y su fe, teológicamente. Por lo tanto, entré en un mundo lleno de contradicciones y donde no es fácil existir y he intentado darle sentido a lo que he observado a la luz de la teología.

Al escribir sobre teología, he hecho un punto de entrada a través del mestizaje. La razón por la que elegí el mestizaje es porque los teólogos latinos lo describen como el *locus teologicus* de esta comunidad. La contribución más importante del mestizaje es que nos ayuda a obtener una base histórica y la contextualización de esta teología. No obstante, el mestizaje ha experimentado algunas críticas muy conmovedoras. Esta es la razón por la que decidí ver cómo ampliar el diálogo sobre los inmigrantes indocumentados a través de lo cotidiano y a través de varias críticas del mestizaje, tal como el mestizaje-entremezcla, de Medina. También me di cuenta que la perspectiva que domina el mestizaje es una perspectiva católica romana; así que, era necesario escribir una teología pentecostal del mestizaje.

Para continuar expandiendo y construyendo teología, quise incluir a los pentecostales, los catrachos y los indocumentados, en la teología. Una cosa que hice para permitir una inclusión aún mayor es explorar una hibridez que viaja por el mundo de la cual habla Vásquez. Por lo tanto, dialogué con la hibridez de Homi Bhabha para contemplar una hibridez latina emergente y así ampliar nuestra comprensión del mestizaje. La hibridez nos permite ver una dinámica de identidad, otredad y diferentes encuentros. Esto permite un análisis de la red de relacionalidad que caracteriza a los latinos. En este análisis, mi única advertencia es que la hibridez debe permanecer basada en lo cotidiano del mestizaje.

A la luz de esta hibridez exploré los símbolos religiosos de la comunidad. Estudié Azusa Street para entender una obra multicultural del Espíritu Santo. También entrevisté a inmigrantes hondureños para comprender su situación y su particular comprensión de su fe. En este capítulo es importante notar la convergencia del mestizaje, lo cotidiano, la hibridez, la fe pentecostal y los inmigrantes indocumentados.

A la luz de la teología, un examen de la hibridez debe conducirnos a la comprensión mutua y una relacionalidad justa. A través del Espíritu Santo, Dios entra en los espacios liminales que son lugares de afirmación o destrucción. Esta es una teología que toma en serio la presencia de Dios, en lo cotidiano. Dios está interesado en lograr la salvación, la justificación, la liberación y la santificación de la humanidad. Este Santo Otro Dios, confronta los pecados de la humanidad, tanto personales como sociales. Dios se manifiesta inmanentemente en la humanidad con la vida carismática, en el Espíritu Santo y reordena a la humanidad a través de su *orthopathos*.

El Espíritu afirma a la persona, cualquiera que sea su ubicación en la sociedad. Ya sean mestizos, híbridos, o zambos, estos experimentan la fuerza santificadora de Dios y participan en la obra de Dios. Son ciudadanos de su Reino, incluso si no tienen ciudadanía en la tierra. De nuestras reflexiones previas a Azusa Street, entendemos la visión de amor de William Seymour, como un evento ordenado por el Espíritu, como la línea de plomada para la comunidad cristiana. El Espíritu actúa en el individuo, pero también más allá del individuo, hacia el altero.

El Espíritu nos llama a redirigir nuestra idolatría por el poder, sus símbolos y estructuras. Él nos llama a una cosmovisión renovada. Para equilibrar la inmanencia del Espíritu, observamos la trascendencia del Espíritu. Su trascendencia nos lleva a limpiar nuestra lujuria impía por el poder, nuestras lenguas profanas y nuestros deseos desordenados. El Espíritu Santo cuestiona nuestros motivos para la estructuración social y la forma en que se han formado. La tensión de identidad y otredad también trae a la vanguardia la cuestión de la inmanencia y la trascendencia de Dios. Esta es una tensión que mantiene el Espíritu y corrige los impulsos idólatras de la totalización, a la luz del otro.

Una perspectiva pneumatológica que utiliza la hibridez debe preocuparse por la solidaridad con los pobres, marginados y oprimidos. También debe involucrarse activamente con la sociedad y trabajar para su transformación, a través de la liberación heteroglósica y la justicia. El Espíritu Santo reorienta a la humanidad llamándola a la ortopatía de Dios. Esta ortopatía se mueve en una dirección de transformación social para sus comunidades y sociedades, precisamente por el trabajo del Espíritu.

La implicación del trabajo del Espíritu Santo está incrustada con significado sociopolítico y religioso. La inclusión de una perspectiva pneumática revela el trabajo de Dios como el Dios inmanente y trascendente que continúa solidarizándose con los pobres, marginados y oprimidos, incluidos los extraños y sin remedio. Él trabaja para justicia para la liberación de la humanidad. Dios nos lleva en un viaje relacional de hibridez a través de la inmanencia y trascendencia del Espíritu corrigiendo nuestro posicionamiento social a través de una ortopatía inspirada pneumatológicamente.

Apéndice A:
Proceso de Metodología

No soy un etnógrafo de profesión. Sin embargo traté de ser lo más fiel posible a los principios de la etnografía. No puedo decir que tenía desinterés en el tema porque fui pastor en Nueva York y he visto la lucha de los inmigrantes de primera mano. Por lo tanto, tenía un gran interés en presentar la vida de aquellos que habían ingresado a los EEUU sin inspección adecuada. Mi interés en el tema proviene de la experiencia pastoral en donde pastoreé dos iglesias donde he trabajado directamente con personas que estuvieron presentes sin inspección en los Estados Unidos. También he vivido transnacionalmente como hijo de misioneros. Es por esta razón que este movimiento transnacional a través de las fronteras por causa de la inmigración es de gran interés para mí.

Para mí fue bastante fácil establecer una relación con las personas que entrevisté. Yo domino el español y conozco los matices de la cultura y el humor de los hondureños. Los hondureños generalmente son amigables si uno es amable con ellos y les gusta hablar de sus experiencias y recordar su país de origen. También traté de establecer credibilidad (rapport) con aquellos con quienes tuve una entrevista formal. Ellos se preguntaban por qué estaba interesado en ellos. Amablemente les expliqué que era estudiante y quería aprender más sobre sus experiencias en los Estados Unidos. En general, estaban muy ansiosos por contar sus historias. Si me hubiera tomado el tiempo para conocerlos, no fue difícil sentarse a tomar una taza de café y hacer preguntas sobre sus experiencias de vida. De hecho, en un par de ocasiones casi no hice ninguna pregunta.

Mi estrategia principal para reunir información fue realizar entrevistas, tanto formales como informales. A pesar de pastorear en Nueva York, también fui un observador activo de algunas personas en mi congregación que no tenían documentación para ingresar a los EEUU. Muchas veces interactué con estas personas en la calle, en sus trabajos o en sus casas. Viví en los mismos barrios que ellos y visité tiendas y lugares donde trabajaban. A veces llegar a conocerlos era tan simple como iniciar una conversación en un restaurante con un camarero o mesera y así aprender más sobre ellos.

Celebré muchas entrevistas informales con varias personas. Una vez, entrevisté al dueño de una barbería donde me corté el pelo. En otra ocasión, llevé a alguien para tomar una taza de café y le hice algunas preguntas sobre sus experiencias. Ellos compartieron libremente, contándome finalmente sus razones para abandonar su país de origen y las razones por las que estaban en los EEUU. Muchas veces obtuve un sentido tácito de su estado legal en los EEUU a través de frases que dirían, como 'Ojalá tuviera papeles en este país'.

También realicé entrevistas formales con algunas personas que voluntariamente ofrecieron esta información. Para las entrevistas incluidas en este libro, cambié los nombres de aquellos a quienes entrevisté para proteger su anonimato por causa de su estatus indocumentado. También les garanticé que no revelaría sus nombres. En general, las entrevistas formales fueron mi método menos preferido de recopilar investigaciones porque ellos eran un poco aprensivos si tenía un dispositivo de grabación o un cuaderno. No obstante, tuve que tomar notas para tener una idea de lo que era importante para ellos, y también usé un dispositivo de grabación. El Apéndice B es una muestra de preguntas que hice. Estas fueron entrevistas formales donde me senté con un dispositivo de grabación y / o portátil para tomar notas.

Apéndice B:
Preguntas que usó el autor en las entrevistas

¿Cómo te llamas?
¿Cómo estás?
Entonces dime, ¿cuánto tiempo has vivido en los Estados Unidos?
¿De donde eres?
¿Cómo era la vida en tu pueblo?
¿Te gustaba tu vida en tu país?
¿Qué hacías para ganarte la vida en tu país de origen?
¿Por qué decidiste irte?
¿Qué edad tenías cuando te fuiste?
¿Tenías familia ya en los Estados Unidos?
¿Fue fácil venir a los Estados Unidos?
¿Te acostumbraste fácilmente a la vida en los Estados Unidos?
¿Qué tipo de trabajos has tenido?
¿Cómo se puede comparar el vivir aquí con el de tu país?
¿Tienes familia en tu país de origen?
¿Envías dinero a tu familia?
¿Ahora que has vivido aquí, qué le dirías a alguien que quiere venir a los Estados Unidos?
¿De qué manera te ha ayudado tu fe en tu viaje a los EEUU?
¿Cómo te has adaptado a la vida aquí?
¿Eres cristiano?
¿Estás involucrado en la iglesia?
¿La iglesia ha desempeñado un papel importante en tu vida? ¿Sí o no? ¿Por qué?
¿A dónde vas a la iglesia?
¿Cómo sirves a Dios en tu iglesia?
¿Cuáles son tus planes futuros ahora que estás aquí en los Estados Unidos?
¿Quieres regresar a tu país de origen?
¿Cómo has intentado sobrevivir aquí en los Estados Unidos?

Si las personas le dijeron al autor que habían ingresado a los EEUU sin inspección les hizo estas preguntas:
¿Cómo fue tu experiencia al cruzar la frontera?

¿La gente te ayudó?
¿La gente trató de hacerte daño?
¿Qué ruta tomaste?
¿Viajaste con acompañado?
¿Oraste durante tu viaje? (Si eran católicos les pregunté si habían rezado durante su viaje.)
¿Donde te quedaste?
¿Cómo fue tu experiencia?

Bibliografía

Álvarez, Miguel, *Beyond Borders: New Contexts of Mission in Latin America* (Cleveland, TN: CPT Press, 2017).
– *Integral Mission in Contemporary Perspective: A Model for the Pentecostal Churches with Special Reference to Honduras* (PhD Diss.; Oxford: Oxford Centre for Missions Studies, 2013).
Álvarez, Miguel, David Ramírez, and Raúl Zaldivar, *El Rostro Hispano de Jesús* (Elgin, IL: Editorial Universidad para Líderes, 2009).
Anderson, Thomas P, *Politics in Central America: Guatemala, El Salvador, Honduras and Nicaragua* (New York: Praeger, 1988).
Andrade Coelho, Ruy Galvao, *Los Negros Caribes de Honduras* (Tegucigalpa, Honduras: Editorial Guaymuras, 1981).
Annese, John M, 'Taking Back the Streets of Port Richmond', Staten Island Advance. http://www.silive.com/news/index.ssf/2010/07/taking_back_the_s treets_of_por.html. Accessed el 11 de octubre, 2010.
Aponte, Edwin David, and Miguel A. De La Torre (eds.), *Handbook of Latina/o Theologies* (St. Louis: Chalice Press, 2006).
Aquino, María Pilar, *Our Cry for Life: Feminist Theology from Latin America* (Maryknoll, NY: Orbis Books, 1993).
'August 11th', *The Apostolic Faith* 1.1 (septiembre, 1906), p. 3.
Augustine, *The Confessions of Saint Augustine* (Carolinne White (trans.); Sacred Wisdom Series; London: Frances Lincoln Publishers, 2001).
– *On the Spirit and the Letter* (William John Sparrow-Simpson, Trans.; Society for Promoting Christian Knowledge, 1925).
Bañuelas, Arturo (ed.), *Mestizo Christianity: Christianity from Latino Perspective* (Maryknoll, NY: Orbis Books, 1995).
Bartleman, Frank, *Azusa Street* (Plainfield: Logos International, 1980).
Bau, Ignatius, *This Ground is Holy* (New York: Paulinist Press, 1985).
Bean, Frank D., Barry Edmonston, and Jeffrey S. Passel (eds.), *Undocumented Migration to the US: IRCA and the Experience of the 1980's* (Washington, DC: Urban Institute Press, 1990).
Benjamin, Medea, *Don't Be Afraid Gringo* (New York: Harper & Row, 1989).
Benôit Monin and Kieran O'Conner, 'Reactions to Defiant Deviants: Deliverance or Defensiveness?', in Jolanda Jetten and Matthey J. Hornsey (eds.), *Groups: Dissent, Deviance, Difference, and Defiance* (Oxford: Wiley Blackwell, 2011), pp. 117-34.
Bentley, Jeffrey, 'Honduras', in Melvin Ember and Carol Ember (eds.), *Countries and Their Cultures* (2 vols.; New York: Macmillian Reference, 2001).
Bhabha, Homi K, *The Location of Culture* (London: Routledge, 2004).
Bridges Johns, Cheryl, *Pentecostal Formation: A Pedagogy Among the Oppressed* (Sheffield: Sheffield Academic Press, 1993).

Brown, Robert McAfee, *Gustavo Gutierrez: An Introduction to Liberation Theology* (Maryknoll, NY: Orbis Books, 1990).
Carroll R., M. Daniel, *Christians at the Border* (Grand Rapids: Baker Academic Press, 2008).
Cashmore, Ernest (ed.), *Encyclopedia of Race and Ethnic Studies* (New York: Routledge, 2004).
Castelo, Daniel, *The Apathetic God: Exploring the Contemporary Relevance of Divine Impassibility* (London: Paternoster, 2009).
– 'A Crisis in God-talk? The Bible and Theophany', *Theology* 110.858 (2007), pp. 411-16.
– 'Resident and Illegal Aliens', *Apuntes* 23.2 (Summer 2003), pp. 65-77.
Cerna, Mario, 'Los Deportados en Honduras Sumaron 46 mil en 2010', *El Heraldo* http://www.elheraldo.hn/Ediciones/2010/12/24/Noticias/Deportados-en-Honduras-sumaron-46-mil-en-2010. Accedido el 24 de diciembre, 2010.
Chanady, Amaryll, 'La Hibridez como Significación Imaginaria', *Revista de Crítica Literaria Latinoamericana* 24.49. (1999), pp. 265-79.
Chávez, Eduardo, *Our Lady of Guadalupe and Saint Juan Diego: The Historical Evidence* (Lanham: Rowman and Littlefield, 2006).
Cohen, Robert, *Global Diasporas: An Introduction* (New York: Routledge, 2008).
Corbett, Jim, *Goatwalking* (New York: Viking Penguin, 1991).
Crespo, Orlando, *Being Latino in Christ* (Downers Grove: Intervarsity Press, 2003).
De La Cadena, Marisol, '¿Son mestizos los híbridos? Las políticas conceptuales de las identidades andinas', *Unversitas Humanística* 61. (January 2006), pp. 51-84.
De La Torre, Miguel A. and Gastón Espinosa (eds.), *Rethinking Latino(a) Religion and Identity* (Cleveland: Pilgrim Press, 2006).
De La Torre, Miguel A. and Miguel Aponte (eds.), *Handbook of Latino Theologies* (Duluth: Chalice Press, 2006).
Department of Social Sciences, University of California San Diego, *Nican Mopohua*, (1649) http://weber.ucsd.edu/~dkjordan/nahuatl/nican/NicanMopohua.html. Accedido el 29 de septiembre, 2011.
Departamento 19, 'Migrantes Hondureños en los Ojos de los Carteles', http://departamento19.hn/index.php/portada/69/6859.html. Accedido el 14 de agosto, 2012.
Diario La Prensa, 'María Otero: Ponerle fin a al impunidad es clave', http://www.laprensa.hn/Secciones-Principales/Honduras/Tegucigalpa/Maria-Otero-Ponerle-fin-a-la-impunidad-es-clave#.UFdIX0LffEU. Accedido el 14 de septiembre, 2012.
– 'La Violencia Ha Dejado 46,450 Muertos en Honduras en los Últimos Once Años', http://www.elheraldo.hn/Secciones-Principales/Al-Frente/La-violencia-ha-dejado-46-450-muertos-en-Honduras-en-los-ultimos-once-anos. Accedido el 12 de marzo 12, 2012.
– 'Honduras Continúa en la Lista Negra de EUA en Tránsito Ilícito de Droga', http://www.laprensa.hn/Secciones-Principales/Honduras/Tegucigalpa/Honduras-continua-en-lista-negra-de-EUA-en-transito-de-drogas-ilicitas#.UFdHskLffEU. Accedido el 14 de septiembre, 2012.

Donadoni, Chiara and Eugenia Houvenaghel, 'La Hibridez de la tradición judeo-cristiana como reivinidicación del sincretismo religioso de la nueva España: El divino narciso de Sor Juana', *Neophilologus* 94 (2010), pp. 459-75.

Dudley, William (ed.), *Immigration: Opposing Viewpoints* (San Diego: Greenhaven Press, 2002).

Elizondo, Virgilio, *The Future is Mestizo* (Boulder: University Press of Colorado, 2000).

— *Galilean Journey: The Mexican-American Promise* (Maryknoll, NY: Orbis Books, 2000).

— 'Mestizaje as a Locus of Theological Reflection', in Arturo Bañuelas (ed.), *Mestizo Christianity: Theology from the Latino Perspective* (Maryknoll, NY: Orbis Books, 1995), pp. 7-27.

Elizondo, Virgilio (ed.), *The Treasure of Guadalupe* (Lanham, MD: Rowman and Littlefield, 2006).

Ellingwood, Ken, *Hard Line: Life and Death on the U.S.-Mexico Border* (New York: Vintage Books, 2005).

England, Sarah, 'Negotiating Race and Place in the Garifuna Diaspora: Identity Formation and Transnational Grassroots Politics in New York City and Honduras', *Identities* 6.1 (1999), pp. 5-53.

Espín, Orlando, 'Immigration, Territory, and Globalization: Theological Reflections', *Journal of Hispanic Latino Theology* 7.3 (2000), pp. 46-59.

— 'Mary in Latino/a Catholicism: Four Types of Devotion', *New Theology Review* 23.3 (August 2010), pp. 16-25.

Espín, Orlando and Miguel H. Díaz (eds.), *From the Heart of Our People: Latino/a Explorations in Catholic Systematic Theology* (Maryknoll, NY: Orbis Books, 1999).

Espinosa, Gastón, 'Brown Moses: Francisco Olazábal and Mexican American Pentecostal Healing in the Borderlands', in Gastón Espinosa and Mario García (eds.), *Mexican American Religions: Spirituality, Activism and Culture* (Durham, NC: Duke University Press, 2008), pp. 263-95.

— '"El Azteca": Francisco Olazábal and Latino Pentecostal Charisma, Power, and Healing in the Borderlands', *Journal of the American Academy of Religion* 67.3 (September 1999) pp. 597-616.

— 'The Holy Ghost is Here on Earth: The Latino Contributions to the Azusa Street Revival', *Enrichment Journal* 11.2 (Spring 2006), pp. 118-25.

Flores, Barbara Anne Therese, *Religious Education and Theological Praxis in Context of Colonization: Garífuna Spirituality as a Means of Resistance* (PhD Diss., Northwestern University, 2001).

Francis, Samuel T, *The Sanctuary Movement: Smuggling Revolution* (Monterey: American Immigration Control Foundation, 1986).

García Canclini, Néstor, 'Culturas Híbridas y estrategias comunicacionales', *Estudios sobre las culturas contemporáneas* 3.5. (June 1997), pp. 109-128.

— *Hybrid Cultures: Strategies for Entering and Leaving Modernity* (Minneapolis: University of Minnesota Press, 1995).

García-Johnson, Oscar, *The Mestizo/a Community of the Spirit: A Postmodern Latino/a Ecclesiology* (Eugene: Pickwick Publications, 2009).

Girad, René, *I See Satan Fall Like Lightning* (Maryknoll, NY: Orbis, Books, 2002).

— *The Scapegoat* (Baltimore: John Hopkins University Press, 1986).

Goizueta, Roberto, *Caminemos con Jesús: Towards a Hispanic/Latino Theology of Accompaniment* (Maryknoll, NY: Orbis Books, 1995).
González, Justo, *Santa Biblia: Reading the Bible Through Hispanic Eyes* (Nashville: Abingdon Press, 1996).
González, Michelle, *Sor Juana: Beauty and Justice in the Americas* (Maryknoll, NY: Orbis Books, 2003).
– 'Who is Americana/o?', in Catherine Keller, Michael Nausner, and Mayra Rivera (eds.) *Post Colonial Theologies* (St. Louis: Chalice Press, 2004), pp. 58-78.
Gracia, Jorge J.E, 'Ethnic Labels and Philosophy: The Case of Latin American Philosophy', in Eduardo Mendieta (ed.), *Latin American Philosophy, Currents, Issues, Debates* (Bloomington, IN: Indiana University Press, 2003), pp. 124-49.
Groody, Daniel and Gioachinno Champese (eds.), *A Promised Land, A Perilous Journey* (Notre Dame: University of Notre Dame Press, 2008).
Guillermoprieto, Alma, *The Heart that Bleeds: Latin America Now* (New York: First Vintage Books, 1995).
Gutierrez, Gustavo, *The God of Life* (Maryknoll, NY: Orbis Books, 1991).
– A Theology of Liberation (Maryknoll, NY: Orbis Books, 1973).
Harris, Andrew and Laurence Viele Davidson, 'Rights Groups Say Alabama Immigration Laws Should Stay on Hold', *Bloomberg Business Week*, http://www.businessweek.com/news/2011-09-30/rights-groups-say-alabama-immigration-laws-should-stay-on-hold.html. Accedido el 1 de octubre, 2011.
Hiddleston, Jane, *Understanding Movements in Modern Thought: Understanding Postcolonialism* (Durham: Acumen, 2009).
Hoefer, Michael, Nancy Rytina, and Bryan C. Baker, *Population Estimates* (Department of Homeland Security, Office of Imigration Statistics), January 2010. http://www.dhs.gov/xlibrary/assets/statistics/publications/ois_ill_pe_2009.pdf. Accedido el 12 de diciembre, 2010.
Holden, Robert, *Armies Without Nations: Public Violence and State Formation in Central America 1821–1960* (New York: Oxford University Press, 2004).
'Identificadas 31 Victimas de Masacre en Tamaulipas', *Terra*. http://www.terra.com.mx/noticias/articulo/948152/Identificadas+31+victimas+de+masacre+en+Tamaulipas.htm. Accedido el 26 de agosto, 2010.
Iglesia de Dios del Perú, 'Declaración del Trabajo del I Encuentro Nacional de Líderes Juveniles sobre los Derechos Humanos: La defensa de la vida', (30 de agosto, 1998).
Isasi-Díaz, Ana Maria, *En la Lucha: In the Struggle* (Minneapolis: Fortress Press, 1993).
– *Mujerista Theology: A Theology for the Twenty-First Century* (Maryknoll, NY: Orbis Books, 1996).
Johnson, Maxwell E., *The Virgin of Guadalupe: Theological Reflections of an Anglo-Lutheran Linguist* (Lanham, MD: Rowman and Littlefield, 2002).
Johnson, Paul Christopher, 'On Leaving and Joining Africanness Through Religion: The "Black Caribs" Across Multiple Diasporic Horizons', *Journal of Religion in Africa* 37 (2007), pp. 174-211.
Keller, Catherine, et. al. (eds), *Postcolonial Theologies: Divinity and Empire* (St. Lous: Chalice Press, 2004).

La Prensa, 'Hay Medio Millón de Hondureños Secuestrados por Maras', http://www.laprensa.hn/Secciones-Principales/Honduras/Apertura/Hay-medio-millon-de-hondurenos-secuestrados-por-maras. Accedido el 7 de mayo, 2013.

– 'La Guerra Volvió a Chamelecón', http://www.laprensa.hn/Secciones-Principales/Honduras/Apertura/La-guerra-volvio-a-Chamelecon-las-maras-rompen-la-tregua La Prensa. Accedido el 7 de mayo, 2013.

Lee, Jung Young, *Marginality: The Key to Multicultural Theology* (Minneapolis: Fortress Press, 1995).

Levinson, David and Melvin Ember (eds.), *American Immigrant Cultures: Builders of a Nation* (2 vols.; New York: Simon and Schuster Macmillian, 1977).

Lopez, Abundio, 'Spanish Receive the Pentecost', *The Apostolic Faith* 1.2 (October, 1906), p. 4.

López, Darío, *La Misión Libertadora de Jesús* (Lima, Perú: Ediciones Puma, 2004).

– *Pentecotsalismo y Transformación Social* (Buenos Aires, Argentina: Ediciones Kairós, 2000).

López, Mark Hugo, and Ana González Barrera, 'Salvadorans May Replace Cubans as Third-Largest Hispanic Group', *Pew Research Center* http://www.pewresearch.org/fact-tank/2013/06/19/salvadorans-may-soon-replace-cubans-as-third-largest-u-s-hispanic-group/. Accedido el 9 de junio, 2013.

Martínez, Luz Ángela, 'La Celda, El Hábito, y la Evasión Epistolar en Sor Juana Inés de la Cruz', *Revista Chilena de Literatura* 81 (2012), pp. 69-89.

McDougal, Christopher, *Born to Run* (New York: Doubleday Press, 2009).

Medea, Benjamin, *Don't be Afraid Gringo* (New York: Harper & Row, 1989).

Medina, Nestor, *Mestizaje: Mapping Race, Culture and Faith in Latina/o Catholicism* (Maryknoll, NY: Orbis Books, 2009).

Mendieta, Eduardo (ed.), *Latin American Philosophy, Currents, Issues, Debates* (Bloomington: Indiana University Press, 2003).

New York Times, 'City of Endangered Languages', http://video.nytimes.com/video/2010/04/28/nyregion/1247467719180/city-of-endangered-languages.html. Accedido el 5 de mayo, 2010.

Nican Mopohua, (1649) http://weber.ucsd.edu/~dkjordan/nahuatl/nican/NicanMopohua.html. Accedido el 29 de septiembre, 2011.

Ngai, Mae M, *Impossible Subjects: Illegal Aliens and the Making of Modern America* (Princeton: Princeton University Press, 2004).

Padilla, Elaine, *Passionate God* (Ph.D Diss., Drew University, 2011).

Peters, María, 'Hondureñas Se Convierten en Esclavas Sexuales en Mexico', http://www.elheraldo.hn/Secciones-Principales/Al-Frente/Hondurenas-esclavas-sexuales-en-Mexico. Accedido el 3 de septiembre, 2012.

Powell, Lisa D, 'Sor Juana's Critique of Theological Arrogance' *Journal of Feminist Studies in Religion* 27.2 (2011), pp. 11-30.

Prabhu, Anjal, *Hybridity: Limits, Transformations, Prospects* (Albany: SUNY Press, 2007).

Purcell, L. Edward, *Immigration: Opposing Viewpoints* (Phoenix: Oryx Press, 1995).

Ramírez, Daniel, 'Borderlands Praxis: The Immigrant Experience in Latino Pentecostal Churches', *Journal of the American Academy of Religion* 67.3 (septiembre 1999), pp. 574-89.

- 'Call Me "Bitter"': Life and Death in the Diasporic Borderland and the Challenges/Opportunities for Norteamericano Churches', *Perspectivas* 11 (otoño 2007), pp. 39-66.
Recinos, Harold J, *Good News from the Barrio: Prophetic Witness for the Church* (Louisville: Westminster John Knox Press, 2006).
- Hear the Cry! A Latino Pastor Challenges the Church (Louisville: Westminster John Knox Press, 1989).
Rivas, Ramón D., *Pueblos Indigenas y Garífuna de Honduras* (Tegucigalpa, Honduras: Editorial Guaymuras, 2004).
Rivera Rodríguez, Luis R., 'Immigration and the Bible: Comments by a Diasporic Theologian', *Perspectivas* 10 (otoño 2006), pp. 23-36.
Rivera, Mayra, *The Touch of Transcendence* (Louisville: Westminster John Knox Press, 2007).
Robeck, Mel, *The Azusa Street Mission and Revival: The Birth of the Global Pentecostal Movement* (Nashville: Thomas Nelson, 2006).
Rodríguez, Daniel A, 'No Longer Foreigners and Aliens: Toward a Missiological Christology for Hispanics in the United States', *Missiology* 31.1 (enero 2003), pp. 51-67.
Rodríguez, Jeanette, *Our Lady of Guadalupe: Faith and Empowerment Among Mexican-American Women* (Austin: University of Texas Press, 2001).
Rokus, Brian, 'No Murder Conviction in Mexican Immigrant's Beating Death', http://articles.cnn.com/2009-05-01/justice/pa.immigrant.beating_1_death-of-luis-ramirez-ethnic-intimidation-charges-juvenile?_s=PM:CRIME. Accedido el 1 de mayo, 2009.
Sánchez, Daniel R, *Hispanic Realities Impacting America* (Fort Worth: Church Starting Network, 2006).
Sánchez Walsh, Arlene, *Latino Pentecostal Identity: Evangelical Faith, Self, and Society* (New York: Columbia University Press, 2003).
Sandoval, Edgar and Jonathan Lemire, 'Mexican Community in Staten Island Wary after Wave of Crimes', *New York Daily News*, http://www.nydailynews.com/ny_local/2010/09/26/2010-09-26_under_attack_mexicans_in_si_wary_after_wave_of_hate_assaults.html. Accedido el 11 de octubre, 2010.
'The Same Old Way,' *The Apostolic Faith* 1.1 (September, 1906), p. 3.
Saulny, Susan, 'Black? White? Asian? More Young Americans Choose All of the Above', *The New York Times* (January 30, 2011). http://www.nytimes.com/2011/01/30/us/30mixed.html?ref=us. Accedido el 30 de enero, 2011.
Schwaller, John Frederick, *The History of the Catholic Church in Latin America: From Conquest to Revolution and Beyond* (New York: New York University Press, 2011).
Smilde, David, *Reason to Believe: Cultural Agency in Latin American Evangelicalism* (Berkeley: University of California Press, 2007).
Smith, James K.A., *Thinking in Tongues: Pentecostal Contributions to Christian Philosophy* (Grand Rapids: Eerdmans, 2010).
Soliván, Samuel, *The Spirit, Pathos, and Liberation* (Sheffield: Sheffield Academic Press, 1998).
Sobrino, Jon, *Jesus the Liberator* (Maryknoll, NY: Orbis Books, 1999).

Sorens, Matthew and Jenny Hwang, *Welcoming the Stranger* (Downers Grove: Inter-Varsity Press, 2009).
Spencer, Nick, *Asylum and Immigration: A Christian Perspective on a Polarised Debate* (Cambridge: Paternoser Press, 2004).
Stabb, Martin, *In Quest of Identity* (Chapel Hill: The University of North Carolina Press, 1967).
State of Arizona, Senate Bill 1070, http://www.azleg.gov/legtext/49leg/2r/bills/sb1070s.pdf. Accedido el 12 de enero, 2011.
Stonequist, Everett V., *The Marignal Man: A Study in Personality and Cultural Conflict* (New York: Russell and Russell, 1961).
Swain, Liz. 'Garifuna Americans', in Rudolph J. Vecoli, *et al.* (eds.), *Gale Encyclopedia of Multicultural America* (vol. 1; Detroit: Gale Cenage, 2000).
Taylor, Charles, 'The Politics of Recognition', *Multiculturalism* (Princenton: Princeton University Press, 1994).
Taylor, Paul, *et. al.*, 'When Labels Don't Fit: Hispanics and Their Views of Identity', http://www.pewhispanic.org/2012/04/04/when-labels-dont-fit-hispanics-and-their-views-of-identity/. Accedido el 4 de abril, 2012.
United Nations Office on Drugs and Crime, 'Global Study on Homicide 2011: Trends, Contexts, Data', http://www.unodc.org/documents/data-and-analysis/statistics/Homicide/Globa_study_on_homicide_2011_web.pdf. Accedido en enero, 2012.
US Census Bureau, 'Hispanics in the US', http://www.census.gov/population/www/socdemo/hispanic/hispanic_pop_presentation.html. Accedido el 30 de noviembre, 2009.
– 'Population by Sex, Age, Hispanic Origin, and Race: 2008', http://www.census.gov/population/www/socdemo/hispanic/cps2008.html. Accedido el 30 de noviembre, 2009.
Vásquez, Manuel A., 'Rethinking Mestizaje', in Miguel A. de la Torre and Gastón Espinosa (eds.), *Rethinking Latino(a) Religion and Identity* (Cleveland: Pilgrim Press, 2006), pp. 129-60.
Vera, Fortinio Hipólito, *Informaciones sobre la Milagrosa Aparición de la Santísima Virgen de Guadalupe Recibidas en 1666 y 1723* (Imprenta Católica a Cargo de Jorge Sigüenza, 1889).
Vigil, Ángel, *The Eagle on the Cactus* (Englewood: Greenwood Publishers, 2000).
Villafañe, Eldin, *The Liberating Spirit: Toward an Hispanic American Social Ethic* (Grand Rapids: Eerdmans, 1993).
Wink, Walter, *The Powers That Be* (New York: Galilee Publishing, 1999).
Weir, Robert (ed.), *Class in America* (2 vols.; Westport: Greenwood Press, 2007).
Yong, Amos, 'The Im/Migrant Spirit: De/Constructing a Pentecostal Theology of Migration', in Peter C. Phan and Elaine Padilla (eds), *Theology and Migration in World Christianity: Contextual Perspectives* (vol. 2; New York: Palgrave Macmillan, 2013).
Yugar, Theresa Ann, *Sor Juana Inés de la Cruz: Feminist Reconstruction of Biography and Text* (PhD Diss., Claremont Graduate University, 2012).

Índice de Referencias Bíblicas

2 Reyes
5.1-4   174

Joel
2.28   126

Mateo
15.2   112
15.21-28   112
25.40   113
25.45   113

Marcos
7.25-30   173
16   140

Lucas
4.18-20   173
11.20   173

Juan
1.13-14   130
12.23   113

Acts
1.8   130
2   180, 181

1 Corintios
12   173

Efesios
2.18-19   187

Filipenses
2.12   175

ÍNDICE DE NOMBRES

Álvarez, M. 13
Bartleman, F. 127, 132-134
Bhabha, H. 76-81, 83-85
Carroll, R.D. 7
Castelo, D. 177, 178, 185, 186
Chanady, E. 115, 116, 118, 119
De La Cruz, J.I. 113-121
De La Torre, M. 16, 26, 41, 61-64
Donadoni, C. 115-116
Elizondo, V. 22-35
Espín, O. 87, 107
Espinosa, G. 125, 131, 132, 134
García-Johnson, O. 176, 180
González, M. 30, 113, 116, 119, 120
Gracia, J.E. 89, 130
Gutiérrez, G. 28

Hagan, J. 14, 123
Houvenaghel, E. 115, 116
Isasi-Díaz, A. 22, 23, 25, 39-51
Johnson, M. 106-107
López, D. 186, 189
Martínez, L.A. 116
Medina, N. 16, 23, 25-27; 63-76
Ramírez, D. 123, 125
Recinos, H. 5-7
Rivera, M. 178-179
Sánchez, D. 42
Sánchez-Walsh, A. 125-127; 132, 133, 171
Solivan, S. 165, 182, 183
Spencer, N. 8
Taylor, C. 6
Vásquez, M. 52-61; 63, 64, 67-70
Vera, F.H. 103

Made in the USA
Columbia, SC
18 May 2024

35342935R00124